중국
전통 상업관행과
기업

현대중국
연구총서

09

중국
전통 상업관행과
기업

● 박기수 외 지음

현대중국연구 총서를 내면서…

성균관대학교 현대중국연구소는 2009년도에 20회 생일을 맞이했다!
1989년 11월에 현대중국연구소를 창립하였던 초대소장 양재혁 교수님
(현 동양철학과 명예교수)은 20주년 기념 축사를 하였다. 성균관대학
교 내에 현대중국연구소를 설립하였던 동기는 중국의 '현대'를 연구하
는 기관이 한국에 필요하였기 때문이라 하셨다. '현대'라 함은 마오쩌
뚱의 중국공산당이 1949년에 중국을 통일한 이후라 정의하셨다.

1949년 중국 공산당이 중국을 통일한 이후 중국은 20세기를 거쳐,
현재에 이르기까지 산천개벽의 변화를 겪었다. 성균관대학교 중국연
구소도 그러하였다. 초기 중국 현대의 문사철 중심의 연구소 모습은,
1997년 11월에 연구소장으로 부임한 경영대학 교수인 김용준은 현
대중국연구소의 연구방향을 문사철에서, 경제·경영학적 탐구로 전
환하였다. '현대'의 개념도 좀 더 협의의 1978년 개혁·개방 이후로
조작적 정의를 하였다. 그 후로 약 10년 동안 중국 특색적 시장경제
사회주의를 표방하는 중국의 시장문화를 경영학적 관점에서 연구하
였다. 중국의 시장문화인 중국 소비문화와 기업문화를 심층적으로
연구할수록 중국 전통 상업문화에 대한 이해와 탐구의 갈증은 더욱
강해져 갔다. 이 학문적 갈증을 해소해줄 기회가 왔다! 그것은 2007
년 11월에 한국연구재단의 중점연구소로 선정되면서, 3년씩 3단계에

걸쳐서 9년 동안 '중국 전통 상업문화와 중국 현대 시장문화'를 연구할 수 있는 터전이 생긴 것이다. 간절히 원하면 되나 보다! 특히 중국 전통 상업문화의 국내 최고 연구가인 성균관대학교 역사학과의 박기수 교수님과의 만남은 현대중국연구소가 비로소 한쪽 날개를 장착하는 진실의 순간이었다. 2008년 이후 8명의 대학교수와 6명의 전임 박사급 연구원이 뭉쳤다. 인문학 중심의 제1연구팀과 경제·경영 중심의 제2연구팀은 중국 황산에서, 자물쇠를 특별히 구입하여 두 연구팀의 학제간 연구 결약식을 맺었다. 그 자물쇠의 열쇠는 황산의 깊은 계곡의 안개 위로 던져졌다.

그 후 현대중국연구소는 7번의 국제학술대회, 약 80여 편의 논문과 9권의 연구저서를 발표·출판하였다. 매월 월례세미나와 연구팀별 특별 연구회는 각각 중국 전통 상업문화와 중국 현대 시장문화를 학습·토론·연구하였다. 특별히 박기수 교수의 책임하에서 역사학을 중심으로 연구하고 있는 제1연구팀과 김용준 교수 책임하의 경영학 중심으로 연구하고 있는 제2연구팀의 교류와 소통은 마치 중국의 전통과 중국 현대의 단절된 역사를 구름다리 넘는 것과 같은 즐거움을 느끼게 해주었다. 다행히 두 연구팀의 14명의 박사급 연구자들의 공통된 비전과 인내심은 조금씩 소통과 겸손을 통하여 학제적 연구의 새로운 모습을 만들어내고 있다. 이러한 통섭의 산출물이『현대중국연구 총서』이다. 2010에 연구개시 3년차를 맞이하여 현대중국연구 총서 제1권인『중국 전통상인과 현대적 전개』와 제2권인『중국 현대의 소비문화와 시장문화』를 차례로 출판하게 되었으며, 순차적으로 총 10권의 총서를 출판하게 되니 가슴이 벅차오르고 머리가 시원해진다.

현대중국연구 총서 제1권에서는 10여 편의 논문이 중국전통상인의 현대적 전개에 관하여 역사학적·언어학적 관점에서 조명되고 새로운 연구의 가능성과 방향성이 제시되었다. 제2권에서는 10편의 논문이 중국현대 소비문화와 시장문화에 대한 경영학적·경제학적·법학적 탐구와 실증연구를 통하여 새로운 사회과학 통찰을 제시하고 있다. 2011년에는 총서 제3권으로『중국 상업관행의 근현대적 전개』와 총서 제4권으로『중국 현대기업문화의 변화』를 연구 업적물로 출판하였다. 2012년에는 총서 제5권으로『중국 전통상업관행의 동아시아적 전개』와 총서 제6권으로『중국 현대기업의 문화와 제도』를 출판하였다. 2013년도에는 총서 제7권으로『중국 전통 상업관행과 금융발전』, 총서 제8권으로『중국 현대기업과 상업관행의 변화』, 2014년에는 총서 제9권과 총서 제10권을 출판하게 됨을 두 손 모아 감사드린다. 성균관대학교 현대중국연구소가 한국연구재단의 중점연구소로서 학제간 연구 결과물인 이 총서가 중국현대의 '미래의 기억'으로서 중국전통이 연구되고, 중국전통의 '과거의 상상'으로서 중국현대가 연구되는 초석이 되리라 소망해본다.

아직은 거친 돌이지만 앞으로 중국전통과 중국현대를 연결하는 다이아몬드와 같은 연구총서를 출간하기 위하여 다시 한 번 옷매무새를 다듬으며 독자들에게 예의를 올린다. 제1연구팀 책임연구자이시자 현대중국연구소 부소장이신 박기수 교수님께 다시 한 번 존경의 배를 올린다. 이 총서를 기획하고 만들어낸 현대중국연구소의 이호현 박사, 이상윤 박사, 김주원 박사께 감사를 표한다. 또한 이 총서를 출판해주신 한국학술정보㈜에도 감사드린다. 마지막으로 이러한 연구기회와 연구총서를 낼 수 있도록 지원해준 한국연구재단에 큰 절을 올린다.

2014. 11.

성균관대학교 현대중국연구소장

김용준 교수

목차

총론: 중국 전통 상업관행과 기업

박기수(성균관대 사학과)

1.

성균관대학교 현대중국연구소는 2007년 12월 한국학술진흥재단(현 한국연구재단)의 지원을 받아 '중국의 전통 상업문화와 현대 시장문화'라는 9년짜리 중점연구소 연구과제의 연구 사업을 개시하였다. 이제 6년간의 제1단계, 제2단계 연구과정을 종료하고 제3단계 제1년차를 경과하고 있다. 우리 연구소의 제3단계 연구 주제는 '중국의 전통 상업문화와 현대 시장문화의 연계성과 현대적 전개'이다. 제3단계에서도 제1, 2단계와 마찬가지로 역사·어학 분야를 중심으로 한 제1세부과제와 경영학·경제학 분야를 중심으로 한 제2세부과제로 나누어 연구를 진행하고 있다. 제1세부과제에서는 「중국 전통 상인문화의 근현대적 변용」이라는 주제하에 다시 "청대 중국 상인문화와 상업관행의 근현대적 변용", "전통 중국의 문학작품과 광고에 나타난 상인의식의 근현대적 변용", "근현대 중국의 상인자본 및 금융발전에서의 단절과 계승"이라는 소주제를 설정하여 연구를 진척시키고 있다.

2010년 7월 제1단계의 연구를 정리하여 사회와 소통한다는 의미에서 제1, 제2세부과제 팀이 각기 중심이 되어 각각 연구 총서 제1권, 제2권을 간행한 이래 올해에는 연구 총서 제9권과 10권을 간행하게 되었다. 어느새 10권에 이르게 되었다니 시간의 경과에 따른

연구 총서의 누적이 충만한 느낌으로 다가온다.

　본 연구 총서 제9권에 실린 글들은 두 가지 범주로 나누어 볼 수 있다. 하나는 현대중국연구소 관련 연구원들이 중점연구소 연구과제를 수행하면서 생산해낸 연구성과들이다. 현대중국연구소 제1세부과제의 공동연구원 3명[박기수(朴基水) 성균관대학교 교수, 정혜중(鄭惠仲) 이화여자대학교 사학과 교수, 홍성화(洪成和) 부산대학교 역사교육과 교수]과 전임연구인력 2명[강용중(姜勇仲) 연구원, 이호현(李浩賢) 연구원]의 제1세부과제와 관련된 연구성과물이다. 이 중에서 박기수 교수와 이호현·노은영 연구원의 논문은 2014년 2월 25일 중국 광동성 광주시 광주외국어무역대학에서 개최되었던 현대중국연구소 제20회 국제학술대회(전체 주제: 중국 상업관행의 지역적 발전과 기업문화의 현대적 전개, 中國商業文化論壇)에서 발표되었던 것이다. 당시 박기수 교수는 「청 중엽 우두법의 도입과정과 광동행상(行商)의 역할」이라는 제목으로 이호현·노은영 연구원은 「중국 회사법의 변천과 그 특징」이란 제목으로 발표하였다. 제20회 국제학술대회에서는 모두 13편의 논문이 발표되었고, 그중 제1세부과제와 연관된 2편의 중국학자의 논문[1]도 발표되었으나 중국학자의 원고는 아직 정리되지 않아 아쉽게도 본 연구 총서에 싣지 못하였다.

　다른 한 범주의 글은 현대중국연구소와는 직접적 관련이 없으나 평소 우리의 제1세부과제의 연구주제와 유사한 문제의식을 지니고

---

1) ① 린광즈(林广志) 마카오대학(澳门大学澳门研究中心学术总监) 교수, 「변용과 계승: 마카오 광동상인(粤商)의 문화적 품격(涵化与传承: 澳门粤商的文化品格)」 ② 주즈강(朱志刚) 중국광동외대(广东外语外贸大学 中国语言文化学院) 교수, 「지우치엔(九阡) 수이주(水族)의 전통명절과 선물교환(九阡水族的传统节日与礼物交换－围绕一份民间账薄的讨论)」.

연구해왔던 국내 중국 근현대사 연구자들의 논문 저술이다. 김지환 교수(인천대학교 중국학술원)와 강진아 교수(한양대학교 사학과)의 논문이 그것이다. 김지환 교수는『중국 국민정부의 공업정책』(2005),『중국방직건설공사연구(中國紡織建設公司研究)』(復旦大學出版社, 2006),『면방지전(棉紡之戰)』(上海辭書出版社, 2006),『전후중국경제사』(2009),『철도로 보는 중국역사』(2014) 등의 저술을 간행하여 중국 근현대 경제사에 대한 연구를 지속적으로 발표해왔다. 중국근대기업사에 대해서도 많은 논문2)을 발표한 기업사 전문 연구자이다. 강진아 교수는 근대광동경제와 화교자본에 대한 많은 연구를 진척시켜 왔다.『1930년대 중국의 중앙지방상인』(2005),『동순태호: 동아시아 화교 자본과 근대 조선』(2011) 등의 저술을 간행하는 이외에도 다수의 화교자본이나 광동근대경제에 대한 논고를 발표하였다.3) 두

---

2) 중국근대 기업사에 대한 대표적인 논문을 몇 편 제시하면 다음과 같다. 金志煥,「中國에서의 日本在華紡의 성립과 성격」,『史叢』, 40·41, 1992; 金志煥,「1930년대 초 중국 綿製品市場의 構造와 在華紡의 성격」,『史叢』46, 1997; 金志煥,「棉麥借款과 在華紡」,『東洋史學研究』58, 1997; 金志煥,「中國 國民政府의 敵産紗廠 처리와 紡織資本家」,『歷史學報』182, 2004; 金志煥,「抗戰勝利後 國民政府의 綿業統制政策: 紡管會, 中紡公司, 民營紗廠 사이의 統制體制를 중심으로」,『東洋史學研究』89, 2004; 김지환,「'官利 慣行'이 중국기업 경영에 미친 영향」,『中國近現代史研究』49, 2011; 김지환,「1930年代 中國企業慣行과 經營環境」,『中央史論』34, 2011; 김지환,「1930年代 華北日本紡織工業 建設의 經濟的 背景」,『中國學報』64, 2011.

3) 근대광동경제에 대한 대표적 논문은 다음과 같다. 강진아,「1930년대 경제건설에 나타나는 성과 정부-광동당의 상해진출과 남경정부」,『중국근현대사의 재조명』1, 지식산업사, 1999; 강진아,「1930年代 廣東省의 輸入米 課稅論爭과 南京政府」,『東洋史學研究』75, 2001; 강진아,「1930년대 金融改革에서 나타난 國家權力과 民間金融 : 廣東省 汕頭의 사례」,『中國近現代史研究』16, 2002; 강진아,「근대 중국의 재정개혁에 있어서 전통성과 근대성 再考 -1930년대 廣東省의 징세청부제도의 실태」,『서울대학교 人文論叢』50, 2003; 강진아,「內戰期 廣東省의 省營工業 재건정책과 宋子文」,『中國近現代史研究』24, 2004. 在韓 화교자본에 대한 대표적 논문은 다음과 같다. 강진아,「근대 동아시아의 초국적 자본의 성장과 한계- 재한화교기업 동순태(同順泰)(1874?~1937)의 사례-」,『경북사학』27, 2004; 강진아,「廣

연구자의 논문을 제9권에 수록함으로써 우리의 연구 총서가 보다 제목과 내용에 충실한 연구서가 되었음을 대단히 기쁘게 생각한다.

2.

본서에는 모두 7편의 논문이 실려 있는데 내용의 상관성에 따라 2부로 나누어 구성·편제하였다. 제1부는 "근현대 중국의 기업과 상업 관행"에 관한 논문들을 모았다. 제2부는 "중국 전통 상업 관행의 형성과 변화"에 관련된 논문들을 모았다. 이하 본서에 수록된 논문의 내용에 대하여 약술하여 본서의 성격과 구조를 설명하고자 한다.

제1부 "근현대 중국의 기업과 상업 관행"에는 세 편의 논문을 편제하였는데, 청말 천진금융업에서 산서표호로부터 천진은호로의 신구 상인(新舊商人) 교체현상을 다룬 논문, 1차 세계대전기로부터 1930년대까지의 국민정부의 경제정책에 기인한 기업의 경영 환경과 기업 발전의 추이와 양상을 다룬 논문, 중국회사법에 드러난 근대적 속성과 정치적 체제 변화가 가져온 법률적 변화를 고찰한 글로 이루어져 있다.

(1) 정혜중 교수(이화여자대학교 사학과)는 「20세기 초기 천진(天津)의 산서표호(山西票號)와 천진은호(天津銀號)의 금융활동」[4]이라

東네트워크와 조선화상 同順泰」, 『사학연구』 88, 2007; 강진아, 「근대전환기 한국화상의 대중국 무역의 운영방식」, 『東洋史學研究』 105, 2008; 강진아, 「韓末 彩票業과 華商 同順泰號 20세기 초 동아시아 무역 네트워크와 한국」, 『중국근현대사연구』 제40집, 2008; 강진아, 「朝鮮總督府의 華僑 勞動者 入國 管理와 中國 言論」, 『中國近現代史研究』 59, 2013.

4) 정혜중, 「辛亥革命 이전 天津에서 山西票號와 天津銀號의 금융활동」, 『명청사연구』 24, 2005에 실린 글을 수정, 보완한 것이다.

는 글에서 양자강 유역에서 신구상인의 교체가 개항 이후 신해혁명까지 이어지는 청말 시기 경제적 특징의 하나라는 인식하에 이러한 양상이 천진의 산서상인(山西商人) 금융활동에서도 나타나는가를 고찰하고자 하였다. 천진은 산서표호의 발전 초기부터 중요한 영업 활동지로 기능하였고, 또 최후의 산서표호인 대덕통(大德通)산서표호, 대덕항(大德恒)산서표호가 1930년대까지 계속하여 영업을 유지하였던 곳이다. 이에 이 글에서는 천진시당안관(天津市檔案館) 등이 편집한 『천진상회당안회편(天津商會檔案匯編)(1903-1945)』(天津人民出版社, 1987~1998)과 남만주철도주식회사북지경제조사소(南滿州鐵道株式會社北支經濟調查所) 등이 편집한 『천진의 은호(天津の銀號)』(南滿洲鐵道調查部, 1942)를 기본 사료로 하여 천진에서의 금융업의 전반적 흐름 및 천진 산서표호와 천진은호 두 계통 금융업의 특징을 분석하여 다음과 같은 결론을 도출하였다.

첫째, 산서표호는 개항 이후 천진의 무역거래가 활발해짐에 따라 송금을 주축으로 하는 영업이 크게 발전하였으나, 1903년 천진상회 설립부터 그 세력이 축소된다. 둘째, 이와 같은 상황이 발생한 원인은 상회성립으로 천진지역 내의 전상(錢商)들의 활동이 활발해졌고 이들을 중심으로 한 경제활동이 산서표호 송금업무에 타격을 주었기 때문이다. 천진 금융 발전에 적극 참여하지 않았던 산서표호의 소극적인 영업방식과는 대조적으로 천진방(天津幇) 은호는 천진 지역의식을 강조하면서 집단적으로 적극적인 금융 활동을 규합해가고 있었다. 셋째, 전업(錢業) 상인에 의해 주도된 금융업에서 전통적인 금융조직인 은호(銀號)가 1940년대 이후까지 활발한 활동을 한 것이 주목된다. 이는 상해 전장(錢莊)이 1930년대 이후 외국은행이나 중국 은행계의 활발한 경영활동에 위축되어 활동이 축소되는 것과는 대조적인 현상이다. 결국 개항 초의 산서표호의 중심적 지위와 역할이 20세기 초에 이르러 천진은호로 교체되는 현상을 확인할 수 있었다. 청말 신구상인의 교체라는 점이 천진에서도 입증되었다는 점에 이 논문의 의미가 있다. 그러나 본고에서는 금융업 중에서도 산서표호와 천진은호에 한정된 고찰로 인해 은호 자체의 발전 요인과 다른 금융업과의 관계에 대한 분석이 부족하여 전체적인 천진 금융업의 상황을 파악하기에 미흡한 점도 있지만, 이 점에 대해서는 수도 북경과의 관계를 고려하여 이후의 과제로 삼고자 한다.

(2) 김지환(金志煥) 교수(인천대학교 중국학술원)는 「중국 기업 관행과 경영환경」[5]이라는 글에서 중국기업의 경영환경과 이에 대한 국가권력의 경제정책을 통해 1차 세계대전기로부터 1930년대까지 관통하여 중국기업의 발전 추이와 양상을 살펴보고 있다. 근대 이래 중국기업의 탄생과 발전은 중국경제사에서 주요한 연구 주제의 하나다. 기업은 근대의 산물이며, 따라서 기업의 발전과 쇠퇴는 중국자본주의 발전의 성쇠와 맥락을 같이한다고 할 수 있다. 1949년 이전 중국기업의 발전과 쇠퇴는 중국경제 및 자본주의 발전에 대한 평가와 불가분의 관계에 있다.

1차 세계대전은 중국 공업에 획기적인 발전 전기를 마련해주었다. 구미의 참전국들은 자국의 군수품 생산에 진력해야 했으며, 그 결과 구미 국가로부터 공업제품 수입이 급격히 감소하면서 방직공업 등

---

5) 김지환, 「1930年代 中國企業慣行과 經營環境」, 『중앙사론』 34, 2011에 실린 글을 수정, 보완한 글이다.

중국기업에 발전의 계기를 부여하였다. 그러나 종전 후 전시 호황이 종결되면서 1922년 이후 중국공업에는 불황이 도래하여 1930년대까지 지속되었다. 1930년대 초 세계공황의 여파와 만주사변, 상해사변 등 일본제국주의의 중국 침략으로 말미암아 중국경제는 심각한 타격을 받게 되었다. 만주사변의 발발과 만주국의 수립 이후 중국기업은 판매시장의 4분의 1, 즉 25%에 상당하는 시장을 잃고 말았다.

기업의 어려움을 가중시킨 원인 가운데 하나로 중국기업에서 보편적으로 이루어지고 있었던 관리관행(官利慣行)을 들 수 있다. 관리관행이란 기업의 회계연도가 끝날 때에 이윤의 유무와 관계없이 반드시 자본 출자에 대해 우선적으로 이자를 지불하는 관행을 가리킨다. 관리관행이 출현한 이유는 청말 이래 사회의 자본이 토지나 고리대에 투자되어 산업자본으로 용이하게 전환될 수 없었던 상황에서 투자 자본에 대한 이자의 안정성을 보장함으로써 투자자의 관심을 제고하기 위한 목적에서 찾을 수 있다. 그러나 이러한 관행은 비록 사회자본을 산업자본으로 유인하는 순기능도 일부 있었지만, 기업의 경영을 악화시킨 주요한 원인이 되었다.

이 밖에 중국기업의 발전에 커다란 장애가 된 것 가운데 하나는 사회자본이 공업에 투자될 수 있는 통로인 은행의 역할이 매우 제한적이었다는 사실을 들 수 있다. 북경정부 이래로 중국에서 은행의 성립과 역할은 공채의 수용과 불가분의 관계를 가지고 있었다. 중국에서 은행업이 발전하게 된 동기는 다분히 공채 수용이라는 정치적 동기에서 비롯되었다고 할 수 있다. 중국정부는 공채 수용의 편의를 위해 액면가격 이하로 공채를 할인해주는 관행을 보편적으로 활용하고 있었으며, 이는 수용자의 이윤을 보장함으로써 금융업의 적극적인 수용을 유도하고자 의도하였던 것이다.

더욱이 기업에서 생산하는 제품의 원가 코스트에서 원료가 차지하는 고비용과 불안정성은 기업발전에 적지 않은 어려움을 가져다주었다. 방직공업의 사례를 살펴보더라도 원료면화가 제품의 생산 코스트에서 차지하는 비중이 매우 컸다. 이러한 이유에서 면화의 부족으로 인한 제품 가격의 상승과 면사 가격의 상대적 하락은 기업 경영을 악화시키는 직접적인 원인이 되었다.

이러한 가운데 1930년대 초 세계공황의 여파가 중국으로 파급되면서 국민경제 전반에 혼란과 어려움이 가중되자, 중국정부는 직접적으로 경제에 개입하는 통제정책을 실행하지 않을 수 없었다. 중국국민정부는 중국경제의 장기적 계획을 수립하고 이를 추진하기 위한 선도기관으로서 전국경제위원회(全國經濟委員會)를 설립하였다. 이와 함께 전국경제위원회의 산하 기관으로서 면업통제위원회를 설립하고 이를 통해 면화의 개량 및 증산을 통해 공업원료의 수량을 확보하는 동시에 원료 품질의 향상에 착수하였다.

이 밖에 국민정부 재정부는 공채가 중국산업 발전의 주요한 장애임을 적극 인식하고, 기존의 공채를 정리하여 통일공채를 새로이 발행하였다. 통일공채가 기존의 공채와 구별되는 점은 법정이율인 6%를 철저히 준수하도록 했다는 사실이다. 통일공채의 발행을 계기로 은행자본가는 기존의 공채에 대한 일방적인 투기를 지양하고 공업과 농업 등에 대한 투자의 전기를 마련하게 되었다. 통일공채의 발행은 금융업으로 하여금 공상업에 대한 투자와 대출의 관심을 제고시키는 실질적인 계기가 되었다. 공채에 대한 중국은행의 투자액은 감소하였음에 비해, 기업에 대한 투자는 비약적으로 증가하였다.

　이와 함께 중국정부는 1935년 폐제개혁을 통해 화폐의 발행권한을 중앙은행·중국은행·교통은행 등 정부계 은행으로 집중시킴으로써 종래 각종 은행에 부여해왔던 화폐의 발행권한을 사실상 회수하였다. 이러한 조치는 결과적으로 은행의 공채에 대한 투자를 약화시키고 나아가 새롭게 공상업에 대한 투자의 관심을 촉발시키는 계기가 되었다. 법폐의 발행을 통해 통화가치를 안정시킨 조치는 기업의 경영환경을 개선하는 데 크게 기여하였다. 통화가치의 안정은 다시 외환 태환율의 안정에도 크게 기여하였다. 국내 물가와 태환율의 안정은 당연히 국내시장의 회복과 대외무역의 발전에 긍정적인 영향을 주게 되어 기업의 경영환경을 정비하는 계기가 되었다.

　이러한 일련의 경제정책에 힘입어 1936년이 되면 중국기업에는 뚜렷한 호황의 국면이 출현하여 중일전쟁 발발 직전까지 지속되었다. 폐제개혁의 성과와 화폐가치의 안정, 해외로부터 화교 송금의 증가, 경제 발전에 따른 저축의 증가, 기업에 대한 은행의 투자 확대 등이 순환적으로 이루어지면서 전반적인 산업의 발전을 촉진하였다. 이러한 결과 중국기업은 중일전쟁 직전기에 기본적으로 국내시장에 대한 자립화를 달성하였으며, 1930년대 경제불황을 극복하고 경제 발전의 지표를 명확히 보여주었다. 더욱이 이 시기는 중일전쟁 직전기로서 항전력의 제고라는 측면에서도 매우 중요한 성취였다고 할 수 있다.

　(3) 현대중국연구소의 연구원인 이호현·노은영 박사는 「중국 회사법의 변천과 근대성」[6]이라는 글을 통해 회사법에 드러난 근대적

속성의 흔적과 정치적 체제 변화가 가져온 법률적 변화를 고찰하고 있다.

서구의 중국진출의 주요한 이유는 경제적인 문제에서 찾을 수 있다. 필연적으로 그들과의 경제적 경쟁은 이전보다 치열했고, 중국은 새로운 '규칙'에 맞춰 나가야만 했다. 이제 전통적 상관행으로 대부분 이루어지던 상업활동은 경쟁력을 키우기 위해, 그리고 외국과 빈번한 거래로 인해 법률제정의 필요성이 대두되었다. 본고는 이러한 상황 속에서 제정, 혹은 개정된 회사법을 통해 법률에 드러난 근대적 속성의 흔적과 정치적 체제 변화가 가져 온 법률적 변화에는 어떠한 관계가 있는지를 추적해 보았다.

근대적 회사의 형태는 법적 보호를 받을 수 있는 법인화·유한책임제를 기반으로, 자유로운 양도권, 주주의 평등 등의 성격을 내포한 주식회사였다. 1904년 청말 최초로 제정된 회사법인「흠정대청상률공사율(欽定大淸商律公司律)」부터 주식회사에 대한 규정은 존재하였으나 아직 전반적인 주식회사의 설립은 미미했다. 때문에 주식회사 이외 무한회사와 양합회사가 회사법에 포함되어 있었으며, 물론 이들 회사의 채무책임관계, 양도권 문제, 주주평등 문제는 주식회사보다 폐쇄적이고 차별적이었다. 그리고 이러한 회사법 내용은 중화인민공화국 성립 이후 사라졌다.

한편, 1946년 전시상황에서 국가의 직접 경영과 투자, 외자유치를 위해 새롭게 신설된 유한회사는 중화인민공화국 성립과 함께 계획경제하에서도 자연스럽게 국영기업은 물론 사영기업에까지 적용되는 법률로 이어진 현재의 회사법에도 잔존해 있으며, 거의 치외법권적

---

6) 이호현·노은영,「중국 회사법의 변천과 근대성」,『중국사연구』92, 2014에 실린 글을 수정, 보완한 것이다.

보호를 받고 있던 외국회사도 1946년 「공사법(公司法)」에 의해 정식으로 중국 법률의 적용을 받게 되었다. 결국 이러한 법률적 변화의 모습은 중국 회사법이 사회변화에 따라 사회 내부 상행위, 그리고 영리를 목적으로 한 조직들을 적극적으로 보호하면서도, 국가의 필요에 의해 회사유형을 새롭게 규정하고 통제하려는 속성이 있음을 보여준다고 할 수 있다.

그러나 한편으로는 주식회사에 대한 규정은 개혁개방 이후 회사법에 드러나듯이 이전의 법률적 제약이 점차 완화, 혹은 폐지되는 방향으로 개정되었다. 이는 적어도 법률적으로는 점차 국가통제적 방식을 시장경제체제에 맡기려는, 그리고 그런 사회적 분위기가 형성되고 있음을 의미한다고 생각한다. 다만, 이런 법률적 특성의 흐름은 회사법 이외 관련 법률 - 예를 들어, 중화민국시기 민법이나 중화인민공화국시기 기업법 등 - 의 특성, 그리고 회사법 내 조직, 운영과 관련된 조문들의 연구, 특히 실제 적용사례의 보완이 함께 진행되어야 좀 더 유의미한 결과물로 완성될 것이다. 차후 이러한 내용을 후속작업에서 적극적으로 반영하고자 한다.

3.

제2부에서는 "중국 전통 상업관행의 형성과 변화"라는 제목하에 모두 4편의 글을 편제하였다. 청대 강남지역의 농촌 면방직업의 선대제에 대한 기존의 견해를 비판하고 새로운 각도에서 파악하고자 한 글, 청대 광동 행상의 우두법 도입을 통하여 청대 상인의 사회적

기여의 일면을 분석한 글, 20세기 광동 화교자본의 대중국 투자를 통해, 화교자본과 중국경제가 상호 연동하는 방식 및 그 변천을 살펴본 글, 『방언집석(方言集釋)』에 나타난 상업어휘를 다각도로 분석한 글 등이다.

(1) 홍성화 교수(부산대학교 역사교육과)는 「청대전기(淸代前期) 강남(江南)지역 농촌 면방직업의 선대제(先貸制) 생산에 대하여」[7]라는 글에서 선대제를 농민층 분해의 한 지표로 보거나 근대화의 계기로 보는 견해를 비판하고 특정 조건하에서의 경영방식의 하나로 인식하고 있다.

본 논문에서는 선대제 생산형태를 어떠한 '이념형'으로 상정하여 사료에서 추출하려고 하는 기존 연구와는 달리 특정한 경제적 조건 속에서 소생산자와 선대상인의 하나의 경영방식으로 파악하여 그 성립조건과 존재여부를 검토해 보았다. 성립조건은 생산자와 시장권과의 단절과 면포 생산자의 비독립성이었고, 이러한 조건에 적합한 것은 강남지역에서 소수의 지역에 불과하였다. 결론적으로 청대 강남지역의 농촌 면방직업에서의 선대제 생산은 극히 예외적인 경우에 지나지 않았고 농민의 상품생산과 유통이 발전함에 따라 소멸되는 길을 걸었으며, 선대제 생산의 역사적인 역할은 시장권과 고립되었고 비독립적이었던 농가의 경영을 점차 자립재생산으로 고양시키는 것이었다.

이 지역의 농촌 면방직업에서 선대제 생산이 발전하지 않은 것은 상품생산의 발전이 저급했거나, 상품거래 구조가 낙후되었기 때문도

---

7) 홍성화, 「淸代前期 江南地域 農村 綿紡織業의 先貸制 生産에 대하여」, 『명청사 연구』 9, 1998에 실린 글을 수정, 보완한 것이다.

아니었다. 이는 발전한 시장망과 농업경영의 독립성을 바탕으로 소생산자층이 상품생산의 독립성을 확보할 수 있었기 때문이다. 선대제 생산은 상품생산과 유통의 발전정도에 의해 자연적으로 발아되는 것이 아니라 특정 조건하에서의 경영방식의 하나일 뿐이었다. 그리고 이 경영방식이 성립·발전하였는가의 여부는 특정한 경제적인 조건이 만들어내는 사회적 관계, 즉 상인과 면포 생산자간의 관계가 결정적인 요소였다.

그러므로 선대제 생산형태를 농민층 분해의 한 지표로서 발견하려 하거나, 혹은 이것의 부재를 근거로 '근대화의 계기'가 없었다고 하는 것은 - 선대제 생산의 존재가 과연 '근대화의 계기'인가에 대한 의문은 일단 사상하더라도 - 무의미한 판단이라고 하지 않을 수 없다. 연구방법의 올바른 출발점은 '세계사의 기본법칙'에 입각하여 선대제 생산형태를 어떠한 단계로 파악하기보다는 상인층과 소생산자의 입장에서 파악하여, 선대제 생산형태가 이들의 경영에서 과연 필수적이었던가의 물음이어야만 한다.

기존의 연구사가 보여주듯이, 선대제 생산의 부재가 농민층 분해의 부재로 반드시 연결되는 것은 아니었다. 그러므로 선대제 생산형태와는 별도로 농민층 분해에 대한 검토가 필요하다고 생각된다. 이에 대해서는 다음 기회에 검토하고자 한다.

(2) 박기수 교수(성균관대학교 사학과)는 「청말 우두법의 도입과정과 광동 행상의 역할」[8]이라는 글에서 청말 우두법 도입과정에서 광동행상이 행한 기여활동을 통하여 청대 상인의 사회적 기여에 대한

8) 朴基水, 「淸 중엽 牛痘法의 도입과정과 광동 行商의 역할」, 『명청사연구』 제40집, 2013에 실린 글을 수정, 보완한 것이다.

한 측면을 제시하고 있다.

1798년 제너의 우두법이 공개된 후 새로운 천연두 예방법은 빠른 속도로 전 세계로 전파되었다. 우두법 전파에 공을 세운 것은 스페인 국왕이 1803년 파견한 발미스 의료대였다. 이들은 남미를 경유해 1805년 4월 15일 우두백신을 필리핀에 가져왔고, 필리핀과 무역하던 마카오의 포르투갈 상인 페드로 후에는 발미스가 필리핀에 가져온 백신을 5월 17일 마카오에 전달하였다. 영국동인도회사 소속 의사이던 피어슨은 이 우두백신을 이용하여 마카오의 중국인에게 우두 접종을 시작하였다. 결국 1805년 5월 중국에서 우두법이 처음으로 시술된 것이다. 피어슨은 새로운 우두 접종법을 중국에 소개하기 위해 안내 책자를 저술하고 이를 회사의 중문 통역 스턴튼에 부탁해 중국어로 번역하였다[『영길리국신출종두기서(喓咭唎國新出種痘奇書)』]. 처음 1년간 피어슨은 중국인 제자들의 협력으로 광동의 중국인 수천 명에게 우두를 접종할 수 있었지만, 우두백신의 안정적 공급에 실패하여 1806년과 1808년 두 차례 우두 접종을 중단해야 했다. 그때마다 다시 필리핀에서 우두백신을 구해왔지만 백신의 안정적 공급은 우두 접종을 지속하기 위해 해결해야 할 난제였다. 당시의 과학기술 수준에서는 우두백신을 안정적으로 보관, 유지할 수단이 없어 인체에 보균하여야만 우두균이 활성을 유지하였다. 지속적으로 접종자가 나타나면 그로부터 백신을 확보할 수 있었지만 접종자가 끊어지면 백신도 확보할 수 없게 되었다. 종두의사에 대한 고의적인 나쁜 소문이나 우두 접종 자체에 대한 미신이 접종자를 줄어들게 하였다. 특히 우두법의 성행으로 일거리를 잃게 된 중국의 전통 인두 접종의사들은 결사적으로 우두법에 반대하였다.

　이러한 상황에서 우두법의 보급과 확대에 노력한 것은 피어슨에게서 우두접종술을 배운 구희(邱熺)라는 인물이다. 그는 광동성 남해 사람으로 마카오에서 피어슨의 제자가 되었다. 1806년부터 우두 접종을 시작한 구희는 광동의 고위 관료나 저명인사의 자제에게 우두를 무료로 접종해주고 그들로부터 이를 감사히 여기는 시문이나 편액을 받았으며 이를 책(『인두제영(引痘題咏)』)으로 펴내 광동인들의 우두에 대한 관념을 바꾸는데 기여하였다. 이는 우두 접종을 선전하는 강력한 도구가 될 수 있었고 우두법을 수용할 수 있는 사회적 분위기를 형성시켜 주었다. 아울러 구희는 『인두략(引痘略)』이라는 저술을 통해 전통 인두법(人痘法)의 지식과 신식의 우두법 이론을 조화시키는 방식으로 우두법의 장점과 우월성을 설파했다. 전통적인 인두법의 용어를 차용한다거나 전통적인 경맥학설(經脈學說)과 남좌여우(男左女右)이론, 태독(胎毒)이론을 사용하여 우두법을 설명함으로써 중국인들이 용이하게 우두법을 수용하도록 하였다. 소의 고름을 사람의 몸에 넣는다는 일반인의 부정적 인식을 불식시키기 위해 소와 사람의 비장이 같은 토행(土行)이며 동기(同氣)라는 오행사상을 동원하였다. 결국 토에 속하는 우두(牛痘)가 비장(토행)에 있는 (천연두의) 병독(病毒)을 끄집어내는데 유효하다는 것이다. 이러한 이론적 설명의 결과 중국의 사대부나 관료, 상인들은 구희의 『인두략』에 공감을 표시하고 『인두략』에 기반한 우두법 해설서가 무려 62종이나 간행되는 유행을 불러왔다. 구희의 저술은 우두법을 중국에 보급하는데 이론적으로 기여했음을 보여주고 있다.

한편 행상들은 우두법을 도입하는 과정에서, 또는 우두법을 광동 지역에 정착시키는 단계에서, 그리고 북경 등 다른 지역으로 우두법을 전파하는 과정에서 각종의 공헌을 하였다. 실패로 끝났지만 1803년 영국동인도회사가 우두법을 중국에 도입하려고 시도했을 때 행상의 일원인 동생행(東生行) 유덕장(劉德章)은 접종대상아동을 제공함으로써 일정한 기여를 하였다. 1805년 행상인 회륭행(會隆行) 정숭겸(鄭崇謙)은 명의를 빌려줌으로써 피어슨이 우두법을 소개하는 책자를 간행하도록 협력하였고, 피어슨에게 우두법을 배워 우두 접종에 참여할 중국인 제자를 물색해 주었다. 그러나 행상의 우두법에 대한 공헌은 우두백신을 안정적으로 공급하여 우두 접종을 지속시키고 다른 지역으로 전파할 수 있게 한데서 잘 드러난다. 1810년 대표적 양상인 오병감(伍秉鑒), 반유도(潘有度), 노관항(盧觀恒)은 은(銀) 3천 냥을 희사하여 우두법 시행 기금으로 제공하였다. 이 기금을 이용하여 우두 접종을 무료로 시술했을 뿐만 아니라 접종자에게 사례금(菓金)을 제공함으로써 접종자가 지속적으로 우두국을 찾도록 하였다. 전통적 인두법을 시행하는 종두의사는 시술비용을 받았음에 비해, 광동의 우두 접종에서는 무료로 시술하였다. 이 점은 우두 접종을 수용하게 하는 강력한 흡인책이 되었다. 게다가 일정한 사례금을 제공한다는 점은 빈곤한 민중들의 우두 접종 참가를 촉진하는 보다 더 큰 동인이 되었음은 분명하다. 이러한 사례금을 통하여 우두 접종자가 끊이지 않았고, 따라서 우두백신도 안정적으로 확보될 수 있었다.

이들 행상들은 왜 기부행위를 했을까. 행상이 신사의 일원으로 자임할 경우 신사들이 가지고 있는 사회에 대한 책임의식이나 공의식을 대외적으로 입증해야 할 필요에서 기부행위를 했다고 생각된다. 또는 영국동인도회사와 무역거래를 전담하던 광동의 행상이 동인도회사와의 관계를 긴밀히 함으로써 즉 동인도회사가 추진하던 우두접종 사업에 협력함으로써, 무역에서 더 많은 이익을 얻으려 했던 상업적 목적이 기부행위 내면에 숨어 있었다고 볼 수도 있다. 그러나 기부행위를 한 행상 중 반유도는 행상에서 퇴임한 상황이었고, 그들은 평소 사회에 대한 기여활동과 공익활동을 활발히 벌이던 인물들이었다. 오병감의 아들 오숭요(伍崇曜) 역시 우두국의 지속적 운영을 위해 많은 금액을 희사하였고, 동부행(同孚行) 행상의 일원이었던 반사성(潘仕成)은 북경으로 우두를 전파하기 위해 많은 노력을 기울였다. 오숭요나 반사성의 우두법과 관련된 행위는 모두 영국동인도회사의 대중국 무역독점권이 취소되고, 행상제도가 폐지된 이후의 일이었다. 특히 반사성은 자기의 저택을 회관으로 기부하여 우두국을 설치하는가 하면 광동에서 우두 종두사를 초빙하여 북경의 아동에게 종두하게 하였다. 오숭요나 반사성 모두 평소 사회에 대한 기여활동을 활발히 하던 행상 출신이었다. 이상의 사례를 통해 광동의 행상이 우두법 도입과 정착, 그리고 확산에 기여한 점을 입증할 수 있었다.

(3) 강진아 교수(한양대학교 사학과)는 「20세기 광동 화교자본의 환류와 대중국 투자」[9]라는 글에서 20세기 광동 화교자본의 대중국 투자를 통해, 화교자본과 중국경제가 상호 연동하는 방식 및 그 변

---

9) 강진아, 「20세기 廣東 화교자본의 환류와 대중국 투자」, 『동양사학연구』 제127호 (2014)에 발표된 논문의 轉載이다.

천을 살펴보고 있다. 광동 상인들은 19세기 중엽부터 상해를 위시한 연안 항구와 해외로 진출하여, 점차 강력한 경제적 세력을 가진 트랜스 내셔널(trans-national) 이주민 집단[diaspora]을 형성하였다. 해외 광동인들은 화교자본이란 외피로 중국 본토 경제에 다시 등장하는데, 광동 화교투자는 주로 고향인 광동성과 중국 최대의 상업도시 상해 두 곳에 집중되었다. 광동성에 대한 투자의 대부분이 부동산 투자였던 것과 대조적으로, 상해에 대한 투자는 절반이 공업 투자였다. 이른바 대표적인 "민족자본" 중에 적지 않은 회사들이 모두 광동출신의 화교가 설립한 것들이다. 1949년 이전에 광동화교의 상해에 대한 투자는 1920년대가 최전성기였는데, 광동에 대한 투자는 세계대공황을 겪고 있던 1930년대 진제당(陳濟棠) 군벌정권 시기에 오히려 정점에 달했다.

화교투자가 중국의 공업화에 불가결한 역할을 담당하기는 했지만, 수치상에서 보자면 직접투자는 화교송금에는 훨씬 못 미쳤다. 중국은 막대한 화교송금이 있었기에 방대한 무역적자를 메울 수 있었고, 국내 화교가족들 역시 생계를 꾸릴 수 있었다. 광동화교의 90% 이상이 동남아시아에 거주했으나, 이미 1930년대에 미국화교의 송금액이 동남아시아화교의 송금액을 넘어서고 있다는 점도 주목할 필요가 있다. 특히 미국 화교는 거의 전부가 광동성 출신 중에서도 광주(廣州) 및 주강(珠江) 델타 유역의 광방(廣幇)이었는데, 이는 중국 전체 화교 송금에서 광방 송금의 중요성을 잘 보여준다.

중화인민공화국은 건국 초기에 화교자본을 유치하여 공업 재건에 활용하기 위해 여러모로 노력을 경주하였다. 그러나 사회주의 체제와 정치사상적 이유로 인해 화교정책은 일관되지 못했고 줄곧 동요하는 모습을 보여주었다. 원래 공산당은 공사합영(公私合營)의 투자 공사(投資公司)를 통해 화교자본을 초치하고, 민간 투자 주식분에 대해서는 연리 8리의 이자와 더불어 배당까지도 보장하였다. 그러나 1957년 이후 화교투자는 연리만 보장할 뿐 배당은 사라지게 되었고, 이에 따라 화교투자금액은 급격히 감소하였다. 이처럼 투자와 경영을 분리시키려는 공산당의 방침은 확실히 자금의 초모에는 장애가 되었다. 그러나 다른 한편에서는 중국공산당이 대부분의 화교자금을 공업생산 분야에 몰입 투자할 수 있게 함으로써, 이전과는 달리 화교 자금을 효율적으로 생산에 활용할 수 있었음도 긍정적으로 평가해야만 한다. 수치상으로 중화인민공화국 초기의 화교자금 초치는 전전(戰前)에 비해 큰 성공을 거두었다고 할 수 없는데, 그 원인은 여러 가지이다. 일차적으로 중국의 좌편향적 정치가 점점 화교들이 중국 투자를 꺼리게 만들었다. 그 밖에 미국과 유럽 자본주의 국가들이 이민 제한을 풀게 되면서 많은 동남아시아 화교들이 중국을 등지고 구미로 이주하였던 것, 또 홍콩과 대만이 경쟁상대로 등장하여 중국 대륙을 대신해 화교자본을 흡수하였던 점도 지적해야 할 것이다.

(4) 강용중 연구원(성균관대 현대중국연구소)은 「『방언집석(方言集釋)』 상업어휘의 구성과 풀이」[10]라는 논문에서 『역어류해(譯語類解)』와 『역어류해・보(譯語類解・補)』 상업어휘 연구의 후속 작업으로 『방언집석』에 수록된 90여 개의 상업관련 표제어를 분석하고 있다.

강용중 연구원은 근래에 조선시대 유해류 역학서를 대상으로 상업

---

10) 이 논문은 「『方言集釋』 상업어휘 연구」라는 제목으로 『중국문학연구』 제53집 (2013.11.30.)에 게재된 것을 수정, 보완한 것이다.

어휘를 지속적으로 연구하고 있다. 지금까지 우리나라의 중국어 연구자나 해외의 중국어 연구자들은 『노걸대』·『박통사』 등과 같은 회화류 역학서에 치중하여 어법과 음운사 연구에 주력해 왔었다. 그러나 조선시대에 이에 못지않게 활발히 연구되고 간행되었던 유해류 역학서는 국어학자들이 우리의 중세국어를 연구하면서 활용한 것을 제외하고는 국내외의 중국어 연구자들에게는 별로 주의를 받지 못했다. 한편 상업어휘는 명청 시기의 변화하는 상업상을 반영하고 있으며 다양한 상업관계를 잘 드러내준다. 이에 유해류 역학서와 『노걸대』·『박통사』 등과 같은 회화류 역학서를 대조하여 어휘연구의 새로운 지평을 열 수 있는 가능성에 주목하여 연구를 수행하고 있다.

이 논문은 『역어류해(譯語類解)』와 『역어류해·보(譯語類解·補)』 상업어휘 연구의 후속 작업으로 『방언집석』에 수록된 90여 개의 상업관련 표제어를 연구했다. 『방언집석』은 1778년(정조 2) 홍명복(洪命福) 등이 간행한 한어(漢語) - 청어(淸語) - 몽어(蒙語) - 왜어(倭語) 등의 사학(四學)의 어휘를 분류사전의 형식으로 구성되어 있으며, 우리말 의미를 표제어 뒤의 풀이에 부기(附記)했으므로 5종 언어 대역(對譯) 어휘집으로 볼 수 있다. 『방언집석』에 수록된 상업어휘는 91개이다. 기존의 유해류 역학서에서 상업어휘는 <매매(買賣)>에만 저록되어 있었으나 만주어 대역사전인 『한청문감(漢淸文鑑)』의 영향을 받아 <매매(買賣)>에 해당하는 <무역(貿易)>과 전당(典當)과 관련된 <당차(當借)>를 분리시켜 수록한 것이 주요한 특징이다.

연구방법으로는 『방언집석』의 상업어휘 자체에 대한 연구와 더불어 이전 시기에 간행된 다른 대역 사서를 대비하고, 고찰하는 것이다. 이러한 대비는 우선 동일한 범주인 상업 관련 어휘가 어떻게 변화되고 있는지 또는 어떤 것이 소실되고 어떤 것이 생성되었는지, 나아가 상업어휘의 전체적인 구성이 어떠한지를 보여줄 수 있기 때문이다.

판종 간의 전승관계를 살펴본 결과, 다수의 어휘들이 이미 간행되어 있던 다른 판종에서 가져온 것으로 밝혀졌다. 이러한 점은 이 책이 다국어 대역 사서의 체제를 취하고 있어 내용 취합이나 어휘간의 대응성을 고려한 편의적인 태도에 기인했다고 판단한다. 표제어는 『역어류해(譯語類解)』와 『역어류해·보(譯語類解·補)』에서 가져온 것들이 상대적으로 많았다. 다른 한편으로는 그중 19개의 어휘가 『방언집석』에만 보여, 새로운 어휘를 적극적으로 수집한 흔적을 발견할 수 있었다.

마지막으로 '중주향어'의 다섯 개 어휘와 기타 난해한 어휘를 풀이했다. 어휘풀이에서는 사형(詞形)의 변화가 있거나 대형 사서(辭書)에서 누락한 난해한 어휘 또는 『방언집석』에 처음 출현하는 어휘를 중심으로 진행했다. 대부분이 대형 사서나 관련 주석을 활용해 풀이할 수 있었으며, 다국(茶局) 전국(錢局) 체첨(掣籤) 등과 같은 일부 표제어는 풀이가 잘못 되거나 상업어휘가 아닌 것이 발견되기도 했다. '중주향어'라고 표시한 단어는 '이시(利市)', '활계(活計)', '경기(經紀)', '청(賄)', '귀(歸)' 등이며 조사결과 모두가 『고금도서집성·이학휘편·자학전(古今圖書集成·理學彙編·字學典)』 「권145 방언부(方言部)」에서 가져온 것임을 알았다.

조선시대의 유해류 역학서는 당시 외교적 환경과 시대적인 인문정신으로 만들어졌다고 해도 과언이 아닐 것이다. 사학(四學) 중에 당시에 큰 필요가 없었던 만주어나 몽골어 대역 사서를 편찬한 일이나, 일회성을 지양하고 200여 년에 걸쳐 매우 다양한 판종을 생산한 사실로 보더라도 이러한 면면을 살필 수 있다. 한편 어휘는 사회상을 가장 잘 반영할 수 있는 언어요소이자, 시대성 또한 적극적으로 표상하고 있다. 때문에 명청 시기 매우 활발했던 상업을 주 영역으로 하여 조선시대에 간행된 유해류 역학서를 활용해 상업어휘를 연구하는 것은 학술적으로 일정한 의의가 있다고 볼 수 있다.

4.

이 연구 총서가 출간되기까지 성대 사학과 동양사 대학원생 석사과정 유한결 군은 7편의 논문에 대한 꼼꼼한 교정을 통하여 이 책의 가독성을 높이는 데 크게 기여하였고, 본서의 편집에 대해 번거로운 수고를 아끼지 않았다. 아울러 이 책의 기획이나 총괄적 추진은 처음부터 이호현 연구원의 노력에 의하여 진행되었다. 이러한 성과가 나오게 된 것은 그녀의 헌신적 노력의 결과라 해도 과언이 아니다. 이 자리를 빌려 고마움을 표하는 바이다. 또한 이러한 학술서적을 간행함에 있어 출판사의 흔쾌한 결정에 대하여 언급하지 않을 수 없다. 한국학술정보㈜에서는 순수 학술서적의 출판을 기피하는 풍토 속에서 우리의 공동연구 성과를 독자들에게 선보이도록 기회를 제공하여 주었다. 아무리 뛰어난 성과라 하더라도 독자와 만날 수 없다면 그림의 떡에 불과한 것이 아닌가. 역시 이 자리를 빌려 감사의 마음을 한국학술정보㈜의 모든 관계자들에게 전하고자 한다.

제**1**부

근현대 중국의 기업과
상업관행

1

20세기 초기 天津의 山西票號와
天津銀號의 금융활동

정혜중

1. 시작하면서

국내 중국 근대 도시사 연구는 上海를 중심으로 활발히 진행되었고 최근 그 대상이 천진과 제남으로 확대되는 경향이 있다.[1] 그런데

---

[1] 국내에서 上海에 관한 연구는 商會와 상공계층에 관한 연구로 시작되었다고 볼 수 있는데 이승휘, 「1920년대 초 上海總商會의 정치적 성격」, 『東洋史學硏究』 20, 1984 및 「中國의 國民會議 運動과 上海工商階層」, 『歷史學報』 144, 1994가 대표적이고 최근에는 이병인, 「1930년대 上海市 商會의 구성과 위상」, 『東洋史學硏究』 85, 2003 등이 있다. 또한 노동자와 학생 문제에 과한 연구와 더불어 금융업의 동향도 중요 연구테마가 되었다. 이와 관련한 중요 연구는 전인갑, 『20세기 전반기 上海社會의 地域主義와 勞動者 - 傳統과 近代의 중층적 이행』, 서울대학교 출판부, 2002; 김영진, 『중국의 도시 노동시장과 사회 - 上海를 예로』, 한울아카데미, 2002 등이 있다. 또한 학생활동에 관한 연구로 정문상, 「학생회에서 자치회로 - 1927 ~1931년 남경 국민정부의 학생정책과 상해시 학생연합회 - 」, 『중국근현대사연구』 25, 2005와 「일상생활을 통해 본 1930년대 상해 학생사회」, 『중국근현대사연구』 21, 2004, 김승욱, 「20세기 초 상해 금융업의 어음결산관행」, 『중국사연구』 25, 2003과 「20세기 초 上海에서 浙江, 江蘇系 금융집단의 형성」, 『중국근현대사연구』 21, 2004 등 이 있다. 한편 최근의 역사학계는 종래 사회경제사를 중심으로 연구하던 경

근대 중국경제의 중심지인 상해에 대한 연구에서 근대적 동업조직에서 전통적 특징인 지연적 결합이 지적되었고, 그러한 경향은 금융업을 중심으로 더욱 공고화되고 있다는 지적에 주목해볼 필요가 있다.[2] 서양의 경제적 진출과 문화적 파급효과가 다른 지역보다 빠르게 확산되었던 상해조차 지역 결합을 주축으로 종래 전통적 관습을 농후하게 보유하고 있는 '지역성'이 20세기 초 빈번하게 드러나고 있었다.[3]

같은 시기 화북 경제의 중심지인 天津에서도 각 지방 상인들을 중심으로 한 지역적 결합이 강하게 나타나는 것을 볼 수 있는데 이는 최근의 천진 연구에서 근대의 천진이 개항장으로 설치된 租界지역이 예부터 전해지는 天津城과 병존하는 2중 도시로서 성격을 가지고 있었다는 지적[4]과도 같은 맥락이라는 점이 도시 천진의 성격을 보다 뚜렷하게 보여준다고 생각된다.

다만 상해가 개항과 동시에 경제가 급성장함에 따라 주변 지역의 풍부한 자본이 상해로 몰리며, 他省 출신의 상인들이 동향망을 형성하고 금융업 등에서 두각을 보였던 것과는 달리 천진은 기존에 활동하던 타성 출신의 상인들을 구축해가며 천진 지역 출신 자본가들이 성장하여 간다는 면에서 차이를 보인다. 그리고 그러한 천진 지역 출신이 자신들의 근거지를 바탕으로 한 활약상이 외지인들의 영업에

향에서 문화사로 관심 영역이 확대되었는데, 이러한 역사학계의 연구 경향이 국내 상해사 연구에도 영향을 주게 되었다. 주요 연구로는 이병인, 「1930년대 상해의 구역상점과 소비생활」, 『중국근현대사연구』 17, 2003; 이승휘, 「20세기 초 상해여성의 지위와 문화 - 상해기독교여천년회의 조직과 활동 - 」, 『중국근현대사연구』, 2003; 정문상, 「上海文廟의 기능 변화와 孔子」, 『중국사연구』 32, 2004 등이 있다.

2) 김승욱, 앞 논문, 2004, 1~3쪽.

3) 전인갑, 앞의 책, 2002.

4) 吉澤誠一郞, 『天津の近代』, 名古屋大學出版部, 2002, 27쪽.

크게 타격을 주게 되어 쇠퇴하여 가는 한 요인으로 작용한다는 점에서 그들의 지역성은 배타성과도 연결된다고 볼 수 있다. 따라서 자유로운 이미지의 상해와는 정반대의 분위기는 천진의 또 다른 특색을 이룬다고 생각된다.

천진 출신 상인들이 타성 출신의 상인을 밀어내고 스스로 영업지를 확보해가는 상황이 상해와 비견되기는 하지만 결코 근대 천진만의 특색이라고 볼 수는 없다. 최근 상인에 대한 연구가 다각도로 진행되고 있는 가운데, 明淸時代에 한정하여 대상인단을 주로 연구하던 경향에서 벗어나 다양한 지역의 상인 연구로 확대되었음은 주지의 사실이다.[5]

山本進의 연구는 중국 전역을 대상으로 한 것은 아니고 四川省과 江南 지역이라는 양자강 일대의 일부 상인에 한정된 것이다. 그는 명말 이래 중국 전 지역에서 거래를 담당하고 있던 금융업, 원거리 무역을 담당하고 있던 山西, 陝西, 徽州에 대해 지방상품을 전문적으로 취급하는 상인집단이 대두하여 이들과의 경합을 통해 활동지역 구분 관계가 성립하였다고 보고 있다. 중국 시장의 경우 상품경제의 심화와 지역 간의 불균형이 나타나며 전국 시장에도 새로운 중간규모의 경제권, 즉 지역경제권이 형성되었다는 것이다. 지역경제권이라는 개념은 그다지 새로운 개념이라고 볼 수는 없지만 이렇게 지역 상인층으로 성장하는 湖北商人, 四川商人, 江浙商人 그리고 江西商人의 역할을 검토하고 있음은 시사하는 바가 크다.[6]

---

5) 대표적으로 張海鵬・張海瀛主編,『中國十大商幇』, 中華書局, 1995; 박기수,「명청시대의 사회변화와 상인: 청대 광동의 대외무역과 광동상인」,『명청사연구』9, 1998; 山本進,『明淸時代の商人と国家』, 研文出版, 2002가 있다.

그중 근대 초기 지방 상인에 대한 분석에서는 湖南, 四川 등지에서 활동하는 江西商人이 同治 무렵부터 光緖年間에 나타나 양자강 유역을 무대로 성장하면서 지역경제 발전의 핵심세력으로 등장하게 되는 과정이 고찰되었다. 이는 마치 상해가 개항과 동시에 경제가 급성장하자 주변 지역에서 풍부한 자본이 상해로 몰리며, 타성 출신의 상인들이 동향망을 형성하고 금융업 등에서 두각을 보였던 것과 흡사하다. 이러한 양자강 유역에서의 新舊商人의 교체라는 특징은 비록 천진과는 다른 양상이지만 개항 이후 신해혁명까지 이어지는 청말 경제적 특징의 하나로 지적할 수 있겠다. 중국 명청 시기 양대 상인집단인 山西商人과 徽州商人의 명청대 화려한 활약이 근대에 들어서 자취를 감추며 대상인으로서의 지위를 각지에서 활약하는 지역 상인들에게 빼앗겨 버리는 것도 바로 이러한 청말의 경제적 특징과도 관련이 있다. 본고는 이러한 사례를 天津에서 산서상인의 금융활동을 통해 고찰하여 보는 것을 목적으로 한다.

휘주상인과는 달리 산서상인은 근대에 들어서도 금융 상인으로 활동하는 이른바 山西票號의 활동이 두드러진다. 그러나 산서표호의 경우도 신해혁명을 지나고 民國 初가 되면 거의 도산하여 전근대 상인이 근대에까지 계속적으로 활동하는 상황이 이어지지 못한다. 근대 특히 민국 초의 산서표호의 붕괴 원인을 경제적인 측면에서 고려하자면 근대적 은행경영 체제로 빨리 전환하지 못하였다는 표호경영의 내부적인 요인과 신해혁명 전후의 사회경제적인 변화에로 인한 손실을 중요한 요인으로 들 수 있다. 그러나 산서표호의 연구에

---

6) 山本進, 앞의 책, 52~55쪽.

서는 청조와의 관계 여부, 그리고 중국경제에서의 역할 등에 초점이 모아지면서 지역사례를 통해 그 붕괴의 원인을 고찰하지 못하였다.

한편 천진은 산서표호의 발상지라고 연구될 정도로 산서표호의 발전 초기부터 영업 활동지로 중요한 역할을 담당하였고, 또 최후의 산서표호라고 할 수 있는 大德通山西票號, 大德恒山西票號가 1930년대까지 계속 영업을 유지하였던 곳이기도 하다.[7] 따라서 천진은 근대시기에도 산서상인이 금융업을 통해 영업을 도모하는 사례를 볼 수 있는 지역이기도 한다. 천진은 화북과 서북 등의 광대한 지역과도 밀접한 경제적 관련이 있고, 근대 시기까지 상해와 대립되는 화북 경제 중심지로서의 역할이 주목되었다. 그러나 상해의 도시연구에서 경제활동과 금융에 대한 연구가 한축을 이루는 것과는 대조적으로 천진의 금융업에 대한 접근은 비교적 적다고 할 수 있다.[8] 천

---

7) 산서표호에 대한 일반적인 상황은 拙稿, 「山西票號의 帳簿에 나타난 지점경영의 특징 - 1906년 日昇昌山西票號 支店帳簿의 분석을 중심으로 - 」, 『동양사학연구』 77, 2002 등 참조.

8) 천진에 관한 일반적인 연구도 상해에 비하면 상당히 적은 편이다. 하지만 1990년대 이후 지속적으로 연구가 진행되었다고 볼 수 있다. 일본에서는 1994년 무렵부터 「天津史研究會」를 통해 화북지역을 대상으로 한 중국연구자들이 참여하여 연 1~2회의 발표회와 공동연구를 진행하고 있다. 그것의 결과물은 天津史研究會編, 『天津史』, 東方書店, 1999이다. 천진을 주제로 하는 전문적인 연구자들은 Brett George Sheehan, *The Currency of Legitimation; Banks, Bank Money and State-Society Relations in Tainjin, China, 1916-1938*, A dissertation submitted in University of California, Berkeley, 1996; 吉澤誠一郎, 『天津の近代』, 名古屋大學出版部, 2002가 있다. 중국에서의 천진연구는 天津社會科學院을 중심으로 한 『城市史研究』 등이 중심으로 이루고 있다. 천진사회과학원의 연구자들과 일본의 천진 연구회의 연구자가 정리한 『天津史文獻目錄』(貴志俊彦, 劉海岩, 張利民編, 東京大學東洋文化研究所 附屬 東洋學文獻센타, 1998)에는 천진에 관한 연구가 중국어 논저목록과 일본어 논저목록 그리고 天津, 南京,臺北,東京에 있는 문헌의 3부로 분류되어 이용에 편리하다. 그 외 중국에서의 천진도시사 연구는 羅澍偉主編, 『近代中國城市史』, 1993이 있다. 국내의 천진에 관한 연구는 손재현, 「5·4운동 시기 천진 총상회 활동과 정치적 대응」, 『경북사학』 25, 2002와 「프랑스 租界 확장에 대한 천진시민의 대응 - 1916년 老西門사건을 중심으로 - 」, 『대구사학』 76, 2004; 구범진, 「天津의 行鹽制度와 淸末 新政期의 改

진의 근대무역과 금융에 관해서는 정리된 당안관의 사료[9]와 그 밖의 신문 자료들이 다른 지역에 비해 많은 편이라 할 수 있어 앞으로 상업활동과 금융에 대한 연구가 진행될 것으로 기대된다. 다만 이들 상회의 자료가 단편적인 것이 많아 연속적인 경제활동을 분석하고 정리하는 것은 다소 어려움이 따른다. 본고는 연구가 취약한 천진의 경제분야 특히 금융업에 대한 검토와 더불어 타성 출신의 상인인 산서표호가 신해혁명 전부터 천진에서 쇠퇴하여가는 원인이 무엇인지를 고찰하고자 한다.

천진 금융계는 개항 전부터 산서표호에 의해 주도되다가, 20세기 초 天津商會 성립과 비슷한 무렵에 天津銀號가 정비되고 활발히 활동을 시작하여 1940년대까지 금융업계를 이끌어간다. 따라서 본고에서는 2장에서 우선 천진 금융업의 흐름을 고찰한 후에 각각 3장과 4장에서 두 계통의 금융업의 특징을 파악하고자 한다. 이상의 작업은 천진의 금융업에 대한 일반적인 고찰로 부족한 연구영역을 채울 수 있으며, 또 무엇보다 신해혁명 이전부터 경제적인 영역에서 쇠퇴의 길에 접어드는 산서표호의 천진에서의 사례를 살핌으로써 산서표

革」,『중국근현대사연구』20, 2004 등이 있다. 이 중 금융업에 대한 연구로는 앞에서 지적한 Brett George Sheehan이 민국시대를 중심으로 천진은행의 '은행에 관한 연구' 등이 있고 최근 또 천진 금융업에 대해 임지환,「淸末 天津地域 傳統 金融市場과 天津錢莊」,『全州史學』14, 1996 등이 있는 정도이다. 중국에서의 천진의 금융업에 대하여는 1949년 이전의 연구가 전통금융업에 대한 조사 보고가 주류였다면 1949년 이후는 근대 은행의 연구가 주류라고 할 수 있는데 본고에서 일일이 언급하는 것은 생략한다.

9) 天津市檔案館・天津社會科學院歷史研究所・天津市工業聯合會編,『天津商會檔案匯編 1903-1911(上)』, 天津人民出版社, 1987의 출판 이후,『天津商會檔案匯編 1912-1928(1-4)』, 天津人民出版社, 1992,『天津商會檔案匯編 1928-1937(上下)』4冊, 天津人民出版社, 1996,『天津商會檔案匯編 1937-1945』, 天津人民出版社, 1997,『天津商會檔案匯編 1945-1950』, 天津人民出版社, 1998이 계속 정리 간행되었다.

호 쇠퇴의 한 원인이 규명될 것으로 기대된다.

2. 천진 상인단체와 금융업

1) 상인 도시로 발전

상해가 개항과 더불어 급속한 도시 발달을 하였듯이 천진도 1860
년 개항으로 급격한 성장이 나타난다. 그러나 천진이 발전하는 역사
상의 전기는 개항보다도 오히려 수도가 북경으로 정해지는 명대로
거슬러 올라가 고찰해야 될 것이다. 왜냐하면 천진은 근대에 들어서
도 수도 북경 주변의 개항지라는 특성 때문에 다양한 정치적·경제
적 경험을 겪으며 발전하기 때문이다.

거주 공간으로서의 천진은 이미 12세기인 금대부터 三岔河口 일
대의 내륙 하천과 운하를 이용한 漕運 부두가 형성되어 直沽寨와
三叉口 등의 집락이 생겼다. 원대에는 津海鎭撫司가 설치되어 군
대가 증강됨과 동시에 長蘆鹽을 취급하는 海軍이 추가되어 삼차하
구는 河船, 海船과 艀船이 오가며 海運과 河運이 교차되는 유통기
지로 번영하였다.[10]

천진이라는 명칭[11]도 명대 永樂帝 시기(1403~1424)인 1404년에
삼차하구의 서남부에 天津三衛가 설치되면서 비로소 사용하게 되었

---

10) 王文彬, 「天津城市發展史初探」, 『天津市歷史博物館刊』, 創刊號, 57~61쪽.
11) 명대 초기 燕王이 諸王의 권력 삭감 정책에 반대하여 군사를 일으켜 남하하는 도중
   이곳에서 南運河를 따라 滄州를 공략하였기에 영락제때에 천진이라 칭하였다 한다.

고, 명조가 정식으로 북경으로 천도한 후 천진은 수도를 방위하는 중요 군사요새의 기능이 강화되어갔다. 또한 明末에는 여진족의 침략을 막기 위한 동북지방에 파병과 보급기지 나아가 곡물 운송의 중심지로 天津衛의 기능은 점점 더 중요하게 되었다.[12] 따라서 명대까지 천진 기능은 어디까지나 衛라는 군사적 기능이 중심이지만 청대에 들어와 이러한 한계가 극복되었다.

　淸朝는 1725년(雍正 3)에 천진위를 天津州로 고쳐 軍制를 해제하고 일반 행정구역에 편입시켜 성벽을 대대적으로 개수하였다. 또한 1731년(雍正 9)에는 수도방위 강화의 일환으로 天津府로 승격하였다. 府의 승격을 전후하여 청조 관청도 새로 옮겨지거나 생기게 되었으니,[13] 그중 대표적인 것으로는 長蘆巡鹽御史, 天津鈔關, 河道總督官署[14] 등이 설치되었다. 이러한 관료기구 확충과 함께 상업발전도 도모되어, 인구가 증가하였고 그중에서도 특히 상인이 모여들어 상인들의 집산지로 성장하였다.[15] 나아가 개항으로 영국과 프랑스 조계가 설치되었고, 정치·경제·문화적으로 외국인 활동과 두드러지는 도시 성격도 지니게 되었다.[16] 이러한 도시 특성은 중국 근대 사회의 특징을 간명하게 함축하고 있다고 생각된다. 또한, 수도

---

12) 張利民, 「從軍事衛所到經濟中心－天津城市主要功能的演變」, 『城市史研究』 22, 2004.

13) 淸沈家本修·徐宗亮纂, 『天津府志』, 卷1, 學生書局, 1968.

14) 長蘆巡鹽御使, 天津鈔關은 부로 승격하기 전인 강희연간(1662~1722)에 천진으로 옮겨졌다. 특히 天津鈔關이 河西에서 천진으로 옮겨지면서 조세 징수의 역할도 겸하였다. 河道總督官署는 1644년(順治 1) 山東 濟寧에 설치되었으나 천진부의 승격으로 천진에 옮겨져 天津과 河間 하천 수리와 상납용 운수 곡물 관리를 주관하였다.

15) 張利民, 「傳統都市における機能の轉換－天津を例に」, 『東アジアの伝統都市－年報都市史研究 9』山川出版社, 2001. 79~80쪽.

16) 吉澤誠一郎, 위의 책, 27쪽.

행정 기능의 발달이 천진에 영향을 주면서 천진은 열강의 각축장이된 근대 중국 사회의 모습을 대표한다고 볼 수 있다.

천진의 도시 내부로 들어가 살펴볼 수 있는 사회 변화의 특징은 다양한 지역에서 이민이 이루어지고 있다는 사실이다.[17] 천진의 인구는 永樂年間(1402~1424)에 衛城과 주변 인구가 2만 명 정도로 추정된다. 1840년 이후의 아편전쟁 시기는 19만 명 정도로 9만 명 정도가 성내에 거주하였다. 이때부터 약 60년간 인구는 약 13만 명 정도가 증가하여 20세기 초인 1903년의 천진 인구는 32만 명으로 추산된다. 이후 1933년에는 111만 명 정도로 급증하여 인구증가가 급변하는 양상은 상해와 비슷하다고 할 수 있다.[18]

다만 천진이 군사적 역할을 하며 상업도시로 발달한 점은 다른 개항도시와는 다른 특징이다. 천진이 위로 설치된 후 다른 지역 출신이 천진으로 이주함에 따라 천진 인구가 증가하였고, 인구 구성도 변화되었다. 명대 군사적 기능이 주가 되었던 시기는 상납용 곡물수송이 발전하자 성내에는 지역 주민 외에도 주로 병사와 그의 가족, 그리고 船主와 船頭 등이 거주하였다. 청대에 들어서서 상인들이 定住하면서 많은 수의 행상인이 고정된 상점을 소유하게 되었다.

---

17) 劉海岩의 「天津人市民性格的歷史思考」(『天津史志』 1993-3, 20쪽)에 의하면 이 주민의 반수 이상의 사람들이 강남 출신자, 그중에서도 安徽省과 浙江省 출신의 많았다고 한다. 또 이주한 자들은 주로 해운업과 糧食業 등의 상업 활동에 종사하였는데 이 경우 복건상인의 해운활동이 두드러졌다. 松浦章의 「淸代における沿海貿易について」(小野和子編, 『明淸時代の政治と社會』, 京都大學人文科學研究所, 1983, 103쪽)에 따르면 옹정년간(1723~1735) 전후인 1722년부터 32년까지 천진에 입항한 138척 선박 중 133척이 복건성의 선박이었다고 하는데 이는 해운업에 종사한 복건인들의 활동이 얼마나 많았는지를 보여준다.

18) 李競能, 『天津人口史』, 南開大學出版社, 1990; 高艷林, 『天津人口研究(1404-1949)』, 천진인민출판사, 2002; 張利民, 「論近代天津城市人口的發展」, 『城市史研究』 4집, 1991 참고.

1854년에는 천진 성내와 그 주변에는 거주하는 세대 32,761戶 중에서 점포를 가진 상인과 행상인은 17,709戶에 이르고 있어 전체 인구 호수의 52%를 넘는 인구가 상업에 관계하고 있음을 알 수 있다.[19]

이민이 증가하고 상업이 발달하자 천진에서도 일찍부터 회관이 조직, 운영되었다. 1739년(乾隆 4)에는 福建幇과 함께 廣東幇과 潮州幇이 서로 연합해 처음으로 동향회관인 閩粵會館을 설치하였고, 1753년(乾隆 18)에는 江西船幇과 陶器業者들이 豫章會館을, 1761년(乾隆 26)에는 馮承凝과 馬漢英 등의 煙草業者들이 산서회관을 설립하였다.[20] 이러한 회관의 움직임은 상해와 거의 비슷한 시기에 이루어졌다는 점[21]에서 각 지역에서 상인들이 중심이 된 단체가 상업적인 성격과 지역성을 특징을 갖추며 보편화되는 추세로 이어짐을 알 수 있다. 그런데 천진에서도 이러한 보편화는 20세기에 들어서 더욱 뚜렷한 모습을 보이게 되었으니 절을 바꾸어 이러한 과정을 상회 내의 상황을 중심으로 정리해보자.

---

19) 張利民, 앞의 논문, 2001, 80~82쪽.

20) 齊羿,「天津部分會館簡介」,『天津文史資料選集』56輯, pp.158-160; 김태승,「中國의 近代的 都市形成과 商工人계층의 社會·政治的 役割 - 상해와 천진의 경우」,『인문논총』6집, 아주대학교 인문과학연구소, 1995년. 당시의 회관은 순수한 상인들이 설립하거나 관료정객과 상인들이 공동으로 설립하는 경우가 있었다. 그 외 관료정객이 자신들의 필요에 따라 설립한 회관도 있었다.

21) 상해도 많은 인구가 집중되고 상업 활동이 빈번해지면서 회관 등의 동향조직이 생겨나 이를 중심으로 상인들의 결집이 강화되었음이 이미 밝혀졌다. 상해 회관의 시기별 특징 등 자세한 내용은 전인갑, 앞의 책, 33~34쪽.

2) 단체 결집을 둘러싼 상인들의 노력

1898년(光緒 24)에 청 정부는 각 성에 상무국을 설립하라는 장정을 반포하고 民營을 장려하며 법을 제정하여 개인의 공장 투자를 장려하기 시작하였다. 그 정책의 일환으로 1902년 상해에 상무국이 설치되었고, 상해의 영향으로 천진에서도 商務局이 조직되었다. 당시 책임자는 매판 吳懋鼎(洋行 滙豊行의 鋪掌) 등이었는데 주요 인물들을 정리하면 다음과 같다.

〈표 1〉 천진상무국 구성 상황

직무	성명	관적	직함	본업
總辦	吳懋鼎	安徽	三品京堂	매판
幇辦	王名	浙江	二品候補道	매판
局董	楊俊元	天津縣		염상
局董	王奎章	天津縣		염상
局董	王賢賓	天津縣	河南試用知府	염상
局董	李士銘	天津縣	戶部候補郎中	염상
局董	寧世福	直隸	候選知府	매판
局董	石元士	天津縣	花翎二品頂戴 湖北試用道	대지주
局董	卞慨光	天津縣	光祿寺署正	富商
局董	幺聯元	天津縣	四品銜分省補	錢商

출전: 宋美雲, 『近代天津商會』, 天津社會科學院出版社, 2002, 67쪽과 71쪽에서

표에서 보듯이 天津商務局의 局員은 주로 매판과 염상이 주축을 이루고 있다. 천진상무국은 정부의 뜻에 의해 만들어졌지만 천진상인이 운영의 주체가 되었다. 따라서 정부가 상무국의 경영에 깊이 관여하자 관료기구적인 성격을 탈피하지 못한 상무국 경영을 둘러싼

상인들의 불만은 어떤 지역보다도 높았다.[22] 이러한 상인들의 불만으로 상무국은 설립되고 얼마 되지 않아 商務公所로 대체되는 결과가 초래되었다.[23]

상무공소의 설립은 천진 상인들이 서로 분열되고 앞 다투어 이익만 챙기며 경쟁하고 조금 도 손해를 보지 않으려 하는 분위기를 쇄신하려는 계획에 따라 이루어졌다. 상인들 간에 서로 도와주지 않고 자신만을 생각하고 남을 고려할 줄 모르며 심지어는 공적인 것을 가장하여 사사로움을 채우려는 것이 당시 경제 불황의 원인이라는 분석[24]에서 의화단 직후의 악화된 경제 불황을 극복하고자 하면서도 일면 상인들의 내부문제를 지적하면서 단합을 호소하고 있음도 알 수 있다.

1903년 5월 13일에 시작된 천진상무공소의 업무는 「暫行章程」에서도 볼 수 있듯이 무엇보다 시장의 원활한 소통을 목적으로 하면서 의화단으로 파산된 시장과 금융문제를 상인들의 단합에 호소하였다는 측면에서도 주목할 만하다. 또 조직 운영도 초기 상무국 운영에 관여하였던 인물 중 卞悆光, 王賢賓, 寧世福, 幺聯元[25]을 董事로 하여 상업 진작을 도모하였고, 상무공소의 전반적 운영을 상인들이 계획했다는 점도 이전의 상무국 시기와는 달리 상인 참여가 두드러진다는 특징을 보인다.[26]

한편 정부 측에서는 1903년 9월 실업진흥을 담당하는 商部를 설

---

22) 宋美雲, 『近代天津商會』, 天津社會科學院出版社, 2002, 67쪽.

23) 天津市檔案館外編, 『天津商會檔案匯編1903-1911(上)』, 1987, 1쪽.

24) 上同, 2쪽.

25) 이들에 관해서는 앞 표의 소개 참조.

26) 上同, 2~3쪽.

립하였고, 1904년 1월 「商會簡明章程」 26개조와 「上海商務總會 暫行試辦詳細章程」 73개조를 반포하며[27] 각지 상인들에게 상회 설치를 장려하였다. 이에 따라 1904년 5월 상해에서 먼저 상업회의 공소를 상무 총회로 개조한데 이어, 같은 해 11월 천진에서도 상무 공소를 상무총회로 개조하였다. 결국, 천진에서도 정부 정책에 따라 상무국에서 상무공소 다시 商務總會로 명칭을 개편하면서 본격적으 로 상회를 구성하게 되었다.[28] 하지만 실제적으로 각지 상회는 상인 들이 시장을 안정시켜, 상인조직의 확장을 통해 상업발전을 꾀하고 자 하였다. 이러한 상인들의 단체 결집을 둘러싼 노력은 청일전쟁 이후 상품유통이 재편됨에 따라 중국 상인들 간에도 자유경쟁이 출 현하고 분쟁이 잦아지자 이를 방지하기 위해 스스로를 조직화하고, 외국자본에 대항하여 실업의 진흥과 이권의 회복을 도모하자는 자각 에 따른 것이기도 하였다.[29]

천진상회는 상회 내부에 同業公會 및 각종 行會가 설치되었을 뿐 아니라, 直隸省에 있는 50개 이상의 현 단위 商會 활동을 감독하고, 그를 위해 청조 정부와 교섭하는 책임도 있었다.[30] 이러한 천진상회와 縣支會와의 상호교섭에 의해 새로운 조직적·인적 관계가 형성되었 다. 이러한 과정에서 금융업에서도 특히 銀號를 중심으로 하는 전통

---

27) 上同, 5~19쪽.

28) 같은 시기 상해 상인들의 동향 단체 변천과정에 대해서는 전인갑, 앞의 책, 9~10 쪽 참조.

29) 초기 상회의 성립과정과 그 배경에 대해서는 曾田三郎, 「商會の成立」, 『歷史學研 究』, 432, 1976 및 「淸末における商戰論の展開と商務局の設置」, 『アジア研究』 38-1, 1991.

30) 天津地域史硏究會, 『天津史−再生する都市のトポロシー』, 동방서점, 1999, 53 쪽.

적 금융세력이 천진상회에서 중심세력으로 부각되는 것으로 나타났다.

상회 설치 이전 상무국 주도 세력은 吳懋鼎, 王宗堂으로 이들은 상무국 총변이었고 상무공소로 개칭된 이후 상회로 조직되는 과정에서 王賢賓, 寧世福, 卞煜光, 오무정 등의 총동호總董戶가 商會에서 規約大綱을 제정하고 업무를 기획하는 등 일체를 총괄하게 되었다. 또 그 부설로 錢商公會를 두게 되었다. <표 1>에서 보듯이 상무공소의 담당자들을 대체로 洋行, 錢商, 鹽商 출신으로 상회가 구성되었다. 상회의 구성 당시 가장 절실한 문제는 의화단 직후의 천진의 금융이 원활하게 소통되지 않는 문제였고[31] 따라서 상회의 가장 중요한 이슈 중의 하나도 금융문제의 처리였다.

이들은 錢業에 관한 제 문제를 처리하는 과정에서 동업 간의 교역과 안전상담, 공공, 신용의 강화, 銀品質의 보증 및 동업자 간의 爭議를 중재하는 등 동업자를 대표하여 대외적 업무를 모두 상의하고 처리해갔다. 이 과정에서 천진 錢商은 그 구성의 지역적인 성격, 즉 天津幇을 중심으로 발전해가는 모습이 드러난다.

민국시기에는 천진 금융업의 주축을 이루었던 세력으로 천진은호의 활동이 두드러졌지만, 청대 초기부터 20세기 초까지 천진에서 상업과 금융을 주도한 것은 산서 출신 상인들이었다. 그들은 환전상으로 활약하다가 청대 중기 이후 원거리 간의 교역 자금의 이체를 담당하는 송금업무에 진출하며 금융 업무를 확대시키며 북경, 천진을 중심으로 한 화북지역에서 양자강 유역에 기반을 둔 전국적인 네트워크로 성장해갔다.[32] 그러나 다른 지역이 신해혁명직전까지 꾸준한

---

31) 의화단 전후의 천진에서의 금융문제의 구체상황은 임지환의 앞 논문 참고

영업실적을 유지하는 것과는 달리, 20세기 초기 천진에서는 새로 성장하는 천진방 금융 세력에 의해 영업이 축소되는 현상이 나타난다. 이러한 두 세력의 역학 관계는 도시 천진의 특수성을 보여주는 일면이라고 생각된다. 그러한 의미에서 신해혁명 이전 시기로 제한하여 양자의 활동을 중심으로 한 금융업계의 변화를 고찰해보자.

3. 산서 출신 상인의 금융 활동

1) 천진 금융과 山西帮

전국적으로 민간 금융업이 정비되며 성장해가는 건륭연간(1735～1796)에 천진에도 錢局, 錢鋪, 錢號 등으로 불리는 금융기구가 나타나기 시작하였다. 이들은 制錢, 銀塊 등의 태환을 주요 영업으로 하여 예금, 대출 등도 실시하였으나 그 액수는 크지 않았다. 대체로 1860년 천진 개항을 전후하여 위의 세 업종은 모두 銀號로 불리게 되었다.[33] 이러한 천진에서의 금융의 활동을 자극하였던 것은 산서 상인들이었다. 이들의 상업 업무가 금융 쪽으로 확대되면서 천진에서는 본격적으로 금융기관의 모습을 갖추게 되었다. 그러면 산서상인들이 중요한 기능을 담당하였던 천진 금융업계는 어떠한 변화가 있었는지 살펴보자.

천진에 처음으로 금융업의 형태로 화폐를 취급하기 시작하는 것은

---

32) 拙稿,「청말 산서상인의 변화」,『이화사학연구』29, 2002.

33) 楊固之・談在唐・張章翔,「天津錢業史略」,『天津文史資料選集』20輯, 92쪽.

상술한 것처럼 건륭제 시기부터였다. 이 시기에는 은화와 동전을 주로 취급하는 은전업경영자인 환전상과 飾屋이 영업을 하는 정도였다. 당시 환전상은 점포를 가지고 있는 경우도 있었지만 錢攤이라는 길거리의 환전상도 있었다. 이들은 제전과 은괴 그리고 정부가 발행하는 화폐를 교환하였고, 예금과 대출 업무도 겸하였다는 점에서 단순한 환전상의 업무를 넘어 보다 발달된 금융기두의 기능을 담당하였다. 하지만 그 취급액수가 그다지 큰 것은 아니었다. 식옥에서도 은전을 교환하여 주는 업무와 元寶(馬製銀)의 鎔製 및 예금 거래를 하였기 때문에 환전상과 업무가 명확하게 구분되지는 않았다. 다만 천진에서 양자가 금융 업무를 시작하였으나 그 액수가 많지 않아 금융업 자체가 크게 발전하였다고 볼 수 는 없다.

이렇게 영세하였던 천진 금융 업무는 산서상인이 표호를 시작하게 되면서 급속하게 발전하였고, 처음으로 금융기관 조직도 크게 정비되기 시작하였다. 천진이 개항하기 전인 1859년까지 천진 금융업의 특징은 표호가 영업을 개시함으로써 광역 금융네트워크가 발달하기 시작하였다던 점이다.

표호 개설은 道光(1820~1850) 초년으로 알려져 있는데, 사실 그 발상지가 북경, 천진,[34] 혹은 산서의 각 본점 소재지 중 어느 한 곳이라고 단정 지어 말하기는 곤란하다. 왜냐하면 표호란 지역과 지역 간의 화폐 송금을 은과 동전을 실제로 운반하여 처리하는 것이 아니라, 어음형식의 회표를 사용하여 지점에 보내 지점 장부상의 결제를 통해 송금하는 금융기구이기 때문이다. 따라서 표호 성립은 초기 지

---

34) 이러한 시각은 앞의 책『天津の銀號』뿐만 아니라 山上金男,「天津金融經濟管見」,『滿鐵調查月報』14권 4·5호, 1933에도 반영되어 있다.

점망으로 연결된 표호 영업장소가 모두 표호의 발생 장소라고 볼 수 있다. 건륭 말년에 산서성의 平遙縣 雷履泰라는 인물은 산서 평요현의 李氏의 자본으로 천진에 日昇昌 顔料莊을 개설하였다. 그는 안료의 재료인 銅礦을 사천에서 운반하기 위한 현금 운송의 번거로움을 피해 송금 방식을 제안하며 표호 영업을 고안하였던 것이다. 이렇게 일승창 표호는 도광 초년에 정식으로 설립되어 본점을 平遙에 두고 각지에 지점을 개설하며 금융 유통망을 구축해갔다. 표호의 영업은 산서상인들의 상업 네트워크를 기반으로 지속적으로 발전하여 사람들의 주의를 끌게 되었고, 일승창 이외의 표호가 우후죽순처럼 생겨나게 되었다.[35] 당시의 표호는 산서성 본점 소재지에 따라 平遙幇, 祁縣幇, 太谷幇 3방으로 나뉘었다. 그 결과 많은 산서상인들은 자금의 이체를 표호에 의뢰하여 업무를 발전시켜 나갈 수 있었다. 천진 금융업이 편리한 송금 네트워크로 편입됨에 따라 금융 업무는 더욱 번창하고 이에 따라 상업과 금융이 함께 번영되는 모습으로 나타났다.

2) 천진 표호 지점의 업무

20세기에 들어오면서 산서표호의 기록은 천진에서는 현격히 줄어들고 특히, 1911년 전후로 하여 천진의 산서표호 활동은 거의 보이지 않게 되었다. 자료상으로는 1911년 이후에는 많은 은호와 표호 도산안의 처리 과정 중에 산서표호의 명칭이 채무와 채권자의 양쪽

---

35) 拙稿, 「山西票號의 帳簿에 나타난 支店經營의 특징−1906년 日昇昌山西票號 지점장부의 분석을 중심으로−」, 『동양사학연구』 77, 125~126쪽.

에 무수히 등장할 뿐이다.

　신해혁명 이전의 산서표호의 활동은 천진의 상회기록을 통해 알
수 있다. 천진의 산서표호는 천진상회의 全津各行業加入商會名簿
(1905~1906) 중에 등록되어 있는 표호는 모두 24개로 모두 산서인
에 의해 개설되었는데 그 명칭은 이하와 같다.[36)]

　　協成乾(戴立齊) 恒義隆 (馬質堂) 新泰厚 (裴筱亭) 存義公 (閻熾堂)
　　大德玉(段運昌) 大玉美 (任俊明) 裕源永 (程　鉦) 義成謙 (白翰周)
　　錦生潤(戴　毓) 蔚盛長 (尹執瑞) 蔚豊厚 (侯允執) 志成信 (吳霄漢)
　　大德通(符大經) 大盛川 (陳　瑞) 萬泉長 (燕　鼎) 中興和 (呂凵中)
　　福成德(張炳南) 日昇昌 (武濟文) 蔚長厚 (閻振林) 協同慶 (冀昌雲)
　　蔚泰昌(孔兆鑒) 大德恒 (王起業) 合盛元 (李晋誠) 百川通 (冀敦常)

　여기에 나타난 천진 산서표호의 특징을 같은 무렵의 根岸佶에 의
한 조사 보고를 통해 살펴보자.

　　천진에는 22개의 표호 지점이 있었는데 북경과 마찬가지로 산서
　　사람들이 개설한 것이었다. 북경과 천진의 표호 조직과 경영 상태
　　는 큰 차이가 없는데, 다만 천진이 북경과는 달리 정치적 중심지
　　가 아니기 때문에 상업 시장의 역할이 컸으며, 官金과 관리들의
　　예금은 적은 편이었다. 천진에서 부유한 상인은 보통은행, 즉 銀號

---

36) 『天津商會檔案匯編(1903-1911) 上』, 64쪽. 한편 같은 자료 772~773쪽에는 1910
　　년 천진상무총회에 들어 있는 산서표호 21개가 기록되어 있다. 1910년은 총 21개
　　의 산서표호가 천진에 등록되어 있었는데 1906년에 등록된 표호 중 恒義隆, 大德
　　玉, 萬泉長, 中興和의 4개의 표호는 영업을 그만둔 것이 확인된다. 이들 사료 중
　　65쪽의 蔚泰昌은 蔚泰厚가, 그리고 772쪽의 協成號는 協成乾가 바른 명칭이다.

와 錢舖를 세워놓고 매우 확실한 자들에게만 예금업무를 취급하였다. 반면, 票莊(=票號)은 송금의 필요가 있는 경우의 영업에 한정되었다. 따라서 천진에서의 표장은 거의 송금 전문 업체라고 말할 수 있을 것이다. 이에 점포도 북경 표장에 비해 규모가 매우 작았다. 천진의 경우 점포는 대부분 商家의 방 1칸 혹은 2~3칸을 빌려 그곳을 사무장소로 충당하였지 별도로 독립한 상점을 차리고 있는 경우는 보기 힘들었다. 점원은 겨우 掌櫃와 장부 관리자, 서신을 쓰는 사람, 카운터에 한 사람 정도로 겨우 4명 혹은 많은 경우에도 6~7명을 넘지는 못하였다.[37]

사료에서는 천진 표호의 특징으로 북경에 비해 송금 위주의 영업을 하고 있다는 점이 강조되고 있다. 그로 인해 천진 표호 지점 규모도 작았다. 천진처럼 다른 지역보다 비교적 경제 활동이 활발하였던 지역에서도 산서표호는 주로 은행의 영향력이 미치지 않은 지역과의 송금을 담당하여 감에 따라 중요한 이익을 확보해 갈 수 있었다. 북경, 천진과 송금이 가장 많았던 상해에서는 신식은행 등이 지역 간의 송금을 시작하여 이미 청일전쟁 무렵부터 산서표호의 송금 업무에 침투하여 갔다.

1906년 日昇昌 산서표호 일부 지점 장부에 보이는 천진지점의 거래 특성에서 보면, 송금의 내용은 양자강 이남에서 杭州와 그 외 지역으로 開封, 西安 등과 거래가 조금 많은 정도였다. 특히 외국계 은행이 중국의 각지에 설립한 지점들은 국내의 송금업무를 시작으로 하여 표호영업에 큰 손실을 주게 되었다. 예컨대 1년에 천진에서 상해로 보내는 棉絲의 송금량 중 산서표호는 겨우 20%만을 담당하고

---

37) 根岸佶, 「天津の票莊」, 『淸國商業總覽』, 東亞同文書館, 1907, 411쪽.

있었다. 그러나 아직 외국은행이 들어오지 못했던 張家口 등에서 표호는 본래의 영업을 계속해갈 수 있었고 이에 따라 천진에서 장가구로 보내는 매년 송금액 200만 량은 여전히 산서표호에 의해 독점되고 있었다.[38)]

한편, 원세개는 平市官錢局의 창립을 위해 산서표호의 재정 개혁의 참여를 요구하지만 표호가 이를 거부하자 정부와의 관계도 그다지 좋은 것만도 아니었다. 천진에서도 자유롭게 영업을 해왔던 산서표호도 새롭게 만들어진 전업 규정에 따라 등록한 후에 영업을 할수 있었고, 천진과 가장 거래가 많았던 상해와의 송금 거래를 원활하게 맡을 수 있는 형편도 못 되었다. 따라서 천진 산서표호는 점점 축소되는 지역 간 송금이체에서 얻을 수 있는 이익을 대체할 새로운 영업을 모색하게 되었다. 그 과정에서 천진의 산서표호는 1909년을 전후로 하여 시작되는 鹽商 王錫瑛이 경영하는 은호 益興恒, 益源恒 등에 대한 대부를 실시하게 되었다. 이들에 대한 대부에 천진 24개의 모든 표호가 관련하게 되었고, 1911년 익흥항, 익원항의 도산으로 총 56만 7천여 량에 달하는 손실을 입게 되었다.[39)]

당시 천진 표호 활동을 알 수 있는 구체적인 사료는 많지 않다. 다만 1911년(宣統 3) 6月의 「津埠52行業加入商會淸單」에는 8월 1일(閏 6월 7일) 각 상회 소속 행업의 회비가 기록되어 있다. 회비와 회원의 정도는 상회에서 행업의 회원들의 발언권과 활동을 추측할수 있는 하나의 지표로 볼 수 있다. 가장 많은 회비와 많은 회원 수

---

38) 中國人民銀行分行·山西財經學院山西票號史料編寫組編, 『山西票號史料』, 山西經濟出版社, 377쪽.

39) 『天津商會檔案匯編(1903-1911) 上』, 592~606쪽.

를 자랑하는 행회는 錢商들로 그들의 총 회비는 788元, 그 외 藥商會費가 520元, 洋行商會費가 500元, 綢緞洋布商會는 464元, 票莊商會가 420元[40]이었다. 상회에서 가장 회원이 많고 따라서 상회에 납부하는 회비도 가장 많은 비중을 차지하는 행회는 전상들이었다. 당시 조사에 따르면 천진 표호 자본은 은호보다 총 규모는 월등하였지만,[41] 수적으로 天津商會에서 錢商 세력은 압도적이었다. 1906年에는 錢商 46곳, 金店 5곳, 票號店 24곳, 絨緞洋布商 3곳, 廣貨商 19곳 등[42]이 가입돼 있었고, 그중에서도 錢商은 洋行과 더불어 商會에서의 역할도 표호보다 주목되었다. 1940년대의 天津의 은호의 보고조사인『天津の銀號』와 山上金男의 연구에 따르면 天津에서는 20세기 초기부터 錢商 세력, 즉 銀號가 중심이 되어 1940년대까지 華北 금융시장에서 독자적인 영향력을 발휘하여 갔다고 볼 수 있다.[43] 이렇게 상회에서 산서표호를 압도하고 세력을 형성하게 된 천진 은호의 조직 재정비의 과정은 장을 바꾸어 고찰해보자.

---

40) 「天津商務總會收支各款淸冊」,『天津商會檔案匯編(1903-1911)』上, 100～103쪽.

41) 『天津商會檔案匯編(1903-1911)上』 768～769쪽에는 天津銀錢業調査로서 宣統元年10月(1909년11월27日)에 이루어진 조사기록이 나와 있다. 이 기록은 1907～1908년(光緖33～34)의 영업 상황으로 天津銀號의 자본은 약 1만～3만량임을 알 수 있다. 이것은 천진의 각 표호가 본점의 자본까지 계산될 경우 천진은호의 10～20배의 액수이지만 천진에서 운영되는 각 표호의 지점은 1만량의 운영자금을 가지고 있었던 것과 비교해보면 그리 적은 액수는 아님을 알 수 있다.

42) 1905～1906년(光緖31-32)入會行名表, 1906년 6월 30일, 「全津各行加入商會淸單」,『天津商會檔案匯編(1903-1911) 上』, 68～73쪽.

43) 山上金男의 전게논문, 54～59쪽.

4. 天津幫 銀號의 조직정비

1) 의화단 후 천진의 금융 혼란

천진에서 금융상인들이 이와 같이 20세기 초기 상회 내에서 중추적인 역할을 하며 회원들이 조직화될 수 있었던 것은 전업 상인들이 지속적으로 꾸준한 노력을 시도하여 단합을 도모하였기 때문이었다. 상회 설립 이전 전업 상인들의 단합을 위한 모임인 天津錢商公會의 기원은 嘉慶年間에 설치된 錢號公所에 둘 수 있다. 錢號公所에 소속된 사람들이 매월 天后宮財神殿에 모여 재신에게 매월 초 2일에 제사를 지내는 모임 등44)을 통해 그들의 소속감을 고취시키며 단합을 과시하였다. 전호공소는 1900년(光緖 26)에 금융 업무량이 폭주하자 이를 계기로 금융 관련 업종을 모아 錢業公所라 개편하며 관련 인원수를 늘려갔을 뿐 아니라 北馬路로 사무소를 이전하는 등의 조직을 정비하며 錢業 商人의 이익을 도모하였다.45) 이후 錢業公所는 天津錢商公會로 개조되었다.

그런데 앞서 서술한 것처럼 청정부는 각성에 商務局을 설립하고 또 의화단 이후 악화된 금융 안정을 모색하는 일환으로 平市官錢局을 설치하게 되는데, 천진에서는 이 과정에서 이미 전호공소의 인물이 주도적으로 금융에 대한 계획을 구체화시키며 업무를 계획적으로 조정하여 갔고 상회에서도 결정적으로 영향력을 행사해갔다.

---

44) 「天后宮財神殿住持道士陳述道光年間錢戶公所建立及活動情況」, 『天津商會檔案匯編(1903-1911) 上』, 783쪽.

45) 앞의 책, 『天津の銀號』, 109~111쪽.

상회는 청조로부터 정식적으로 법적 허가를 받은 민간 공공단체의 하나로 성장하였지만 상회를 성립시킨 것은 의화단사건 이후 금융시장을 안정시켜 상공업자들의 협력을 얻기 위한 데에 그 의도가 있었다. 당시 천진 상회의 주도 세력이 되었던 것은 <표 1>에서 알 수 있는 것처럼 鹽, 穀物, 貨幣 등을 취급하는 부유한 상인들과 買辦들이었다. 다양한 상인들의 무엇보다도 시급한 목적은 금융 안정, 즉 화북의 경제위기에 대처하여 화폐 공급을 안정시켜 주기적인 금융위기에 효율적인 방법을 모색하기 위함이었다. 그런 의미에서 전상인들의 활동은 그들의 가장 중요한 관심사였다.

의화단 이후 상인들의 도산은 매우 심각한 상황이어서 1902년 이후 1년간 2,000여 곳이나 되었다. 당시 천진에 은전을 조달하는 錢行은 모두 200여 곳이었는데, 이들도 1902년에 도산한 곳이 백수십 곳이 영업을 못하게 되었다. 자금거래가 정상적으로 운용되고 있는 것은 겨우 50~60여 곳뿐이었다. 남북의 巨富들도 천진에 전행을 개설하니 모두 10~20개가 있었다. 평소의 한 전행에서 川換[46]하는 액수가 수십만 혹은 수백만에 달하는데 지금은 10~20% 정도에 지나지 않았다. 또한 송금을 위조로 하는 산서표호 등도 천진에서 자금을 회수하고자 하는 양도 수천만 금에 달해,[47] 격심한 금융문제를 해결할 수 있는 방안이 모색되어야 하였다. 그러한 모색은 천진에서의 은 유출을 방지하는 조처로 이어지고 있다. 1905년 天津南段巡

---

46) 川換에 대해서는 다음 절 참조. 이러한 천진 전행의 일시적인 위기가 전체적으로 볼 때 산서표호에 타격을 줄 수 없는 것으로 생각될 수 있으나, 사료에서 지적하고 있듯이 이들의 川換額이 상당하였음을 볼 때도 천진의 지역성이 상당히 일찍 형성된 것임을 알 수 있다.

47) 『天津商會檔案匯編(1903-1911) 上』, 333쪽.

警總局의 천진상회에 보낸 문건에 따르면,

> 최근 은호의 파산이 심각하여 은 유통이 제대로 되지 못하는 상황
> 입니다. 지금 探訪隊의 보고에 따르면 票莊이 大車로 은을 싣고
> 出境하는 많아 그 양이 매일 20~30만 량이나 된다고 합니다. 이
> 러한 상황이라면 천진 시장이 더욱 어려워져서 상무전체국면도 매
> 우 걱정되는 상황입니다. 28년 9월(1902)에 천진부에서 은의 유출
> 을 두 달간 금한 적도 있었으나 현재에는 많은 은이 유출되고 있
> 어 어떠한 조치를 취해 시장을 유지시켜야 한다는 소리도 이미 우
> 리도 들었지만 감히 어찌 할 줄을 몰라 천진부와 상회에 조회하는
> 바이니 상황을 잘 고찰하시고 신속하게 시행하여 주시길 바랍니
> 다.[48]

라 하여 천진에서 은이 빠져나가는 사실에 주목하고 있다는 사실 그
리고 그 배경의 하나로 산서표호가 은을 회수하여 가는 사실이 과거
에도 문제가 되었음을 알 수 있다. 그러나 사실 표호 영업은 장부상
의 결제이므로 앞에서 지적한 것과 같은 많은 양이 실제로 움직이는
일이 드물었다. 하지만 의화단의 경제적 타격이 어느 곳보다 심각하
였던 천진에서는 은 부족 사태발생의 원인으로 산서표호가 심각하게
거론되고 있어 이들에 대한 시선이 곱지만은 않았을 것을 쉽게 알
수 있다. 따라서 이러한 문제점을 해결하기 위한 전상들의 노력이
요구되었고, 금융단체들은 그들만의 조직을 공고히 할 대책을 모색
하여야만 하였다.

---

48) 「津海關道唐爲津埠現銀寄缺禁止銀洋外流事致商務公所札文」, 『天津商會檔案
匯編(1903-1911) 上』, 348쪽.

2) 천진전상의 조직화

의화단 이후의 상회 내외에서의 금융을 둘러싼 각종 문제 해결을 위해 노력이 시도되는 가운데 당사자인 천진 금융업계에서도 몇 단계 금융과정의 개편을 시도하게 되었다. 그 구체적인 방법은 公估局의 설치, 撥碼制度 실시 등 錢業規定의 정비였는데 이러한 조직화를 통해 현실적으로 전업에서 天津幇이 우위를 점하는 발판이 마련되었다.

먼저, 시장을 안정시키기 위해서 銀의 순도를 시험, 검사하는 것을 종지로 삼고 시작된 公估局은 시험 삼아 3개월을 운영을 하여 그 가능성을 탐색하였다. 시험 운영에서는 錢商 중 14명이 董事로 추천되어 돌아가며 일을 처리하였다. 처리를 맡은 담당자들은 스스로 일을 처리하며 핑계를 대어 남에게 전가시킬 수 없다는 막중한 책임감이 부여되었다.[49] 光緒34년 9월 초9일 公估局의 업무가 개시되어 첫날 99,050량, 10일 133,550량, 11일 108,500량으로 3일간에 337,000량을 평가하여, 公估局의 인증을 거쳐 시중에 유통케 하였다. 이후 북경과 상해로부터 송금되어 온 자금과 은량이 公估局의 인증을 거쳐 시장에 유통시키니 금융시장이 점차 평온을 되찾아 가게 되어 시장에 매우 유익하였다[50]고 자체 평가를 내리고 있다.

천진 은호가 이와 같이 신속하게 公估局을 설립하여 은에 대한 검사를 실시할 수 있었던 배경은 서로 간의 유대관계가 돈독히 형성

---

49) 『天津商會檔案匯編(1903-1911) 上』, 373쪽.

50) 『天津商會檔案匯編(1903-1911) 上』, 376~377쪽.

될 수 있었던 조직 기반에 기인하였다. 천진에서의 은호는 이전의 환전상의 업무가 확대된 형태로 환전과 자금 융통을 중요 업무로 취급하였다. 은호에서 취급하는 대상은 상인과 개인뿐 아니라 동업자인 다른 은호에 대한 자금의 융통과 구제와 교역을 위한 거래도 많았다. 산서표호가 표호 영업을 시작하기 위해서는 표호영업자 2～3곳의 보증을 얻어야 하는 것과 마찬가지로 천진에서도 은호를 개설할 때도 동업 은호영업자의 보증이 필요하였다. 새로운 은호 개업날에는 동업자가 신설 은호에 많은 예금을 예치하여 은호의 평판과 세력의 막강함을 과시하여야 했다. 이를 壯倉이라 하는데 이에 따라 신설 은호는 개업 다음날 거액의 금액을 壯倉 동업자에게 갚아 交誼의 두터움과 자금력이 넉넉함을 보여야 했다.[51]

이러한 형식적인 수속을 밟고 나서야 비로소 쌍방 거래관계의 기초가 확립되었고, 동업자는 서로에 대해 신뢰하게 되었다. 천진은호에서 川換家 혹은 靠家는 이러한 보증 관계를 기초한 영업상의 용어이다. 靠家란 한 은호가 다른 은호에 부탁하여 금융 조절과 원조를 도모하는 것이다. 은호 자금은 처음부터 이러한 방식으로 영업자금 확대가 가능하게 되었다. 또한 川換이란 동업자끼리 영업을 하는 것으로 川換家라는 것은 서로 거래하는 동업자임을 나타낸다고 할 수 있다.

보증관계로 서로 간에 결속감이 형성된 천진 은호는 경영에서도 산서표호가 본점 내지는 지점간의 거래를 장부상으로 처리하는 것처럼, 동업자 간의 자금거래를 현금으로 하지 않고 撥碼制度를 이용

---

51) 劉嘉琛・謝鶴聲, 「淺談天津錢業的拔碼」, 『天津文史資料選集』 40, 194쪽.

하였다. 발마란 현금으로 거래하지 않고 장부상의 기록으로 대체하는 것으로 천진 은호를 통한 자금 유통은 대부분 신용제도 위에 쌓아나간 것이라고 할 수 있다.[52]

따라서 동업자 간의 거래도 서로 깊은 이해관계가 형성되지 못한 경우 이러한 신용제도로도 효과적인 동업자 관계를 형성시킬 수 없었다. 천진 은호가 처음 영업을 시작하였을 무렵은 스스로에 대한 지역 의식도 명확하지 못하였으나 의화단을 기점으로 금융계가 위기에 부딪치자 서로 상호부조와 신용확인의 차원에서 撥碼制度를 만들고 신용관계의 기반 위에서 금융제도에서의 지역의식을 더욱 공고히 다져갔다. 동업자 간에 보통 영업 관계에서 일정 한도 이상의 관계를 갖게 되는 경우, 양자 간에는 동일한 계통에 속한다는 의식을 갖게 되고 천진방과 외방과의 대립 관계가 있을 경우, 이러한 소속 관계는 더욱 명확히 드러날 수 있다. 천진은호는 일부 동업자를 모아 서로 약정을 하고 撥碼를 주고받으며 금융을 조달하고 영업을 하는 과정에서 이러한 관계가 천진인이라는 유대의식을 더욱 강하게 하여 주었음을 말할 필요도 없을 것이다.

청말부터 민국 시기까지 활동하게 되는 한 은호는 초기부터 꾸준히 발전하는 거대한 규모의 자본가는 아니었다. 청말 은호가 1940년까지 활약하는 경우는 1940년대 전체 은호의 5%에도 못 미치는 미미한 비율을 나타내고 있다. 그만큼 천진 은호는 성쇠를 거듭하며 새로운 금융기관이 반복적으로 영업을 시도하는 것이 하나의 특징이라고 볼 수 있다. 1940년 영업을 하고 있던 천진은호를 창설 연대로

---

52) 劉嘉琛·謝鶴聲의 앞 논문, 193쪽.

분류하여 살피면 <표 2>와 같다.

<표 2> 시기별 개업 은호의 수치

창업시기	점포 수	비율	증가율 참조
咸豊年間(1850~1869)	1	0.51%	
光緒年間(1874~1908)	7	3.59%	
1911~1936년	65	38.45%	
1937년	12	6.19%	
1938년	15	7.69%	총 112개 (57.46%)
1939년	36	18.46%	
1940년	49	25.13%	
합계	195	100%	

출전: 『天津の銀號』 3쪽에 의해 작성.

만주사변 이후의 은호 수의 증가는 매우 뚜렷해지는데, 특히 1930년 말 은호는 195개 중 57.47%가 1937년 이후 만들어진 것이었다. 새롭게 신설되었던 많은 은호들은 동업자에게 보증을 구하여야만 하였다. 또 만약 어떤 은호가 다른 은호와 첫 거래를 할 경우 서로가 川換關係가 아닌 경우로 확인되면, 각자 거래하는 은호 중에서 川換家를 찾아 대신 계산해주는 것을 통례였다. 왜냐하면 금융 거래자들은 현금지불은 원칙적으로 하지 않았고 서로 인출이 가능한 예금도 존재하지 않았기 때문이다. 반드시 撥碼에 의해 川換家에 대하여 간접적인 청산을 하지 않으면 거래를 통한 결재가 완성된다고 할 수 없으므로 기존에 거래하고 있는 川換家를 찾아 거래를 대신 의뢰하였던 것이다. 때문에 각 은호에서 川換家를 얼마나 가지고 있는가는 자본, 영업상태, 경리의 수완 등에 의해 결정되었는데, 1940년의 경우 한 은호당 川換家가 많은 경우는 72곳, 가장 적은 경우는 겨우 5곳으로 평균은 22곳에 달하였다.[53] 이로 보건대, 청말부터 천진에서 형성된 천진 내에서의 유대의식은 1940년대까지 보편적으로 유지되며 지역의식이 더욱 확대되는 과정을 밟는다고 볼 수 있다.

따라서 천진 발마제도는 은호 동업자 간에 밀접한 관계를 유지하게 하는 중요역할을 하였다고 볼 수 있다. 산서표호는 천진 개항 이전부터 송금과 대부를 통하여 천진에서의 금융업을 주도하였지만, 상회가 정비되는 시점에서 산서표호의 천진 지점도 동북의 다른 지점들에서 보이는 영업의 난항을 겪게 되었다.[54] 다른 지역 지점 활동이 지역 경제의 위기와 관련한 것이었다고 한다면, 천진에서의 산서표호의 지점은 경쟁 세력이었던 은호의 활성화가 주요 요인이었다.

5. 결론

이상에서 본 것처럼 천진 급융업의 경제적 특징은 지역적인 폐쇄성이 매우 강하다는 점이다. 이로 인해 山西票號의 경우 다른 지역보다 빠른 光緖年間 후반에 이미 영업상으로도 난항을 겪게 되었다. 또한 천진에서 산서표호와 대립관계에 있던 天津銀號도 그 영업상의 특성에 따라 東街와 西街[55]로 구분되었을 뿐만 아니라 지역적인 구분도 다른 지역보다 명확하였다. 원래 중국에서 幇의 발생은 각지

---

53) 앞의 책, 『天津の銀號』, 36～41쪽.

54) 拙稿, 「청말 대두유통과 산서표호 활동」, 『명청사연구』 18, 2003.

55) 東街는 투기적으로 영업하여 金銀・外國貨幣의 賣買가 주된 활동이었던 것에 반해 西街는 預金・貸付 및 수표의 할인을 주요영업으로 하고 있었다.

상인의 운영 자금의 융통을 꾀하기 위해 시작된 것인데 천진에서는 本地幇인 천진방의 은호세력이 압도적이었다는 점이 주목된다.

천진은 한국의 인천과 같은 수도 주위의 개항장이다. 따라서 상해와는 달리 북경의 정치 변동에도 영향을 받으며 오랫동안 수도의 주변에서 성장하여 왔다. 이러한 점은 다른 개항장의 상인 성장과는 또 다른 모습이 보일 가능성을 내포하고 있다. 천진 지역에서는 외지상인인 산서상인이 천진상인의 다양한 금융제도에 의해 천진의 금융업계에서 구축되어 가는 일면을 확인할 수 있었다.

머리말에서 지적하였듯이 천진은 개항장으로 설치된 조계지역이 옛 부터 존재하였던 天津城과 병존하는 2중 도시로서 성격을 지니고 있었다. 즉, 정치, 경제, 문화적으로 외국인 활동도 현저하였고 그에 영향을 받아 대응하는 지방의 유력자, 민중의 세력도 결코 뒤지지 않은 곳이라는 것이다. 錢業 상인에 의해 주도된 금융업에서 전통적인 금융조직인 銀號가 1940년대 이후까지 활발한 활동을 보이는 것에서도 이러한 점이 확인된다. 천진에서는 외국계 은행이 상해와 같이 발전을 하지 못하고 천진의 토착금융 기구인 은호세력이 1945년까지 활발하였던 점을 상기하면 경제 분야, 특히 금융에서 이러한 이중적 경향은 더욱 뚜렷하였다고 볼 수 있다. 이러한 모습은 상해 전장이 1930년대 이후 외국은행이나 중국은행계에 밀리고 활동이 축소되는 것과는 대조적인 현상이었다.

천진 산서표호는 개항이후 천진의 무역거래가 활발해짐에 따라 송금을 주축으로 하는 영업이 크게 발전하였으나, 1903년 천진상회의 설립을 전후하여 그 세력이 크게 축소됐다. 그 원인은 상회의 성립으로 천진지역 내의 錢商들의 활동이 활발해졌고, 이들을 중심으로 한 지역 의식이 전국을 영업대상으로 한 산서표호의 업무에 무엇보다 타격을 주었기 때문이었다. 천진의 금융 발전에 참여하려고 하지 않았던 산서표호의 소극적인 영업방식, 또 이들 지역을 중심으로 모였던 天津幇 은호의 활동은 신해혁명을 전후로 하여 천진지역의 금융에서 보이는 또 한 특징이라고 할 수 있다.

본고에서는 금융업 중에서도 산서표호와 천진은호에 한정된 고찰로 인해 은호 자체의 발전 요인과 다른 금융업과의 관계에 대한 고찰이 부족하여 천진 전체 금융상을 파악하기에 미흡한 점도 있지만 이점에 대해서는 수도 북경과의 관계를 고려하여 이후의 과제로 삼고자 한다.

2

중국기업 관행과 경영환경

김지환

1. 시작하면서

근대 이래 중국기업의 탄생과 발전은 중국경제사의 주요한 연구
주제다. 기업은 근대의 산물이며, 따라서 기업의 발전과 쇠퇴는 중국
자본주의 발전의 성쇠와 맥을 같이한다고 할 수 있다. 이렇게 본다
면 1949년 이전 중국기업의 발전과 쇠퇴는 중국경제 및 자본주의 발
전에 대한 평가와 불가분의 관계를 가질 수밖에 없다. 더욱이 중국
기업의 성쇠는 기업이 처한 사회적·경제적 경영환경과 불가분의 관
계에 있으며, 이러한 측면에서 국가권력의 경제정책과 밀접한 관련
을 가질 수밖에 없을 것이다.

중국근현대경제사의 연구에서 이와 관련된 평가는 크게 두 가지로
대별된다. 첫 번째는 기업의 발전 및 경영환경과 관련하여 부정적
평가를 강조하는 것으로서, 경제현상과 경제정책 역시 다분히 정치
사적 평가에 근거하고 있다고 볼 수 있다. 이러한 경향은 1949년 중

화인민공화국의 수립이라는 정치적 상황과 불가분의 관계를 지닌 것으로 보인다. 중국혁명의 승리 이후 毛澤東, 陳伯達의 四大家族 經濟獨占 및 買辦的 官僚資本主義論이 경제사 연구에서 주요한 분석틀로 자리하면서 중국기업사·공업사의 연구 역시 외국자본과 민족자본의 대립으로 구조화되었으며, 후자는 국민정부 및 관료자본, 제국주의 경제침략으로 인한 지배와 침식으로 필연적으로 몰락할 수밖에 없는 쇠퇴의 길로 접어들게 되는 것이다.[1] 이렇게 본다면 1949년 중화인민공화국의 성립은 종래 민족기업을 압박하고 있던 관료 및 외자기업 등 일체의 모순적 경제관계를 일소한 시발점으로 평가될 수 있을 것이다.

두 번째는 기업의 발전과 경영환경을 다분히 경제사적 요인에 근거하여 평가하는 것이다. 예를 들면, 일본의 久保亨, 奧村哲 등은 중국 최대의 공업부문이었던 방직공업 등에서의 구체적인 자료 분석을 통해 1949년 이전 중국경제 발전의 구체적인 지표를 검증해냈으며, 발전의 동인으로서 경제정책에 주목함으로써 국민정부의 역할에 대한 역사적 평가를 새롭게 제기한 바 있다.[2] 이러한 연구 성과를 바탕으로 적지 않은 연구자들은 남경국민정부 시기인 1927~1937년의 10년간을 '중국경제의 황금시대'로 높이 평가하였다. 즉, 이 기간 중국의 공업경제는 중일전쟁 직전기에 국내시장의 자립화를 달성하

---

1) 대표적으로 陳伯達, 『中國四大家族』, 1946; 許滌新, 『官僚資本論』, 海燕書店, 1947; 吳承明, 『中國資本主義發達史』 1, 2, 人民出版社, 1985, 1990; 嚴中平, 『中國棉紡織史稿』, 科學出版社, 1957; 島一郎, 『中國民族工業의 展開』, ミネルヴァ書房, 1978 등을 들 수 있다.

2) 예를 들면, 久保亨, 『戰間期中國의 綿業과 企業經營』, 汲古書院, 2005; 金志煥, 『中國國民政府의 工業政策』, 신서원, 2004; 奧村哲, 「抗日戰爭前中國工業의 研究를めぐって」, 『東洋史研究』 35-2, 1976 등을 들 수 있다.

였으며, 더욱이 중일전쟁을 위한 물적 기초를 확보했다는 점에서도 역사적 의미를 부여할 수 있다.

본고에서는 중국공업의 발전과 쇠퇴라는 이분법을 지양하고 저변에 있는 기업 관행과의 관계 속에서 경영환경을 파악하고, 중일전쟁 직전기까지 중국공업의 거시적 흐름을 살펴보고자 한다. 이를 위해 당시 중국공업에서 절대적인 비중을 차지했던 방직공업의 사례를 통해 발전의 계기가 되는 1차대전기로부터 1930년대까지를 관통하여 그 추이와 양상을 살펴보고자 한다.[3]

발전과 쇠퇴의 배후에는 다양한 원인이 있겠지만, 중국기업의 경영에서 오랫동안 관성으로 유지돼온 기업 관행과 그로부터 형성된 경영환경과의 상관성을 중심으로 특히 1차 대전이라는 외부적 환경과 공업 내부의 산업자본 조달문제, 금융자본과의 관계, 그리고 정부의 경제정책과의 상관성을 살펴보고자 한다. 또한 불황을 극복할 수 있었던 요인으로서 경제계 스스로의 자구 노력인 생산상의 전변과 더불어 중앙정부였던 남경국민정부의 경제정책과 그로 인한 기업환경의 변화에서 찾아보고자 한다.

---

3) 구체적인 수치를 살펴보면, 중국공업에서 방직공업이 차지하는 비중은 1933년도 공장 수에서는 2,435개 가운데 821개로서 전체의 33.7%, 자본 총액은 406,872(천 원) 가운데 166,828(천 원)으로서 약 41%, 노동자 수에서는 총 인원수 500,233명 가운데 308,678명으로서 약 61.7%, 제품판매 총액의 경우 1,113,974(천 원) 가운데 483,585 (천 원)로서 43.4%에 달할 정도로 절대적인 비중을 차지하고 있었다. 金志煥, 『中國 紡織建設公司硏究』, 復旦大學出版社, 2006.1, 3쪽.

2. 1차 대전 이후 중국공업의 발전과 쇠퇴

1차 대전은 중국공업에 획기적인 발전의 전기를 마련해 주었으며, 방직공업에서도 紗廠들이 받고 있던 수입 면사에 의한 경영상의 압박이 크게 감소되었다.[4] 구미의 참전국들은 자국의 군수품 생산에 전력해야 했으며, 전쟁으로 인한 해상 운송이 불가능하여 중국시장에 많은 관심을 기울일 수 없었다. 이러한 결과 수십 년 이래 부단히 증가되어 온 중국의 면사 수입이 급격히 감소하면서 방직공업에서 획기적인 발전의 전기가 마련되었다. 면사와 마찬가지로 면포의 수입량 역시 크게 감소되어, 1916년의 경우 1913년에 비해 약 850만 담이나 감소되었으며, 중국의 면사 수요 공백은 약 250만 담에 달하게 되었다.[5]

대전 초기에는 전쟁의 충격으로 말미암아 원면의 가격이 상승하고 면사의 가격이 하락하였기 때문에 기업 경영에 매우 불리한 시기였다고 할 수 있다. 1914년에는 중국자본 사창에서 16番手 면사 1包를 생산할 경우 19.58원의 이윤을 얻을 수 있었는데, 이에 비해 1915년에는 4.38원의 결손을 보았다. 그러나 다음 해인 1916년에는 이윤이 7.61원으로 상승하였으며, 1917년부터 면사의 가격이 급격히 상승하면서 1919년에는 1包의 이윤이 무려 70.56원에 달하였다.

---

4) 중국의 면사 수입량은 1909~1911년의 1,320,197擔으로부터 1919~1921년에는 807,249擔으로 감소되었다. 嚴中平, 『中國近代經濟史統計資料選輯』, 科學出版社, 1955.8, 74쪽.

5) 森詩彦, 『五四時期の民族紡績業』, 同朋舍, 1983.12, 23쪽.

〈표 1〉 1차 대전 직후 면사의 이윤(1915~1922년)

연도	제조 비용	면사 가격	순이익
1915	130.95	126.57	−4.38
1916	136.45	144.06	7.61
1917	175.66	212.59	36.93
1918	200.25	221.68	21.43
1919	200.16	279.72	70.56
1920	206.64	271.61	64.97
1921	200.28	210.49	10.21
1922	217.13	196.50	−20.63

* 단위: 16번수 면사 1包
출처: 嚴中平, 『中國近代經濟史統計資料選輯』, 科學出版社, 1955.8, 165쪽

중국방직공업의 발전과 더불어 紗廠의 자산보유액도 비약적으로 증가하였다. 1914년 각 사창의 평균자본액은 22,702원에 불과하였으나 1917년에는 626,831원, 1920년에는 1,106,207원으로 증가되었다.[6] 고이윤에 매혹되어 사창이 속속 설립되면서 바야흐로 중국공업의 황금시기가 도래하게 된 것이다. 1914~1922년의 9년간 순수 중국자본으로 설립된 紗廠은 모두 49개였는데, 1920~1922년에 설립된 것이 39개였으며, 1921년 한 해만 해도 17개 사창이 신설되었다. 이는 1차 대전 발발까지의 20여 년 동안 설립되었던 총 공장 수의 무려 2.5배에 상당하는 수치였다. 1924년의 설비 규모를 살펴보면, 1915년에 비해 방추 수에서는 약 3배, 직기 수에서는 약 4.6배의 증가를 나타내고 있다.[7] 이러한 결과 1916년에는 면사 시장의 50%, 1918년에는 70%가 중국자본 사창의 생산품에 의해 점유됨으로써

---

6) 龔俊, 『中國新工業發展史大綱』, 華世出版社, 1978.2, 131~133쪽.
7) 黎名邨, 「中國棉業問題」, 『東方雜誌』 28卷 18號, 1931, 33~35쪽.

국내시장의 자립화를 위한 토대를 마련하였다고 할 수 있다.

그러나 <표 1>에서 나타나듯이 대전기의 호황은 오래가지 못하였으며, 1922년부터는 적자로 전환되고 있음을 알 수 있다. 1차 대전기의 전시호황으로 말미암아 난립한 중국의 紗廠들은 전쟁이 종식된 이후 동종 상품의 과잉생산 및 공급으로 인한 불황에 직면하여 재편되지 않으면 안 되었다. 사창의 난립에 대해 이미 1920년 1월 방직공업의 동업공회인 華商紗廠聯合會는 자신이 발행하는 정간물을 통해 "금년 한 해만 하더라도 방추 수는 급속히 증가하여 식자들의 우려를 사고 있다. 앞으로 2, 3년 후에도 이러한 호황이 계속 유지되기는 어려울 것으로 전망된다"[8]라고 경고하였다.

1차 대전 시기 급격히 증가한 생산설비와 대조적으로 대전 직후 원료면화의 가격은 상승하였으며, 과잉생산으로 말미암아 면사의 가격은 오히려 하락하였다. 이러한 결과 면사의 판매 가격이 생산코스트 이하로 하락하는 현상이 발생하였다. 또 다른 기록에 따르면, 1922년에 들어서자 면사 16番手 1包의 생산코스트는 155.25兩이었는데, 면사의 판매 가격은 140.50兩으로 14.75兩의 손실을 보았다.[9]

같은 자료로부터 생산비와 대비하여 면사의 판매가격이 급격히 하락하였음을 잘 알 수 있는데, 예를 들면 1922년 12월부터 다음해 2월에 이르기까지 4개월 동안 紗廠의 손실은 막대하였다. 원면의 가격은 11월 117.15兩, 12월 131.35兩, 1월 145.55兩, 2월 156.20兩으로 급등하였는데, 그럼에도 불구하고 생산비용은 30兩으로 4개월

---

8) 華商紗廠聯合會, 『華商紗廠聯合會季刊』 2卷 1期, 1920, 1쪽.

9) 濱田峯太郎, 『支那に於ける紡績業』, 日本堂書店, 1923, 21쪽.

동안 동일한 비용으로 묶여 있었다. 이러한 결과 사창은 11월에 16.15兩, 12월 20兩, 1월 22.55兩, 2월 29.90兩의 손실을 기록하였다.[10] 이와 같이 면화의 가격은 높아지고 상대적으로 면사의 가격이 하락하는 '棉貴紗賤'의 현상으로 인해 사창의 손실이 발생하자 중국방직공업에서는 총체적으로 위기감이 고조되었다.

1차 대전의 호황이 종결되면서 1922년 이후 중국공업에는 불황이 도래하여 1930년대까지 지속되었다. 1923년부터 1931년까지의 9년 동안 신설된 紗廠은 총 15개이며, 방추 수에서도 1930년에는 1922년의 약 1.6배, 직기 수에서는 2.3배 증가되었다.[11] 이와 같은 외양적 설비의 확장에도 불구하고 9년간 改組되고 임대된 것이 19개 사창, 채무 상환의 불능으로 말미암아 채무자에 접수 관리된 곳이 5개 사창, 정업한 것이 11개 사창, 공장을 매각한 것이 17개 사창으로 총 52개 사창이 경영상 큰 변동을 겪었다.[12]

1930년대 초 세계공황의 여파와 만주사변, 상해사변 등 일본제국주의의 중국 침략으로 말미암아 중국경제는 심각한 타격을 받게 되었다. 만주사변의 발발과 만주국의 수립 이후 중국방직공업은 면제품 판매시장의 4분의 1, 즉 25%에 상당하는 시장을 잃고 말았다. 구체적인 수치를 살펴보면, 1926년부터 1930년까지의 약 5년 동안 동북 각 세관을 통해 만주 지역으로 유입된 면사의 총액은 매년 평균 1,288만 8,977關兩이었는데, 이 가운데 중국제품이 990만 6,183

---

10) 濱田峯太郎, 『支那に於ける紡績業』, 日本堂書店, 1923, 21~22쪽.

11) 嚴中平, 『中國棉紡織史稿』, 科學出版社, 1957, 187~188쪽.

12) 周秀鸞, 『第一次大戰時期中國民族工業的發展』, 上海人民出版社, 1958, 112~113쪽.

관량으로 77%를 차지하였다. 면포의 수입액은 5,319만 9,255관량이 었는데, 이 가운데 중국제품이 1,385만 7,174관량으로 약 26%를 차 지하였다.[13] 이로부터 만주시장의 폐쇄가 중국방직공업에 준 타격을 충분히 짐작할 수 있을 것이다.

만주시장의 상실이 본격화된 1932년 이후 중국자본 사창은 25.89 주, 약 100만 추에 달하는 설비의 조업단축에 돌입하였다. 이들은 1933년 4월 22일부터 5월 21일까지 조업단축을 실시하기로 의결하 고, 매주 토요일 및 일요일의 심야작업을 중지하기로 하는 등 23% 의 조업단축에 돌입하였다. 중국자본 사창의 동업공회인 화상사창연 합회의 6월 말 조사에 따르면 조업을 완전히 중지한 것이 12개 사 창, 총 426,688추에 달하였으며, 심야작업을 중지한 것이 4개 사창, 97,288추로서 전국의 조업단축률은 약 23%에 달하였다.[14]

〈표 2〉 1930년대 전반 中國紗廠의 조업단축률(%)

일시	개업방추 수	휴업방추 수	평균 휴업시간	총 방추 수 환산 休業週日數
1932년 하반기	4493	658	2039	2.26
1933년 상반기	4585	2676	630	2.33
1933년 하반기	4640	1119	1724	3.16
1934년 상반기	4678	1224	1583	3.89
1934년 하반기	4777	964	1598	2.44

출처: 發智善次郎,「支那綿紡織業の現段階」,『滿鐵調査月報』 15卷 12號, 1935.12, 34쪽

---

13) 金志煥,「官利 慣行이 중국기업 경영에 미친 영향」,『중국근현대사연구』49집, 2011.6, 77쪽.

14) 金志煥,「官利 慣行이 중국기업 경영에 미친 영향」,『중국근현대사연구』49집, 2011.6, 78쪽.

만주시장의 상실로 인한 시장의 축소와 면제품의 적체 및 경영 악화는 근본적으로 농촌수직업의 불황과 불가분의 관계를 가지고 있었다. 당시의 기록을 살펴보면, 동북세관의 폐쇄로 농촌 수직토포업이 큰 어려움에 직면하였음을 잘 알 수 있다. 예를 들면, 하북성에서 토포업으로 유명한 高陽, 定縣, 玉田, 淸豊 등의 경우 생산제품을 주로 장성 밖의 만주지역으로 수출해왔는데, 만주사변 이후 판로가 막히면서 이 지역의 토포업이 급속히 쇠락하기 시작하였다.[15] 뿐만 아니라 산동성의 濰縣 역시 토포업으로 이름난 지역이었는데, 이곳에서 생산되는 개량토포 역시 생산 부진에 빠지면서 이익이 날로 감소되었다. 강소성 常熟의 직포업 역시 쇠락하여 5家가 도산하는 상황이 발생하였다. 복주에서는 100여 개의 직포창 가운데 다수가 도산하여 불과 30여 家만이 남게 되었다.[16]

더욱이 농촌공업의 부진은 다시 농가의 소득을 감소시켰으며, 이는 다시 구매력을 저하시켜 기계제 공업의 제품 소비를 더욱 어렵게 만드는 악순환이 반복되었다. 더욱이 1930년대 공황 이후 농촌경제의 어려움은 구매력의 저하를 가속화시켰다.

3. 企業慣行과 工業經濟의 쇠퇴

紗廠의 어려움을 가중시킨 원인 가운데 하나는 중국기업에서 보편적으로 이루어지고 있었던 官利慣行이라고 할 수 있다. 관리관행

---

15) 王子建, 「民國二十三年的中國棉紡織業」, 『東方雜誌』 32卷 7號, 1935.4, 43쪽.
16) 王子建, 「民國二十三年的中國棉紡織業」, 『東方雜誌』 32卷 7號, 1935.4, 43쪽.

이 출현한 이유는 청말 이래 사회의 자본이 토지나 고리대에 투자되어 산업자본으로 용이하게 전환될 수 없었던 상황에서 투자자본에 대한 이자의 안정성을 보장함으로써 투자자의 관심을 제고하기 위한 목적에서 찾을 수 있다. 이는 기업의 회계연도가 끝날 때에 이윤의 유무와 관계없이 반드시 일정한 자본 출자에 대해 우선적으로 이자를 지불하는 관행을 가리킨다.

이러한 관행은 비록 사회자본을 산업자본으로 유인하는 순기능도 일부 있었지만, 기업의 경영을 악화시킨 주요한 원인이 되었다. 1차대전 기간과 같이 이윤이 높은 시기에는 官利의 지불이 가능하였지만, 세계공황의 여파가 미친 1930년대의 경우 불황과 구매력의 감소, 시장의 축소로 인한 제품의 적체 등 어려운 상황하에서 관리의 존재는 경영을 더욱 악화시킨 주요한 원인이 되었다. 더욱이 이와 같은 관리는 차입금, 회사채의 형식을 취하고 있어, 적립금, 감가상각비용 등의 자금 조달을 저해하는 주요한 원인이 되었다. 배당의 수준은 통상적으로 연리 7.5~10% 정도였는데, 여기에 특별배당금인 紅利를 더할 경우 13.4~23%에 달하였으며, 높은 경우 무려 30~32%에 달하기도 하였다.[17] 이와 같이 중국기업은 "이익금의 적립 비율이 현저히 저하되고, 관리, 즉 자기자본 이자 지불제도의 존속과 연고자 등용, 과다한 부채 비율 등으로 말미암아"[18] 그 발전이 상당히 제약되고 있었다.

---

17) 尾崎五郎, 「綿紡織業を通じて見た支那民族工業の現段階的特質」, 『滿鐵調査月報』 17卷 9號, 1937.9, 26쪽.
18) 尾崎五郎, 「綿紡織業を通じて見た支那民族工業の現段階的特質」, 『滿鐵調査月報』 17卷 9號, 1937.9, 28쪽.

중국자본 사창의 경영상 어려움은 일본자본 사창이 자국계 은행의 저리 금융 지원의 혜택을 향유한 것과 비교해 볼 때 잘 알 수 있다. 예를 들면 1924년 중국자본 사창의 생산비 수준은 16번수, 20번수에서 일본자본 사창에 비해 20~21% 높았으며, 1930년대에 들어서면서 이러한 격차는 더욱 확대되어 1935년에 이르면 63%로 확대되었다. 양자의 차이 가운데 가장 큰 항목은 중국자본 사창의 경우 관리관행과 더불어 부족한 경영자금을 보충하기 위해 금융기관으로부터 차입한 자금에 대한 이자 지불이라는 항목이 결정적이었다. 이는 다음의 표에서 잘 나타나고 있다.

〈표 3〉 중국자본 사창과 일본자본 사창의 생산비 항목 비교(면사 20번수 1包, 단위: 元)

자본별	공임	동력	기계수리	영선	소모품	포장	장려금	직공보호비	운수	영업	이자부담	보험	잡비	총코스트
중국사창	10.5	5.5	1.8	0.4	1.7	1.5	1.2	0.2	0.2	2.5	15.0	0.2	3.0	43.7
일본사창	5.8	4.8	0.6	0.4	0.5	1.2	0.6	0.5	0.2	2.0	2.7	0.1	1.0	20.4

출처: 金志煥, 「官利 慣行이 중국기업 경영에 미친 영향」, 『중국근현대사연구』 49집, 2011.6, 77쪽

경영에서 높은 비중을 차지하고 있던 차입금은 생산비에서 이자의 부담을 가중시켰을 뿐만 아니라, 더욱이 경영 방식에도 큰 영향을 미쳤다고 할 수 있다. 공상자본가들은 자본 부족으로 말미암아 공장을 신설할 경우에도 중고기계를 구입하는 일이 적지 않았으며, 자동직기 등 최신예 기계를 갖추고 있는 곳은 申新紗廠 등 몇몇 사창을 제외하고는 거의 없었다. 오래된 구식의 紡錘와 織機는 생산효율성을 저하시켰으며, 결국 생산품의 품질에도 영향을 미칠 수밖에 없었다. 이러한 결과 사창에서는 落棉과 기계의 파손, 마모 등의 결함이

일상적으로 발생하였다.

뿐만 아니라 紗廠은 원면을 구입할 경우에도 투기적 매매 교역에 역량을 집중하는 경우가 많았다. 이들은 원면을 구입할 때에 면사의 番手보다도 가격으로 판단하여 원산지가 불분명한 수십 종의 조악한 면화를 구입하는 경우가 적지 않았다. 면화를 구입할 경우에도 외상 구매가 관행적으로 이루어지고 있었는데, 이러한 관행 역시 면사, 면포의 품질과 불가분의 관계를 가지고 있었다. 이들은 통상적으로 10일 기한으로 면화를 외상으로 구입한 이후 가능한 한 신속히 10일 이내에 이를 제품화하여 판매한 대금으로 구매한 면화상에 결제하는 경우가 많았다. 따라서 만주시장의 폐쇄나 구매력의 저하 등에 직면할 경우 도산 등 경영상의 변화가 초래될 가능성이 매우 컸다고 할 수 있다.

이러한 상황은 화상사창연합회가 "중국자본 사창은 경영자본의 부족으로 인해 필요한 시기에 면화를 충분히 구입하여 원료에 적합한 제품을 생산하지 못하는 경우가 비일비재하다. 예를 들면, 16번수 면사를 생산하는데 적합한 원면을 구입하고도 시장에서 20번수 면사의 가격이 상승할 경우 16번수용 원면을 가지고 20번수 면사를 생산하고, 심지어 14번수 면사 생산에 적합한 원면으로 20번수 면사를 생산하고 있다. 어떻게든 제품을 생산하기는 하겠지만, 제품에는 기술적으로 항상 문제가 발생할 수밖에 없다"라는 지적에서도 이러한 상황을 잘 살펴볼 수 있다.[19]

이 밖에도, 중국공업의 발전에서 커다란 장애 가운데 하나는 사회

---

19) 金志煥, 「官利 慣行이 중국기업 경영에 미친 영향」, 『중국근현대사연구』 49집, 2011.6, 75쪽.

자본이 공업에 투자될 수 있는 매개체인 은행의 역할이 매우 제한적이었다는 사실을 지적할 수 있다. 북경정부 이래로 중국에서 은행의 성립과 역할은 주로 공채의 수용과 밀접한 관계를 가지고 있었다. 다시 말해 중국에서 은행업이 발전하게 된 주요한 동기는 다분히 공채 수용이라는 정치적 동기에서 비롯되었다고 할 수 있다.

중국정부는 공채 수용의 편의를 위해 액면가격 이하로 공채를 할인해 주는 관행을 보편적으로 지속하고 있었다. 1927~1932년에 걸쳐 남경국민정부가 발행한 19종 공채의 연이율은 8% 정도였지만 실제로는 20% 정도의 높은 이윤이 보장되고 있었다. 남경국민정부 재정부가 발행한 공채는 바로 할인관행을 통해 수용자의 이윤을 보장함으로써 금융업의 적극적인 수용을 유도하고자 하였던 것이다. 할인을 통한 수용의 결과 공채의 실제 이윤을 살펴보면 1932년까지는 8%, 1932년 이후에는 6%였지만 할인율이 높았기 때문에 실제 연이율은 22~43%에 달하였다.[20]

중국의 은행들이 보유하고 있던 공채는 1934년 말 7억 5천만~8억 원에 달하였으며, 이 숫자는 불입자본의 무려 4.6배에 상당하였으며, 또한 예금 총액의 33%에 상당하는 액수였다. 다시 말해 중국정부가 발행한 공채의 78%가 중국의 은행자본가의 소유로 전환된 것이며, 더욱이 14~20%에 이르는 이윤이 보장되어 있었다.[21] 이와 같이 국민정부는 스스로의 재정을 공채의 발행을 통해 유지하고 있

20) 金志煥, 「남경국민정부의 공채정책과 통일공채 재론」, 『동양사학연구』 115집, 2011.6, 312~313쪽.

21) 發智善次郎, 「支那綿紡織業の現段階」, 『滿鐵調査月報』 15卷 12號, 1935.12, 19쪽.

었으며, 은행 역시 국고에 투자함으로써 이윤을 확보하고 있었던 것이다. 이러한 이유에서 은행은 불안정한 상공업에의 투자를 기피하고 이윤이 높은 정부공채의 투기에만 열중하였던 것이다.

공채의 높은 이윤은 당연히 공업에 대한 은행의 대출이자를 제고시킬 수밖에 없었다. 1934년 방직공업에 대출된 은행자본은 대략 1억 5천만 원으로 추정되었는데, 방직자본가들은 이를 위해 약 2천만 원에 상당하는 이자를 지불하지 않으면 안 되었다. 즉, 16번수 면사 1表를 생산할 때마다 이자부담이 무려 15원에 달하는 셈이었으며, 이와 같은 높은 이자 부담은 당연히 중국면사의 시장경쟁력을 저하시킬 수밖에 없었다.[22]

공업에 대한 은행의 대출은 전체의 10~11%에 지나지 않았으며, 대출 시에도 이자가 매우 높았다. 각 지역의 대출 이자의 수준을 보면, 상해 6~12%, 무석 7.8~10.8%, 무한 8~12%, 기타 제남, 청도, 구강, 장사 등이 6~20%에 달하였다. 이와 같은 높은 이자를 감당하더라도 紗廠이 은행, 전장으로부터 대출을 받기 용이하지 않았다. 왜냐하면 대출의 과정에서 은행 등 금융업은 공상업에 대해 기계, 공장, 부지 등을 담보로 제공하도록 요구함으로써 유사시의 위험을 이들에게 전가하고자 하였기 때문이다. 뿐만 아니라 은행은 대출시 막대한 자금력을 확보하고 있던 대회사의 연대보증을 요구하여 부담을 가중시켰다. 실제로 중소사창의 경우 반드시 막대한 자본력을 보유한 大紗廠의 연대보증 없이는 대출이 불가능한 경우가 많았다. 따라서 경제불황이나 시장의 경색 등 경제적 위기에 직면하여

---

22) 發智善次郎, 「支那綿紡織業の現段階」, 『滿鐵調査月報』 15卷 12號, 1935.12, 19~20쪽.

경영이 악화되고 이로 인해 대출 자금의 상환이 지체될 경우, 이는 일개 회사의 범주를 넘어 동종업계 전체의 문제로 비화될 수 있는 소지를 내포하고 있었다.[23]

4. 經濟不況과 생산상의 변화

1920년대 초기부터 시작된 경제 불황에 직면하여 공업계 내부에서도 이를 타개하기 위한 대책을 강구하지 않으면 안 되었다. 방직 공업의 경우 지속적인 면사 가격의 하락에도 불구하고 면포는 상대적으로 안정된 가격을 유지하고 있었으며, 따라서 생산의 변화는 이와 같은 경제적 조건과 부합하는 방향으로 모색되지 않으면 안 되었다.

중국에서 기계제 면공업의 발전은 방적업을 중심으로 이루어져 왔다. 방적업의 발전은 바로 농촌수공업의 존재를 전제로 하였으며, 紗廠은 완제품인 면포를 생산하기 위한 반제품인 면사를 생산하는 것이 주업이라고 할 수 있다. 그러면 기계제 면업이 왜 면포의 생산보다 면사의 생산, 즉 방적업을 중심으로 발전되어왔을까?

일반적으로 기계제 면포는 농촌수직업에서 생산되는 수직 면포와 대비되는 개념이다. 양자의 구분에 대해 말하자면, 전자는 전기나 증기 등의 동력을 사용하여 생산하는 것으로서 이를 근대적 생산, 혹은 공장제 생산이라 명명할 수 있으며, 후자는 생산을 위한 동력이 인력으로 이루어지는 것으로서 전자와 구별된다. 농촌수직업의 경우

---

23) 金志煥, 「남경국민정부의 공채정책과 통일공채 재론」, 『동양사학연구』 115집, 2011.6, 320~323쪽.

에도 드물게 수력을 사용한 경우도 있었지만 이는 소수의 예로 매우 드문 경우였다.[24]

수공업은 기계제 면사를 매입하여 이를 원사로 사용하여 면포를 생산하는 것을 주요한 공정으로 하고 있었다. 이와 같이 수공업이 방적업에 비해 방직업에서의 공정을 지속적으로 유지할 수 있었던 이유는 방적업에 대한 방직업의 노동생산성의 차이로부터 나타난 결과라고 볼 수 있다. 구체적인 수치를 통해 살펴보자면, 수공업의 노동자 한 명이 하루 11시간 동안 노동력을 투입하여 면사를 생산할 경우 총 4兩에 상당하는 16번수 면사를 생산해낼 수 있다. 이와 비교하여 紗廠에서 기계제 면사를 생산할 경우 동일한 노동력을 투입할 경우 평균 20斤의 면사를 생산할 수 있었다. 이러한 사실은 기계제 면사의 노동생산성이 수직 면사에 비해 80배나 높았음을 보여주는 것이다.

면사 부문에서 수직업과 기계제 공업과의 노동생산성 차이와 비교해보면, 면포의 경우 이와는 다소 차이가 있다. 즉, 노동자 한 명이 11시간 동안 노동력을 투입하여 14파운드 粗布를 생산할 경우 수직업에서는 총 생산량이 약 12丈이었음에 비해 기계제 직포업의 경우 약 50丈의 면포를 생산할 수 있었다. 이렇게 볼 때 기계제 직포업의 노동생산성이 수직업에 비해 약 4배 높았음을 알 수 있다.[25] 이와 같이 수직공업과 기계제 공업에서 면사와 면포를 생산할 경우 나타

---

24) Kang Chao, 「The Growth of a Modern Cotton Textile Industry and the Competition with Handicrafts」, 『China's Modern Economy in Historical Perspective』, Stanford Univ. Press, 1975 참조.

25) 嚴中平, 『中國棉紡織史稿』, 科學出版社, 1957, 267쪽.

나는 노동생산성 차이의 크기가 바로 기계제 공업이 수직공업을 대체하는 우선순위로 그대로 반영된 것이라 할 수 있다.

1차 대전 종전 이후 동종상품의 공급과잉으로 말미암아 방적업의 경영이 전반적으로 악화되자 동업공회인 화상사창연합회는 "근래 방직업의 경영 악화는 공급의 과잉으로 인한 면사의 판매 부진에서 그 원인을 찾을 수 있다. 면사의 소비 부진을 해소하기 위해서는 바로 면포가공업을 발전시켜야 한다. 즉, 방적업의 어려움을 구제하기 위해서는 방직업을 발전시켜야 한다"[26]라고 생산상의 改進을 주창하였다.

그렇다면 화상사창연합회는 어떠한 근거로 방직공장의 부설을 통해 방적업을 구제할 수 있다고 주창한 것인가. 이에 대해서 동연합회는 "방적과 방직은 상호 보완적으로 함께 경영할 경우 이익이 매우 크다. 함께 경영하면 서로 보완적으로 이익이 되며, 분리한다면 경영에 어려움이 있다. 방적공장에서 방직을 겸영하지 않는다면 소비가 적체될 것이며 양자를 겸영한다면 면사와 면포를 동일공장에서 모두 소비할 수 있게 된다. 방직을 하면서 방적을 하지 않을 경우 면사를 구입하기 위한 번잡한 수속과 비용이 소요된다. 방직과 방적을 겸영한다면 자신의 공장에서 생산한 면사를 바로 방직을 위한 직포공장으로 공급하게 되어 막대한 비용을 절감할 수 있게 된다"[27]라고 지적하였다.

그렇다면 이와 같은 생산상의 변화를 통해 어느 정도의 비용을 절감할 수 있을까. 이러한 수치는 다음의 기록에서 "精紡機에서 산출

---

26) 華商紗廠聯合會, 『華商紗廠聯合會季刊』 4卷 3期, 1923.7, 1쪽(사설).

27) 華商紗廠聯合會, 『華商紗廠聯合會季刊』 2卷 2期, 1921.1, 25~26쪽.

된 면사를 면포를 생산하기 위한 직포공장으로 직접 조달할 경우 면화의 搖紗, 打包 등의 제비용을 절약할 수 있다. 이렇게 할 경우 1梱당 3兩 6錢 정도를 절약할 수 있다. 따라서 3백 대의 직포기를 경영할 경우 하루 20梱의 면사를 소비한다면 약 72兩 정도 절약하게 되는 셈이다. 1년에 300일을 작업기간으로 계산할 경우 2만 1,600兩을 절약할 수 있게 되는 것이다. 여기에 1梱당 해관세 2兩 4錢을 계산하여 1년에 모두 1만 4,400량 정도를 더할 경우 합계 3만 6천량 정도를 절약할 수 있게 되는 것이다"[28]라고 구체적인 액수를 명기하고 있다.

그러면 기계제 방직공장에서 생산된 면포의 내용은 어떠한 것이었을까. 면포는 原色綿布, 粗布, 細布, 粗斜紋布(粗綾木綿, 雲薺布), 細斜紋布(細綾木綿), 標布(天竺布) 등의 여러 종류가 있고 色花布는 각종 모양직 및 염색의 면포를 가리킨다. 초기 겸영직포가 발흥했던 1920년대의 상황을 살펴보면 華商紗廠, 日商紗廠, 英商紗廠에서 생산된 제품은 모두 조포가 위주였다.[29] 물론 일부 중국자본 사창에서 약간의 細斜를 생산하고 있었지만 생산량은 미미한 형편이었다.

1922년 사창이 보유하고 있던 직기의 수량을 살펴보면, 중국자본 사창이 5,200대, 영국자본 사창 2,100대, 일본자본 사창이 1,900대였다. 이와 같이 중국자본 사창의 겸영 직포 생산은 기타 자본의 사창보다 시기적으로 앞섰으며, 면포 생산량도 많았다. 그러나 1925년을

---

28) 華商紗廠聯合會, 『華商紗廠聯合會季刊』 2卷 2期, 1921.1, 26쪽.
29) 구체적인 생산품의 내역은 濱田峯太郎, 『支那に於ける紡績業』, 日本堂書店, 1923, 69~71쪽의 표 참조.

기점으로 일본자본 사창에서 면포를 생산하기 위한 직기의 증설이 급속히 진전되어 오히려 중국자본 사창을 능가하는 상황에 이르게 되었다.

이러한 이유는 방적공장에서 면포의 생산을 겸할 경우 경영상 유리하다는 사실을 일본자본 사창도 인식하게 되었기 때문이다. 이외에도 1925년 5·30운동 이후 격렬한 배일운동의 와중에서 면사의 판매에 어려움을 느낀 일본자본 사창이 면포의 생산 겸영을 일층 강화하였기 때문이다. 자본별 직기의 증가 상황과 겸영직포의 생산 상황은 다음의 표에서 잘 나타나고 있다.

〈표 4〉 자본별 직기의 증감 비교(단위: 대)

연도	중국자본 사창	일본자본 사창	영국자본 사창	총계
1918	3,502	1,636	1,100	6,238
1919	2,650	1,486	2,353	6,489
1920	4,310	–	–	–
1921	5,825	–	–	–
1922	6,767	2,986	2,800	12,553
1924	9,481	3,929	2,863	16,273
1925	11,121	7,205	2,348	20,674
1927	12,109	9,625	2,348	24,082
1928	13,117	10,801	1,900	25,818
1929	20,926	19,017	2,891	42,834
1930	15,718	13,554	2,480	31,752
1931	17,629	15,983	2,691	36,303
1932	19,081	17,591	2,891	39,564
1933	20,926	19,017	2,891	42,834
1934	22,567	21,606	2,891	47,064
1935	24,861	23,127	4,021	52,009
1936	25,503	28,915	4,021	58,439

출처: 嚴中平, 『中國棉紡織史稿』, 科學出版社, 1957, 부록 표 2

〈표 5〉 중국자본 사창과 일본자본 사창의 면포 생산량 비교(단위: 匹)

자본별	1926~27	1927~28	1929~30	1930~31
중국자본 사창	4259	6009	6896	6854
일본자본 사창	4740	7755	8154	7588

출처: 陳眞編, 『中國近代工業史資料』4輯, 三聯書店, 1966, 206쪽.

1932년 중국자본 사창에서 생산된 면포의 내역은 총 생산량 312,150千 碼 가운데 粗布의 생산량이 295,783千 碼로서 전체 생산량의 95%를 차지하고 있다.[30] 이렇게 볼 때 중국자본 사창에서 생산되고 있던 면포는 대체로 조포로 집중되고 있음을 알 수 있다.

〈표 6〉 1933년도 중국자본 사창과 일본자본 사창의 면포 생산내역 비교(단위: %)

생산 내역	중국자본 사창	일본자본 사창	기타	계
粗布	40.1	51.4	8.2	100
細布	19.4	80.4	0.2	100

출처: 島一郞, 「中國に於ける民族綿工業の發展と衰退」, 『經濟學論叢』15, 1966, 278쪽.

일본자본 사창의 경우 1932년 총 484,890천 마의 면포를 생산하고 있었는데, 이 가운데 조포의 생산이 70% 정도로서 대부분이 조포의 생산에 주력하고 있었음을 알 수 있다. 그러나 이 수치는 중국자본 사창에 비해 조포의 생산 비율이 낮은 편이라고 할 수 있다. 일본자본 사창은 세포류의 생산이 총 136,614천 마로 전체의 30% 정도를 차지하고 있었다. 일본자본 사창이 조포의 생산에서 세포의 생산으로 전환하고 있었던 이유는 기계제 면포의 생산이 조포에 집

---

30) 嚴中平, 『中國棉紡織史稿』, 科學出版社, 1957, 부록 표13 참조.

중되어 있었기 때문이라 할 수 있다. 따라서 스스로 경쟁을 피하여 하급품의 생산에서 고급품의 생산으로 전환할 필요를 절감하고 있었기 때문이다. 이와 같이 중국방직업계는 '棉貴紗賤'의 불황을 통해 이를 타개하기 위한 방안으로 기계제 면포, 즉 겸영직포의 생산으로 나아가기 시작하였던 것이다.

5. 國民政府의 경제정책과 기업의 經營環境

앞서 살펴본 바와 같이 면제품의 생산에서 면화가 차지하는 비중은 매우 컸다. 1934년의 조사에 따르면 중국자본 사창에서 면사 1포를 생산할 경우 원면 가격이 생산비에서 차지하는 비율은 14번수의 경우 84.87%, 16번수 82.61%, 23번수는 77.64%에 달하였다.[31]

1922~1927년 중국자본 사창의 총 방추 수는 360여만 추로서, 1추당의 연간 소비 면화를 3.5擔으로 계산할 경우 매년 1,230만 담의 원면이 필요하게 된다. 그러나 1922년 이후 장기불황으로 휴업과 조업단축이 빈번했던 상황을 고려하여 실제 조업률을 전체 방추 수의 50~60%로 보면 필요한 원면은 700만 담 정도가 된다. 그런데 중국면화의 연산액을 보면 1918~1922년의 평균 생산량에서 수출 수량을 제하면 약 700만 담, 이 가운데 방적업에서 사용하는 면화의 수량은 60%인 400만 담 정도에 지나지 않았다.[32]

---

31) 趙岡, 『中國棉業史』, 聯經出版事業公司, 1977, 185쪽.
32) 楊天溢, 「中國に於ける日本紡績業と民族紡の相剋」, 『日中關係と文化摩擦』, 1982. 1, 284쪽.

1929년 3월에서 10월까지의 면사 10번수 1포의 원료비용은 183.32원이었는데, 여기에 노임비용 9.53원, 동력비용 2.35원, 재료비용 4.19원, 고정자본 3.07원, 이자 6.03원을 합치면 생산비용은 208.5원에 달하였다. 판매가격은 206.96원으로 약 1.54원의 손실이 발생하였다. 16번수의 경우 1포당 원료비 201.43원, 기타비용이 42.39원으로서 생산비는 243.82원에 달하였는데, 판매가격은 236.98원으로 무려 6.85원의 손실이 발생하였다.[33]

따라서 면화의 부족으로 인한 가격의 상승과 면사 가격의 상대적 하락은 방직공업의 경영을 악화시키는 직접적인 원인이 되었다. 이러한 이유에서 저렴하고 품질 좋은 원료 면화를 확보하는 일은 방직업계의 입장에서 매우 중요한 현안이 아닐 수 없었다. 이를 위한 구심체가 된 것이 바로 방직공업의 동업단체인 화상사창연합회였으며, 정부로서도 전체공업 가운데 가장 큰 비중을 차지하고 있던 방직공업의 안정과 발전을 위해 면화를 확보하는 일은 초미의 정책적 현안이 아닐 수 없었다.

국민경제에서 차지하는 위상에 비추어 방직공업의 안정적인 발전은 매우 중요한 일이 아닐 수 없었다. 그러나 공황 이후 방직공업의 경영 악화에 대처하여 방직업계의 동업공회인 화상사창연합회는 자체적인 회복능력을 가지고 있지 못하였으며, 이와 같은 상황하에서 국가권력이 전체 중국경제와의 상관관계를 고려하여 직접적으로 통제에 나서지 않을 수 없었던 것이다.

방직공업에 대한 국가권력의 간섭과 통제의 의지는 이미 손중산이

---

33) 陳眞編, 『中國近代工業史資料』4輯, 三聯書店, 1966, 213~214쪽.

『建國方略』에서 "방직공업이 중국의 주요한 공업임에도 불구하고 우리 스스로 면제품을 자급자족하지 못하고 해외로부터 수입하여 충당하고 있는 사실은 유감이 아닐 수 없다. 면화의 생산지에 직접 紗廠을 건설하고, 국가기관이 이를 감독함으로써 합리적인 경영을 유도하고 이를 통해 전국의 인민들에게 면사, 면포를 안정적으로 공급하는 것이 주요한 방침"[34]이라고 천명한 바 있다.

국민정부는 국제연맹으로부터 구미의 자본을 도입하여 전반적인 경제건설에 착수하려는 장기적인 계획을 수립하고 이를 추진하기 위한 선도기관으로서 1931년 6월에 全國經濟委員會를 설립하였다. 이와 함께 국민정부는 전국경제위원회의 산하 기관으로서 면업통제위원회를 설립하고 이를 통해 농업건설에 착수함과 동시에 면화 등의 개량 및 증산을 통해 공업원료의 수량을 확보하는 동시에 원료품질의 향상에 착수하였다. 1933년 10월 11일 國民黨 제378차 中政會常任委員會는 방직공업과 농업을 통제함으로써 양자를 상호 긴밀히 연계시킬 방침을 결의하는 동시에, 면업통제위원회의 주임위원으로 陳光甫를 임명하였다.[35]

전국경제위원회는 세계공황 이후 중국경제를 부흥시키기 위한 중추기관으로 설립된 것이며, 이를 위해 가장 효과적인 정책은 농촌에서 대표적인 원료상품인 면화의 재배를 활성화시키고 개량함으로써 농촌경제를 부흥시키는 것이었다. 이를 통해 면화를 전국의 紗廠에 공급함으로써 방직공업의 원료 부족을 구제하는 동시에 원료 가격의

---

34) 小谷網吉, 『國民政府の産業政策』, 滿鐵調査課, 1930.3, 48～49쪽.
35) 全國經濟委員會, 『全國經濟委員會會議紀要』 1集, 1933.1, 1～2쪽.

안정과 제품의 품질 향상을 도모한 것이다. 이와 같이 면화의 증산과 개량은 농촌경제를 회복시키는 농업정책인 동시에 공황 이후 원료부족으로 곤경에 처한 공업을 구제하기 위한 효과적인 공업정책이었다.

입법원장 孫科는 방적업과 농촌 구제와의 연관성에 대해 "방적업의 쇠퇴는 植棉 농가의 판로를 두절시켜 농촌경제의 피폐를 초래하므로 그 영향은 전사회의 문제가 된다. 따라서 전국경제위원회는 면공업의 구제에 적극 노력해야 한다"[36]고 언급하였다. 이와 같이 면업통제위원회는 공황 이래 면업의 곤경을 해소하기 위해 면화의 개량과 증산, 棉田의 확대, 그리고 綿工業에 대한 구제를 목적으로 설립된 것임을 알 수 있다.

綿業統制委員會 조직조례의 제2조는 전국의 면업 및 방직업에 대한 지도 감독, 통제 및 장려, 징벌의 권한을 규정하였다. 면업통제위원회는 조직조례에서 스스로 설립 목적을 다음과 같이 설명하였다.

1) 전국경제위원회는 전국의 면업 및 방직업의 개진 및 발전과 그 합리화를 도모하는 견지에서 조직조례 제7조의 규정에 따라 면업통제위원회를 설치한다.

2) 면업통제위원회는 전국의 면업 및 방직업에 대한 지도 감독, 통제 및 장려, 징벌의 권한을 갖는다.

3) 면업통제위원회 위원은 방직, 식면, 금융 등의 각계로부터 전형하여 국민정부가 임명한다.[37]

---

36) 「全國經濟委員會與棉業」, 『紡織週刊』 3卷 39期, 1933.9.22, 1195쪽.

면업통제위원회는 조직조례에 근거하여 국민정부 중앙위원, 방직업계의 영수, 은행계의 영수, 농업계의 학자 등을 위원으로 임명하였다. 이와 같은 구성은 면업통제위원회 설립의 취지와 부합하는 것으로서, 정부의 주도하에 방직업계와 농업계, 그리고 금융계를 상호 밀접히 연계시킴으로써 원면의 증산과 개량을 도모하고, 이를 紗廠의 원료로 공급함으로써 공황 이래 곤경에 빠진 공업과 농업을 회복시킨다는 정책적 목적이 명확하게 드러나고 있다. 특히 주목할 점은 국민정부의 적극적인 지도하에 은행자본가들을 참여시킴으로써 공업과 농업의 발전을 지지하기 위해 금융업의 참여와 지지를 유도하고 있다는 사실이다.

〈표 7〉 국민정부 면업통제위원회의 구성

직책	이름	구성	직책	이름	구성
주임위원	陳光甫	은행가(중앙은행, 중국은행)	상무위원	李升伯	방직업자
상무위원	唐星海	방직업자	상무위원	鄒秉文	농학자(금릉대학, 중앙대학농학원교수)
상무위원	葉琢堂	은행가(중국농민은행총경리)	위원	謝作楷	은행가(중국건설은공사)
위원	陳立夫	국민당중앙조직부장	위원	榮宗敬	방직업자
위원	張公權	은행가(중국은행)	위원	杜月笙	은행가(중회은행)
위원	貝淞蓀	은행가	위원	張嘯林	화상사포교역소
위원	郭順	방직업자	위원	何炳賢	실업부국제무역국장
위원	胡筠庵	화상사포교역소	위원	劉蔭茀	실업부공업사장
위원	孫恩麐	농학자(면화전문가)	위원	韋洛生	방직업자
위원	穆湘玥	국민정부실업부(시험소) 화상사포교역소	위원	陳伯莊	농학자
위원	李浩駒		위원	徐升丞	

출처: 全國經濟委員會, 『全國經濟委員會職員錄』, 1937.1, 36~38쪽

37) 金志煥, 「綿業統制委員會와 南京國民政府의 綿業政策」, 『亞細亞硏究』 40卷 2號, 1997.12, 210쪽.

앞에서 언급한 바와 같이 면업통제위원회는 은행자본의 지지를 통해 원료 면화의 증산과 개량을 도모하고, 이를 통해 중국방직공업의 불황을 구제하고자 하였다. 그렇다면 면화의 증산과 개량정책이 방직공업의 발전과 어느 정도의 상관관계를 가지고 있을까?

중국방직공업의 동업단체인 화상사창연합회는 1937년도 제20회 정기총회의 보고서에서 "중국방직공업의 존폐는 원료의 자급 여부에 달려 있다"[38]고 강조하였는데, 이는 사창의 경영이 원료면화의 안정적 수급과 불가분의 관계를 가지고 있음을 말해주는 것이다. 이러한 이유는 면제품의 생산코스트에서 원료면화의 비용이 통상 80~90%에 달하기 때문에, 면화 가격의 상승과 공급의 불안정성, 열악한 품질이 직접적으로 사창의 경영 악화로 이어지게 된다는 사실은 자명한 사실이었다.

이와 같이 저렴하고 품질 좋은 원료면화의 공급과 확보는 중국방직공업의 발전과 불가분의 관계를 가지고 있음을 잘 알 수 있다. 이러한 이유에서 국민정부 행정원 농촌부흥위원회는 "방직공업의 경영이 악화된 근본적인 이유는 면화의 가격 상승 및 불안정성과 밀접한 관계를 가지고 있다. 면화의 생산이 증대되고 품질이 향상된다면 방직공업도 따라서 발전하게 될 것이다"[39]라고 지적한 것이다.

면업통제위원회는 첫째, 면화의 생산액을 증대시켜 원료면화의 자급을 달성하고 수입면화를 대체하며, 이를 발전시켜 오히려 면화의 수출을 통해 무역의 입초를 해소하는 데 기여하려는 계획을 가지고

---

38) 名和統一, 「支那に於ける紡績業と棉花」, 『東亞經濟硏究』1, 有斐閣, 1941.3, 180쪽.

39) 行政院農村復興委員會, 『中國農業之改進』, 1933.4, 5쪽.

있었다. 더욱이 면화의 품질을 개량하여 국내외 시장의 수요에 부응한다는 계획으로서, 예하에 中央棉産改進會를 설립하여 각 성에 면화개량소를 설립하고 이를 통해 각 성의 면화개량사업 및 보급사업을 관장하도록 하였다. 또한 면업통제위원회는 농민들에게 면화의 증산을 장려할 뿐만 아니라, 나아가 면작농가를 지도하여 면화의 생산, 판매조합을 조직하려는 계획을 입안하여 추진하였다.

1936년도 조합의 설립 상황을 살펴보면, 하북성의 경우 합작사의 수가 무려 700여 개에 달하였으며, 호북성에는 190개의 합작사가 신설되었다. 하북성과 호남성 두 성의 합작사 사원수만 하더라도 약 5만 명에 달하였으며, 합작사 소속 棉田은 50萬 畝에 달하였다.[40] 합작사의 각종 자금은 상해의 각 은행들이 조직한 '中華農業合作社貸款銀行團'의 대출을 통해 충당되었는데, 이를 통해 1935~1937년의 3개년 동안 약 400여만 원이 지원되었다. 또한 이를 통해 생산된 면화를 판매하기 위해 면업통제위원회는 상해에 '棉花運搬販賣總辦事處'를 설립하여 각 성의 합작사를 대신하여 가격을 정하여 판매를 대행하였는데, 3개년 동안 판매한 면화의 수량이 약 10여만 擔에 달하였다.[41]

이 밖에 국민정부 재정부는 공채가 중국산업 발전의 주요한 장애임을 적극 인식하고, 기존의 공채를 정리하여 통일공채를 새로이 발행하였다. 통일공채가 기존의 공채와 구별되는 특징은 법정이율인 6%를 철저히 준수하도록 했다는 사실이다. 통일공채의 발행을 계기

---

40) 「支那の棉業統制と最近の棉産概況」, 『滿鐵調査月報』 17卷 6號, 1937.6, 226쪽.
41) 「支那の棉業統制と最近の棉産概況」, 『滿鐵調査月報』 17卷 6號, 1937.6, 226~227쪽.

로 은행자본가는 기존에 공채에 대한 일방적인 투기를 지양하고 공업과 농업 등에 대한 투자의 전기를 마련하게 되었다. 공상자본가들은 기존에 공채가 공상업의 발전에 큰 장애가 되어 왔으며, 그러한 이유는 공채의 이윤이 공상업에 대한 투자보다 월등히 높았기 때문임을 지적하였다. 따라서 공상자본가들은 재정부의 통일공채 발행에 대해 절대적인 지지를 표시하였다.[42)]

더욱이 폐제개혁을 통해 1935년 11월 4일 이후 화폐의 발행권한을 중앙은행·중국은행·교통은행 등 정부계 은행으로 집중시킴으로써 종래 각종 은행에 부여해 왔던 화폐의 발행권한을 사실상 회수하였다. 이러한 조치는 결과적으로 은행의 공채에 대한 투자를 약화시키고 나아가 새롭게 공상업에 대한 투자의 관심을 촉발시키는 계기가 되었다는 점도 주목해야 할 것이다. 종래 중국의 각종 은행들은 기본적으로 화폐의 발행권한을 가지고 있기는 했지만 이를 위해서는 일정한 요건을 구비하지 않으면 안 되었다. 여기서 말하는 요건이란 바로 지폐를 발행하기 위해 60%의 현금준비금과 40%의 보증준비금이 전제되지 않으면 안 되었던 것이다. 그런데 보증준비금에는 어음이나 유가증권 등의 여러 형식이 있었지만 대부분은 유가증권이었으며, 또한 보증준비를 위한 유가증권의 대부분이 바로 국내공채였기 때문에[43)] 화폐의 발행을 위해서라도 은행은 내채를 구입하지 않을 수 없었던 것이다. 바로 이와 같은 화폐 발행권의 변화 역시 중국공업의 발전을 위한 중요한 계기가 되었으며, 이러한 결과 자연히 기

---

42) 『申報』, 1936.2.5.

43) 吳承禧著, 玉木英夫譯, 『支那銀行論』, 叢文閣, 1937.4, 142쪽.

업의 금융환경 역시 개선되게 된 것이다.

특히 법폐의 발행을 통해 통화가치를 안정시킨 조치는 기업의 경영환경을 개선하는 데 크게 기여하였다. 법폐의 발행 이후 국내의 물가는 법폐로 표시되었으며, 대외적으로는 외환의 태환율 역시 법폐로 표시되고 변동되었다. 물가의 경우 상해의 도매물가지수는 법폐 개혁 직후 10% 정도 상승하였으며, 1936~1937년에 걸쳐 약 15% 정도 상승함으로써 거의 1931년의 수준으로 복귀했다고 할 수 있다. 이 정도의 물가 상승은 공황기의 물가 하락을 다시 회복시키는 성격이 강했다. 통화가치의 안정은 다시 외환 태환율의 안정에도 크게 기여하였다. 영국화폐의 태환율은 법폐 1원당 1실링 2.5펜스 정도를 유지했으며, 미국 달러의 경우 1원당 30센트의 수준을 유지하였다.[44] 이와 같은 수준은 폐제개혁 이전에 태환율의 급격한 변동과 비교하여 매우 대조적인 현상이었다. 국내 물가와 외환 태환율의 안정은 당연히 국내시장의 회복과 대외무역의 발전에 긍정적인 영향을 주게 되어 기업의 경영환경을 정비하는 계기가 되었다.

통일공채의 발행은 금융업으로 하여금 공상업에 대한 투자와 대출의 관심을 제고시키는 실질적인 계기가 되었다. 예를 들면, 공채에 대한 중국은행의 투자액은 1930년 총 투자액의 48.9%에서 1934년에는 41.91%로 감소하였음에 비해, 공업에 대한 투자는 1930년의 26.4%에서 1936년에는 43.02%로 비약적으로 증가하였다. 뿐만 아니라 금융업의 농촌에 대한 투자도 크게 증가하였다. 金城銀行의 사례를 살펴보면, 江浙 지방의 농업 대출이 1928년에 비해 1937년

---

44) 野澤豊, 『中國の幣制改革と國際關係』, 東京大學出版會, 1981.2, 89~90쪽.

7월에는 무려 490.1%로 증가하였으며, 총액이 2,209,149원에 달하였다.[45)

이러한 정책에 힘입어 1936년이 되면 중국공업에는 호황의 국면이 출현하여 중일전쟁 발발 직전까지 지속되었다. 폐제개혁의 성과와 화폐가치의 안정, 해외로부터 화교 송금의 증가, 경제 발전에 따른 저축의 증가, 은행의 공업에 대한 투자의 증가 등이 순환적으로 이루어지면서 산업의 발전을 촉진하였다. 이와 같은 원동력은 무엇보다도 폐제개혁을 통한 화폐 가치의 안정과 통일공채의 발행을 통해 종래 금융업의 공채 투기관행을 크게 약화시킴으로써 결과적으로 공상업에 대한 은행의 투자가 증가하고 동시에 금리가 인하되었기 때문이라고 할 수 있다. 이러한 사실은 중국은행 경제연구실이 "작년(1935년)에는 수요의 부진과 과잉 생산으로 말미암아 동업자 사이의 대립도 격화되고 경영은 위기에 빠지고 말았다. 그러나 올해(1936년)에 들어서 각지의 금융이 완화되고 소비가 신장되었으며, 시가가 상승함에 따라 각 공장이 이전부터 누적되어온 결손을 상당 부분 만회할 수 있게 되었다"[46)라고 지적한 사실로부터도 잘 알 수 있다.

은행의 금리 저하를 구체적인 수치로 살펴보면 다음과 같다. 상해의 경우를 예로 들면, 1934년 말 금리는 최고 0.60원 최저는 0.20원이었으며, 이자율은 1935년 0.569%에서 11월에는 0.444%로 저하되었다. 폐제개혁 이후 이자는 대폭 하락하여 1936년 1월 최고 0.09원, 최저 0.05원이었으며 이후 계속 안정을 보여 최고 0.08~0.10원, 최

45) 中國人民銀行上海市分行金融研究室, 『金城銀行史料』, 上海人民出版社, 1983, 368쪽.
46) 野澤豊, 『中國の幣制改革と國際關係』, 東京大學出版會, 1981.2, 103쪽.

저 0.06~0.08원을 기록하였다. 이자율도 대폭 하락하여 1935년 12월에는 0.322%, 1936년 후반에 이르면 0.250%로 하락하였다.[47]

중앙은행이 세무통계로부터 산출한 중국의 생산지수를 살펴보면, 1935년 사사분기부터 1936년 이사분기에 걸쳐 전년 동기와 비교하여 거의 4.0~10.7% 하락하였음에 비해, 1936년 삼사분기에는 13.3% 증가하였으며, 사사분기에는 14.6% 증가, 1937년 일사분기에는 23.7% 증가를 보여주었다. 이는 1936년 중반 이후 생산이 회복되고 있는 모습을 보여주는 것이다.[48]

1935년 상반기에 전국 사창의 방추 481만 추 가운데 134만 추가 정업 상태에 있었는데, 1936년 가을 이후 시장이 급속히 회복되면서 면사포의 소비가 증가되었다. 사창들의 영업이 활력을 되찾으면서 1936년 말~1937년 초에는 지난해 같은 시기에 비해 면사포의 생산량과 거래량이 30% 정도 증가하였다. 1927년 화상사창연합회의 조사에 따르면 1927년 중국자본 사창은 73개 사창, 방추 수는 200만 추에 달하였으나 실제 영업을 하는 곳은 64개 사창에 불과하였다. 이와 같은 상황이 1936년에 이르면 96개 사창 274만 추에 달하게 되었다.

물가의 안정에 힘입어 면사 및 면포의 생산은 사창에 막대한 이윤을 가져다주었다. 예를 들면, 金城 12파운드 생지면포의 도매물가를 살펴보면, 1932년 6월 이후 계속해서 가격이 하락해 1935년 10월 최저가격 6.2원을 기록하였다. 그러나 폐제개혁 이후 상승으로 전환

---

47) 嚴立賢, 「1935年國民政府幣制改革的意義及其局限」, 『晚淸以降的經濟與社會』, 社會科學文獻出版社, 2008.12, 69쪽.
48) 野澤豊, 『中國の幣制改革と國際關係』, 東京大學出版會, 1981.2, 96쪽.

되어 1937년 6월에는 10.4원으로 상승하여 전전 최고 수준에 도달하였다. 시장가격의 상승은 이윤을 증대시켰다. 綾織綿布 1疋의 생산코스트가 7원 2角 4分이었는데 비해 시장가격은 8원 정도에 형성되었으며, 결과적으로 생산자는 1疋당 7角 6分에 달하는 공전의 고이윤을 획득할 수 있게 되었다.[49]

이와 같이 남경국민정부는 중일전쟁 직전기에 국내시장의 자립화를 달성하였으며, 1930년대 경제불황을 극복하고 경제 발전의 지표를 명확히 보여주었다. 더욱이 이 시기는 중일전쟁 직전기로서 항전력의 제고라는 측면에서도 매우 중요한 성취였다고 할 수 있다.

6. 결론

1차 대전은 중국공업경제의 발전에 매우 중요한 전기를 마련해주었다. 전쟁으로 인한 수입품의 두절은 수급의 불균형을 초래하여 일용필수품을 중심으로 공산품의 가격이 급등하였다. 공산품 가격의 급등은 다시 공장과 기업에 고이윤을 보장하였으며, 여기에 자극되어 중국공업은 급속한 발전의 길로 들어설 수 있었다. 이렇게 볼 때, 중국공업의 발전은 세계사적 사건인 1차 대전이라는 외부적 환경과 불가분의 관계를 가지고 있었음을 알 수 있다.

그러나 전쟁의 종식은 전시호황에 힘입어 난립한 중국공업에 새로운 시련을 가져다주었다. 종전 직후 중국공업은 설비의 과잉 투자로

---

49) 野澤豊, 『中國の幣制改革と國際關係』, 東京大學出版會, 1981.2, 100~101쪽.

인한 불황에 직면하게 되었으며, 더욱이 1930년대 세계공황, 일본제
국주의의 만주 침략과 만주국의 수립은 만주시장을 중국본토로부터
유리시켜 중국경제의 곤경을 가중시켰다. 이러한 결과 1차 대전 종
전 직후부터 1930년대에 걸쳐 중국공업은 개조, 재편, 임대, 매각 등
적지 않은 경영상의 변화를 겪게 되었다.

이와 같은 어려움을 가중시킨 원인 가운데 하나가 바로 중국기업
내부의 경제관행이었다고 할 수 있다. 전시 호황으로 난립한 공장,
기업은 경영자금의 부족을 보충하기 위해 官利라는 일종의 경제관행
을 유지하고 있었다. 비록 관리관행이 사회자본을 산업자본으로 전
환시키는 긍정적인 효과도 일부 있었지만, 특히 불황의 시기에는 공
업의 경영을 악화시키고 생산성을 약화시키며, 나아가 제품의 품질
을 저하시키는 부정적인 요인으로 작용하였다. 더욱이 중국의 역대
정부가 재정을 보충하기 위해 발행한 공채는 은행, 전장 등 금융자
본으로 하여금 공업에 대한 투자와 대출을 가로막은 주요한 원인이
되었다.

그럼에도 불구하고 중국공업이 곧 쇠퇴의 길로 접어들었다고 결론
짓기는 어렵다. 중국공업은 이와 같은 외부적 환경의 변화에 적극적
으로 대응하기 시작하였던 것이다. 방직공업의 사례를 살펴보면, 종
래 주력이었던 방적업으로부터 일전하여 겸영직포의 생산을 강화시
켜 나갔다. 기계제 면공업은 종래 농촌수공업에 의해 생산되는 면포
와 동종의 면포를 생산함으로써 불황을 타개하고자 시도하였다. 이
러한 과정은 면포가 종래 수공업으로부터 기계제 공업의 생산으로
전환되는 과정이기도 하였다.

남경국민정부 역시 이와 같은 공업경제의 불황을 타개하기 위한 다양한 정책을 강구하였으며, 그 대표적인 것이 면업통제위원회의 설립을 통한 면화의 개량, 증산정책과 공채의 정리를 통해 금융업의 투자를 공업과 적극 연계시킨 정책이었다고 할 수 있다. 이러한 결과 실제로 공상업 및 농업에 대한 금융자본의 투자 비중이 제고되기 시작하였다. 이와 같이 다양한 내부적·외부적 노력을 통해 중국공업은 불황을 타개하기 시작하였으며, 1930년대 중반에 이르러서는 소위 '중국경제의 황금시기'를 만들어내게 된 것이다.

이렇게 볼 때 1차 대전 이후 중국 공업의 발전과 쇠퇴를 특정한 모습으로 규정할 수는 없지만, 다양한 환경의 변화에 대응하여 내외부적 노력을 통해 불황을 타개해 나갔던 발전의 방향성은 분명히 보인다. 따라서 1차 대전 이후 1930년대 초반 공업, 기업의 도산, 개조 등 경영상의 변화는 발전을 위한 일종의 정리와 재편의 과정으로 볼 수 있을 것이다.

3

중국 회사법의 변천과 근대성

이호현·노은영

1. 시작하면서

아편전쟁 이래 중국의 전통 상업활동은 점차 새로운 시장 환경에 적응해야 할 필요성이 절실해졌다. 특히 강력한 서구의 세력에 대항하기 위한 최대 명제가 '富國強兵'임을 부인할 수 없는 상황에서, 이젠 어떻게 '富國'을 할 것인가, 그 모델은 어디에서 찾을 것인가 그리고 이를 실현하는 과정 속에서 쇠퇴해가는 청조와 직접 경제활동에 참여하고 있는 상인들은 어떻게 자신들의 입장을 반영할 것인가 등등을 고민하지 않을 수 없게 되었다. 또한 이러한 질문은 개혁개방 정책 실시 이후 중국에서 똑같이 반복되었다는 점에서 결코 '과거형' 문제만으로 치부할 수 없는 현재적 의미를 지니고 있다고 할 수 있다.[1]

---

[1] 2010년 중국 CCTV에서 방영한 '公司的力量'(10부작)은 이러한 고민의 연장선상에서 제작된 다큐멘터리였다. 동시에 CCTV 방영은 곧 중국 국가의 의견을 엿볼 수 있

본고는 이러한 문제의식 속에 '회사법'[2] 연구를 통해 법률제정의 의미가, 어떻게 시장경제 변화에 적응하고자 했으며, 그 안에서 '근대적' 규칙에 맞추고자 한 노력은 무엇인지, 그 일면을 살펴보고자 한다. 특히 근대적 회사성격이라 할 수 있는 유한책임제, 자유로운 양도권, 주주의 평등 등을 중심으로 주식회사[股份有限公司]는 물론 회사유형별 법률조항을 통사적으로 검토하고자 한다.[3]

기존 관련 연구들은 시기별 회사법의 특징을 고찰하거나, 중화민국 초기 법률인 1914년 회사법과 실제 회사정관 규정을 비교하거나, 혹은 중화인민공화국 성립 이후 계획경제 시기와 개혁개방정책 이후 시기의 법률 비교 등이 대부분이었다.[4] 이러한 연구는 단편적인 회

다는 측면에서 EBS 방송국은 '기업의 힘'이라는 제목으로 2012년 본 다큐멘터리를 방영한 바 있으며, 올해 『기업의 시대』라는 책으로 출판되기도 했다(허유영 옮김, 다산북스, 2014).

2) 회사의 사전적 의미는 "상행위나 영리를 목적으로, 상법에 근거하여 설립된 社團法人. 株式會社, 有限會社, 合資會社, 合名會社의 네 가지로 나눈다"이다. 본고의 연구대상은 바로 이 회사를 법률적으로 규정한 회사법이며 중국에서는 '公司法'으로 불린다. 또한 우리는 엄격하게 구분하여 회사, 기업이란 용어를 쓰고 있지 않지만, 현재 중국에서 회사와 기업은 서로 다른 개념으로 사용되고 있다. 먼저 회사란 「公司法」에 규정된 有限責任會社와 株式會社만을 지칭하며, 기업이란 그보다 상위개념으로 회사를 포괄하고 있다. 즉, 기업이 모두 회사인 것은 아니다. 현재 중국의 기업형태에는 中外合資經營企業, 中外合作經營企業, 外資企業, 國有獨者企業, 全民所有制企業, 集體企業, 合伙企業, 獨資企業 등이 있다. 때문에 서술상에서 대부분의 용어를 회사, 회사법으로 사용하되, 기업법과 관련된 경우는 기업이란 용어를 사용하였다.

3) '근대성'의 의미는 다양하게 해석 가능하지만, 본고에서는 회사법이라는 법률적 내용으로 제한하여 '제도로서의 근대성'에 주목하였다. 때문에 회사법에서 규정한 회사유형의 변화, 유형에 따른 성격규정의 변화 ─ 특히 근대적 속성을 나타내는 유한책임제, 자유로운 양도권, 주주의 평등 등 ─ 속에서 그 특징을 찾아보고자 한다.

4) 주로 법제적 측면에서 다루어진 연구를 보면, 张铭新, 王玉浩, 「略论清末「公司律」的产生及特点」, 「法学评论」2003-3; 魏淑君, 「中国近代公司法体系的奠基之作 ─ 1914年「公司条例」述评」, 「理论学刊」, 2006-12; 赵克军, 「中国公司法嬗蜕的枢机: 1929年"公司法"」, 「合肥师范学院学报」2012-9; 卢征良, 任贤兵, 高雪峰, 「清末"公司律"和北洋政府时期"公司条例"比较研究」, 「甘肃农业 」2006-1; 胡文涛, 「

사법의 특징을 추출해내기는 용이하지만, 전통 시기부터 현재까지 회사법의 정치사회적 변화 속에서 어떠한 변화를 겪었고 그 근대적 속성은 어떠한지 큰 흐름을 파악하기는 쉽지 않다. 때문에 본고는 기존 연구에서는 시도해보지 않았던 역사학과 법학의 공동연구를 통해 회사법 제정(1904년)부터 현재까지(2013) 전체 회사법을 통사적으로 고찰함으로써 기존 연구와 차별성을 두고자 한다.

지금까지 회사법은 크게 8차례 변화를 겪어왔다. 1904년 청조에 의해 「欽定大淸商律 公司律」(이하 「公司律」) 제정을 시작으로 1914년 「公司條例」, 1929년, 1946년 「中華民國公司法」, 그리고 1993년 「中華人民共和國公司法」 이후 1999년, 2004년, 2005년, 2013년 회사법이 개정되었는데,[5] 당연히 이러한 법률의 변화는 사회

1946年「中华民国公司法」的产生, 特点及影响」, 「河南师范大学学报(哲学社会科学版)」 2000-7; 西来花「淸末"公司法"研究」, 中国政治青年学院 硕士学位論文, 2013; 郭瑞卿, 「略论近代中国公司法律制度」, 中国政法大学 博士学位論文, 2002; 谭甄, 「移植与差异有限责任公司制度研究」, 中国政法大学 博士学位論文, 2003; 卢恩泳, 「银行治理结构研究」, 中国人民大学法学院博士学位论文, 2006; 佟铃, 「公司法」与六自方针」, 「天津科技」1994-4; 이형규, 「중국의 개정회사법에 관한 고찰」, 「한양법학」19-3, 2008; 이홍욱, 「중국 회사 및 기업법의 개황」, 「사회과학논총」2003-2) 張忠民, 「艱難的變遷－近代中國公司制度研究」, 上海社會科學院出版社, 2002 등이 있으며 법제적 측면보다는 상관행, 그리고 지역별 실제 회사운영을 검토한 연구로는 한국 측 연구들이 몇 편 존재하고 있다. 대표적으론 鄭址鎬, 「傳統中國 合夥의 債務負擔에 관한 商事慣行－近代法律과의 충돌을 중심으로」, 「東洋史學研究」79, 2002; 鄭址鎬, 「중국 합과의 현대사적 전개－농업집단화운동, 향진기업, 대만방을 중심으로－」, 「중국학보」45, 2002; 鄭址鎬, 「민국시기 합과 개량안을 둘러싼 논쟁」, 「인문학연구」 20호, 2011; 鄭址鎬, 「近代 中國 會社企業의 經營構造－137개사 定款분석을 중심으로」, 「중국연구」65, 2012; 鄭址鎬, 「근대 중국 회사기업의 제도실태－정관의 자본에 대한 제 규정 분석－」, 「중국학보」60, 2009; 전인갑, 「중국 근대기업의 지배구조와 합과 관행－지연망의 '사회자본'화」, 「역사교육」89, 2004; 전입갑, 「중국 근대기업과 전통적 전통적 상관행－합과관행, 지연망 그리고 사회자본－」, 「동양사학연구」 90, 2005; 金希信, 「중국 동북지역의 상업자본과 상점 네트워크」, 「중국근현대사연구」62, 2014.

5) 본고에서 인용한 법률규정 자료는 1904년 「公司律」은 懷效鋒 編, 「淸末法制變革史料」(下)－欽定大淸商律, 公司律」, 中國政法大學出版社, 2010; 1914년, 1929년,

변화에 맞출 필요성에 의해 제기된 것이었다. 따라서 먼저, 1장에서는 사회변화에 따른 회사법제정의 배경을 통해 시기별 회사법의 일반적인 특징을 알아보고, 2장과 3장에서 회사별 유형에 따른 법률조항의 근대적 속성을 고찰해 보고자 하며, 아울러 사회주의 국가 성립 전후 급격한 정치적 체제변화 속에서 회사법은 어떠한 변화―완전한 단절, 혹은 연속―를 보이는지 그 일면을 밝혀보고자 한다. 다만, 근대적 속성의 중요한 부분이라 할 수 있는 지배구조나 경영관련 법률조항은 또 다른 큰 주제이기 때문에 후속작업으로 진행하고자 한다.

2. 회사법 제정배경과 회사 개념

아편전쟁 후 외국 상인들과 거래가 빈번해지자 이제 중국은 더 이상 전통적인 상관습만을 갖고 거래를 성사시키기 힘든 상황이 연출되었다. 특히 1860年代 洋務運動을 통해 국가가 직접 공장을 설립, '官督商辦'이나 '官商合辦'의 형식으로 기업운영을 경험해보았지만, 그 폐해로 인해 결국 새로운 변화의 필요성은 더욱 절실해졌다. 청말 '新政'의 단행은 이러한 분위기 속에서 봉건왕조 말의 마지막 개혁움직임이었다.

1946년 「中華民國公司法」은 蔡鴻源 主編, 「民國法規集成」, 合肥: 黃山書社, 1999에서 인용하였다. 1993년, 1999년, 2004년, 2005년, 2013년 「中華人民共和國公司法」은 중국법률도서관(http://www.law-lib.com)에서 열람하였으며, 外商投資와 관련한 법률은 張戩編輯, 「外商投資法律法規全書」, 法律出版社, 2012에서 인용하였다. 이하 인용 시 출처는 생략하며 법률은 '연도 「公司法」'으로 표기하였다.

이미 '官督'에 대한 폐해를 없애려는 분위기는 1895년 商務局이 설치되면서 조심스럽게 제기되었고, 이홍장은 "서구 각 나라 모두 商律이 있어 상인을 보호한다"라며 법률제정의 중요성을 제창하였다. 바로 법률 제정과 수정은 새로운 사회변화 속에서 필연적인 사항이었고, 특히 중국은 전통적 법률관념이 강하여 民律, 刑律의 수정은 큰 논란이 발생할 여지가 많기 때문에 회사법이 법률적으로 가장 먼저 무대에 등장할 수 있었다.[6]

최초의 회사법은 1904년 「公司律」이었다.[7] 「公司律」 제1조는 "자본을 모아 함께 장사[貿易]를 하는 경우 이를 회사라 명명하다"라고 규정하고 있다. 이것이 역사적으로 개념 규정된 최초의 '회사' 정의였다. 당시 회사는 합자회사, 합자유한회사, 고분회사와 주식회사와 같이 4가지 형태로 분류하였다.[8]

각 회사 규정에 관한 첫 조문에는 발기인의 수와 자본의 제한을 규정하고 있다. 예를 들어, 합자회사는 "2인 혹은 2인 이상 자본을 모아 운영을 하는 경우", 합자유한회사는 "2인 혹은 2인 이상 자본을 모아 경영하되 자본의 제한을 두는 경우", 고분회사는 "7인 혹은

---

6) 张铭新·王玉洁, 「略论清末『公司律』的产生及特点」, 『法學評論』 2003-3, p.148. 사실 중국의 전통 법률의 특징은 "民刑不分"이었으나, 청말 이후 법률 개념, 체제 원칙 등 전면적 수정을 단행하여 1911년까지 憲法, 民法, 商法, 刑法, 民訴, 刑訴의 6가지 체제가 완성되었다((日)我妻 榮著, 洪錫恒譯, 『中國民法債編總則論』, 何勤華主編中國政法大學出版社, 2003, p.1(본서는 민국25년(1936년) 商務仁書館에서 출판된 후, 2003년 "中國近代法學譯書"시리즈 중 한권으로 재출간).

7) 전체 131조, 11절로 나뉘어 있으며, 제1절은 회사의 종류와 창업절차에 대한 규정이 있고, 그 안에 회사에 대한 정의, 종류, 각각의 성격, 발기인의 수, 주주책임 등을 포함하고 있다.

8) 그러나 "이미 설립된 회사와 이후 설립된 회사 및 局, 廠, 行, 鋪, 號, 店 등은 모두 商部에 등록을 하여 모든 이익을 보호한다."(23조)라고 규정함으로써 회사가 아닌 경우에도 「公司律」에 포함시키고 있다.

7인 이상 자본을 모아 창업을 하는 경우", 주식회사는 "7인 혹은 7인 이상 자본을 모아 창업을 하되 자본의 제한을 둔 경우"에 해당했다. 그중 합자유한회사와 주식회사는 회사 명칭에서도 알 수 있듯이 전통적인 무한책임의 형식이 아닌 유한책임의 성격을 갖는 회사였다.[9] 그러나 아직 법률적 조항이 단순했고, 그나마 청조가 바로 멸망하는 바람에 제대로 시행도 되지 못하였다.

그렇지만 청조 말부터 시작된 '振興工商' 정책 중시는 중화민국 성립 이후에도 지속되었고, 때문에 기존 회사법에 대한 수정, 특히 현실에 맞는 제도개선이 필요하였다.

1912년 5월 15일 袁世凱는 農工商部에 "중국 상률관습과 각 국 章程을 조사"하라는 명령을 내렸고, 당시 農工商部 장관이었던 張謇에 의해 즉시 각 조항에 대한 수정에 돌입, 1914년 9월 1일 「公司條例」가 시행되었다.[10] 당연히 이전 회사법에 비해 완비된 조직체제를 갖춘 회사법으로서, 특히 청의 "改正大淸商律草案"과 청말 상인들이 직접 작성한 "商法調査案"의 기초 위에서 작성되었기 때문에 사회적 현실을 비교적 충실히 반영된 법률로 평가받았다.

당시 회사법은 회사개념은 물론 형태분류에도 변화가 있었다. 제1

---

9) '회사 채무를 다 갚지 못했을 때 그 부족분을 주주[股東]에게 추궁할 수 없다'라고 규정하고 있다(1904년 「公司律」 9조, 29조).

10) 「公司條例」가 입법과정을 거치지 않고, 단지 농공상부가 입안을 한 후 袁世凱가 대총통령으로서 반포 시행한 형식을 띠었기 때문에 이를 '法'이라 칭하지 않고 '條例'라 칭한 것이다. 또한 「公司條例」 반포 시행 후, 1921년 9월 21일 북경정부 농공상부가 상거래 사정에 근거하여 「公司條例」 1차 수정을 거쳤고, 그 주요 내용은 股款納付와 官利支付부분이었다. 1923년 5월8일 북경정부는 2차 수정을 단행, 제124조, 146조, 147조, 184조를 수정하였고 수정 내용은 股本繳納, 股東會의 召集 및 股息과 餘利 分配 등이었다(魏淑君, 「中国近代公司法体系的奠基之作 − 1914年「公司条例」述评」, 『理论学刊』, 2006-12, p.92).

장 총강에는 "본 조례에서 말하는 회사는 상행위를 業으로 해 세워진 단체를 말한다", "회사는 모두 4종류가 있다. 무한회사, 양합회사, 주식회사, 고분양합회사"이다. 그러나 무엇보다 1914년 회사법의 중요성은 "모든 회사는 法人"임을 분명히 규정한 최초의 법률이었으며,[11] 회사의 형태분류 등 중화인민공화국 성립 이전 회사법의 기본적인 틀[12]을 만들었다는 데 있었다.

이후 북경정부가 무너지고 남경국민 정부 성립 후, 점차 사회가 이전보다 안정되어갔다. 이러한 분위기 속에서 법률 개정이 자연스럽게 이루어져 1929년 남경국민정부의 실업발전과 법률적 혼란을 막기 위한 법률수정이 단행되었다.[13] 그 주요 특징은 형식적으론 '民商合一'의 체제를 취하였다는 점이었다. 즉, 민법과 상법을 분리하지 않고 일부 절충할 수 없는 사항만 따로 항목을 첨가하였다.[14] 그러나 회사법의 기본 체제는 1914년 회사법과 크게 달라지지 않았으며[15] 오히려 남경 국민정부의 간섭이 이전보다 강화되었다. 예를 들

---

11) 회사의 법인화로 회사는 독립적인 경제적 위치, 독립적인 권리를 행사할 수 있도록 법률적 보장을 제공받았다.

12) 무한회사와 주식회사는 각각 2인, 7인 이상이라는 발기인 수와 주주[股東]의 회사에 대한 책임소재 등의 차이가 존재했고 양합회사는 무한책임주주와 유한책임주주를 각 1인 이상씩 발기인으로 참여해야만 하는 회사였다. 이와 관련한 내용은 2, 3장에서 서술하겠다.

13) 남경국민정부 입법원 성립 후 馬演初 등 5인이 商法基礎委員로 임명되어 商法委員會가 입법원이 제정한 회사법 원칙초안에 따라 초안을 제정하였다. 1929년 12월 7일 입법원의 수정이 통과되어 동월 26일 공포, 1931년 7월 1일 시행, 모두 6장 233조로 구성되어 있다(胡文涛, 「1946年「中华民国公司法」的产生, 特点及影响」, 「河南师范大学学报(哲学社会科学版)」 2000-7, p.30).

14) 赵克军, 「中国公司法嬗蜕的枢机: 1929年"公司法"」, 「合肥师范学院学报」 2012-9, p.75.

15) 제1장 제1조에서 "본 법에서 회사는 영리를 목적으로 설립된 단체를 말한다"라고 규정, 회사의 분류는 1914년과 동일하다.

어, 주식회사 설립 시 정부 주관부서의 사람이 회사 창립대회에 참여하여 서명을 해야만 설립이 인정되었고, 그렇지 않으면 설립이 불가했다.

그러나 1929년 회사법도 전시상황으로 돌입하면서 새로운 법률규정이 필요하게 되었고, 특히 정부 운영 회사가 많아지면서 이와 관련된 법률제정이 시급해졌다. 이러한 성격은 법률제정에 앞서 드러난 국민당 국방최고위원회의 '제1기 경제건설원칙'(1944년 11월 6일)에 잘 드러난다. 바로 그 내용 속 회사 관련 조항을 살펴보면, "첫째, 政府와 民資, 外資가 合辦하는 사업은 반드시 회사제도의 형식을 취해야 하며, 정부는 정부감독권을 행사하는 것 이외, 회사업무 및 인사관리권에 대해 주주지위로서 이를 행사한다. 둘째, 정부가 경영하는 사업은 원칙적으로 모두 民營事業이 갖는 권리와 의무를 갖는다. 셋째, 中外合資事業의 경우, 외국인의 투자액 비율은 액수에 제한받지 않으며, 회사조직에서도 董事長 이외 總經里 인선에서도 중국인으로 제한을 두지 않는다. 넷째, 외국인이 중국에서 직접 투자 경영하는 사업은 반드시 중국법률에 따라야 하며 특수한 사업인 경우 먼저 정부에 허가를 얻어야만 한다"라고 규정하였다.[16] 이런 내용이 곧 토론 수정과정을 거쳐 1946년 4월 12일 회사법」으로 공포, 동일 시행되었다. 때문에 다른 시기의 회사법과 달리 1946년 회사법은 국가의 직접적 경영, 투자, 외국인 투자를 위한 법률적 특성을 보여주었다.

좀 더 그 내용을 살펴보자면, 1946년 회사법에서는 모든 유형의

---

16) 胡文涛, 앞의 논문, p.31.

회사개념을 1장에서 비교적 명료하게 규정하고 있다. 예를 들어, 회사란 "영리를 목적으로, 본 법의 조직 등기에 따라 설립된 사단법인을 말한다."(제1조), "무한회사는 2인 이상의 주주가 조직하고 회사에 대해 무한청산책임을 연대로 지는 회사를 말한다."(제2조), "양합회사는 1인 이상의 무한책임주주와 1인 이상의 유한책임주주가 조직한 것을 말하며 그 무한책임주주는 회사채무에 대해 무한청산책임을 연대로 지며 유한책임주주는 그 출자액에 한하여 회사에 대해 책임을 진다"(제3조)¹⁷⁾로 규정하고 있다.

그리고 이전에는 규정에 없던 유한회사와 외국회사에 대한 규정이 신설되어, "유한회사는 2인 이상 10인 이하의 주주가 조직한 것으로, 주주는 출자액만큼 회사에 책임을 지며"(제4조), "외국회사는 영리를 목적으로 외국법률 혹은 외국정부의 특허를 거쳐 등기하여 조직된 것으로 아울러 중국정부허가를 거쳐 중국 국경 내에 영업하는 회사"(제7조)로 규정하고 있다. 물론 이러한 유한회사나 외국회사법의 제정목적은 바로 전시상황이라는 특수한 환경 속에서 정부의 직접 투자나 民資에 대한 투자 아울러 외국인의 투자, 회사설립도 이전보다 수월하게 만들기 위해 신설된 것이었다.

그렇다면 자본주의 경제체제에서 사회주의 국가 중화인민공화국 성립은 회사법에 어떠한 변화를 가져왔는가? 어떠한 부분이 잔존하였고 어떤 부분은 사라졌는가?

---

17) 주식회사는 "5인 이상의 주주가 조직한 것으로 전체 자본을 주식으로 나누어 주주가 떠맡은 주식은 회사에 대해 그 책임을 지는 회사이다"(제5조); "본 법에서 말하는 고분양합회사는 1인 이상의 무한책임주주와 5인 이상의 유한책임주주가 조직한 것, 그 무한책임주주는 회사채무에 대해 무한청산책임을 연대로 지며 유한책임주주는 그 떠맡은 주식으로 회사에 대해 그 책임을 지는 회사이다"(제6조).

우선, 毛澤東 "中國人民解放軍布告"에서 관료자본을 몰수하겠다고 선언하였다. 이에 따라 국민당 정부와 관료자본에 속하는 공장, 가게, 은행, 철도 등 그해 모두 2,858개의 회사를 인민정부 산하로 귀속시켰다.[18] 또한, 인민정부는 기존의 회사들을 조금씩 국유화하면서 관련 회사제도도 정비해나가기 시작하였다.

먼저, 중국 공산당은 그동안 설립·운영되었던 민영회사들을 모두 국가 소유로 전환시키는 데 주력하는데, 이러한 기업형태를 '公私合營'이라 한다.[19] 이는 기존의 민영회사에서 국가지분을 늘리고 국가에서 파견한 사람에게 경영을 맡긴다는 뜻이었다. 표면적으로는 민영기업과 국가가 공동으로 기업경영에 참여한다는 것이지만, 실질적으로는 국가가 기업의 경영권과 소유권을 모두 가지게 되었다.

이 시기에 제정되었던 회사와 관련한 법률 중 대표적인 것은 政務院이 발표한 「私營企業暫行條例」(1950)와 1954년 제정한 「公私合營工業企業暫行條例」였다. 먼저 「私營企業暫行條例」를 살펴보면, 사영기업이란 기업자산이 개인 소유인 기업으로 8명 이상의 직원을 가진 영리성 경제조직이라 정의하고 있다. 또한 중화인민공화국 성립이전 회사법에서 규정한 무한회사, 유한회사, 양합회사, 주식회사 및 주식양합회사 등 5종류의 회사 형식을 모두 인정하고 있다. 하지만 사영기업들이 모두 국유화되어 「私營企業暫行條例」 역시 효력을 상실하게 되었으며, 새롭게 「公私合營工業企業暫行條例」를 제정하게 되었다.

---

18) 「毛澤東選集」 제4권, 인민출판사, 1991, pp.1457-1459.
19) 중국 최초의 '公私合營' 기업은 航運業, 金融業, 物類業 등을 영위하는 현 民生實業集團의 전신인 민생실업회사였다.

「公私合營工業企業暫行條例」는 중국정부에게 다음 세 가지 측면에서 중요한 법적 근거를 제시하였다. 첫째는 아편전쟁 이후 중국의 자본가에게서 경영권과 소유권을 박탈한 것이다. 둘째는 일부 산업에만 적용되던 '公私合營' 형태의 기업운영 방식을 모든 산업으로 확장하였다는 점이다. 셋째는 기업의 이윤분배방식으로 '四馬分肥' 원칙을 확고히 하였다는 것이다.[20] 이외 당시 회사와 관련한 대부분의 법규는 노동자의 임금 및 교육 등에 관한 것이었다.[21]

결국 구체적인 회사 운영에 관한 법률은 개혁개방 정책이 실시되며 본격적으로 등장하기 시작했다. 당시 중국이 안고 있는 불안요소 중 하나는 外資企業의 투자를 유치하기 위한 제도적 장치가 마련되어 있지 않았다는 점이었다. 1978년 중국 공산당 11기 전국대표대회 제3차 회의(11기 3중 전회)에서 鄧小平은 '근거가 되는 법이 있어야 한다(有法可依)'라고 주장하였고, 鄧小平의 한마디는 바로 법제정으로 이어져, 이듬해인 1979년 7월 1일 제5기 전국인민대표대회(이하 전인대) 제2차 회의를 통해 「中外合資經營企業法」이 제정되었다. 이것이 기업운영과 관련하여 개혁개방 이후 제정된 첫 번째 법률이었다. 그리고 뒤를 이어 「外資企業法」(1986), 「中外合作經營企業

---

20) 四馬分肥란 기업의 이윤을 국가소득세, 기업이익준비금, 노동자복리후생비, 자본가 배당금으로 구분하는 것으로 이는 기업 이윤의 대부분이 국가와 노동자에게 돌아감을 의미했다.

21) 「國營企業決算報告編送辦法)」(1955), 「建築安裝企業工人, 職員在冬季非施工期間的工資待遇的規定」(1957), 「華僑投資於國營華僑投資公司的優待辦法的決議」(1957), 「工業, 基本建設, 交通運輸企業工人職員停工津貼的暫行規定)」(1957), 「企業, 事業單位和國家機關中普通工和勤雜工的工資待遇的暫行規定的決議」(1958), 「國營, 公私合營, 合作社營, 個體經營的企業和事業單位的學徒的學習期限和生活補貼的暫行規定的決議」(1958), 「加强企業生産中安全工作的幾項規定」(1963), 「搬遷企業單位職工工資和勞保福利待遇問題暫行處理辦法的通知)」(1966).

法」(1986)이 연이어 제정되며,[22] 외국자본의 투자유치를 위한 법적 근거를 마련하게 되었다. 하지만 이는 모두 外資企業에만 한정하여 적용되던 법률이었으며, 중국 내 모든 기업에 적용되는 회사법은 여전히 존재하지 않았다.

회사법 제정을 위한 움직임은 1983년 초안 작성기관이 설립되면서부터 시작되었다. 지지부진하던 회사법 초안 작성 작업은 중국의 대외개방을 확고히 하였던 鄧小平의 '南巡講話'이후 가속화되었다. 1992년 5월, 國家經濟體制改革委員會는[23] 「有限責任公司規範意見」과 「股份有限公司規範意見」을 발표하였고 天津지역을 시작으로 전국에 26개 시범회사를 설립하기도 했다. 동년 10월, 14기 전국공산당대표대회에서 사회주의 시장경제체제 건설을 경제개혁의 핵심목표로 설정하고 국유기업 개혁을 핵심과제로 선정하였다. 이에 따라 1993년 8기 전인대 상무위원회 제5차 회의에서 「中華人民共和國公司法」이 제정되었다.

1993년 제정된 회사법은 총 11장 230조로 구성되었다.[24] 당시 제정된 회사법상의 회사 정의를 살펴보면, "회사란 이 법에 의거하여 중국 경내에 설립한 유한책임회사와 주식회사를 지칭한다"라고 규정

---

22) 중국에서는 「中外合資經營企業法」, 「外資企業法」, 「中外合作經營企業法」을 '三資企業法'이라 통칭하고 있다.

23) 국가경제체제개혁위원회는 국무원 산하기관으로 중국의 경제체제 개혁을 계획하고 관련 정책을 집행하기 위하여 1980년 5월 설립되었다. 그 후, 1998년 국무원 조직 개편으로 국가체개위 대신 '國務院經濟體制改革辦公室'로 변경되었다. 그리고 2003년 3월, 국가발전계획위원회와 합병하여 현재의 '國家發展和改革委員會'가 설립되었다.

24) 1장 총칙, 2장 유한책임회사의 설립과 조직구조, 3장 주식회사의 설립과 조직구조, 4장 주식회사의 주식발행과 양도, 5장 회사채권, 6장 회사재무 및 회계, 7장 회사합병 및 분리, 8장 회사파산 및 해산, 청산, 9장 회국회사의 지사, 10장 법률책임, 11장 부칙

하고 있다(제2조). 유한책임회사는 주주가 자신이 출자한 금액만큼 책임을 부담하는 회사이며, 주식회사는 자본을 균등한 주식으로 분할하여 발행하고, 주주는 주식의 인수액을 한도로 책임을 부담하는 회사라고 정의하고 있다(제3조).

그러나 무엇보다 1993년 회사법 제정은 중요한 개혁의 단초를 제공했는데, 바로 재산권에 대한 개혁이었다. 재산권 개혁이란 기업의 소유구조를 명확히 하는 것을 의미하였다. 그동안 중국정부는 적자에 허덕이는 국유기업의 효율성을 제고시키기 위하여 기업의 경영자 주권을 확보하는 것에만 열중하였다. 하지만 회사법의 제정으로 정부의 역할을 소유자에서 출자자로 전환시키고 그 권리와 책임을 법률로 명문화하였다. 이러한 회사제도의 도입을 위하여 제정되었던 회사법의 가장 큰 입법목적은 국유기업의 법적 지위를 확보하고 지배구조를 개혁하기 위한 것이었다. 이러한 이유로 당시 회사법은 주로 중국의 로컬기업에게 적용되었다. 그리고 외자기업의 설립과 운영은 별도의 규정을 두어 앞서 언급한 三資企業法이 적용되었다.[25]

1993년 제정된 회사법은 두 차례의 부분 수정[26]을 거친 이후 2005년 10월, 10기 전인대 상무위원회 제18차 회의에서 기존 회사

---

25) 1993년 「公司法」 제18조. 단, 외자기업이 주식회사로 전환할 경우 회사법의 관련 규정을 준용한다.

26) 5년 후인 1999년 12월 8기 전인대 상무위원회 제5차 회의에서 일부 조항에 대한 첫 번째 개정을 단행하게 된다. 주요 개정내용은 두 가지였다. 하나는 국유독자회사에 대한 감독을 강화하기 위하여 감사회를 설치하도록 한 것이며(제67조), 다른 하나는 하이테크기술회사 설립 시 출자비율, 신주발행, 상장조건 등에 대한 규정을 완화한 것이었다(제229조). 두 번째 개정안은 2004년 8월 10기 전인대 상무위원회 제11차 회의에서 통과되었지만 당시 개정은 제131조 제2항의 내용을 삭제한 것에 지나지 않았다. 그중에서 주식발행가격이 액면가를 초과할 경우, 국무원 증권관리부의 허가를 받도록 하는 조항이었는데, 이는 중국 「行政許可法」의 관련 규정과 부합되지 않아 폐지되었다.

법에 전면적 개정을 단행하게 되었다. 이는 중국이 WTO 가입을 계기로 회사 설립에 관한 규제를 완화하고 회사의 지배구조를 개선하기 위하여 개정된 것이라 할 수 있었다.[27]

이후 2005년 개정회사법 제3조에서 회사의 개념에 대한 새로운 조항이 신설되었다. "회사는 기업법인으로 독립된 법인 재산 및 법인 재산권을 가지고 있으며, 그 전체 재산으로 회사 채무에 대한 책임을 부담한다." 이는 1993년 계획경제의 잔해가 남아 있던 제4조의 조항[28]을 폐지한 후 신설된 조항으로 국유회사 역시 회사재산에 대한 소유권은 회사에 있음을 강조한 것이었다. 그리고 기업법인에 대한 「中華人民共和國民法通則」(이하 「民法通則」)의 관련 규정을 살펴보면 기업법인은 일반법인과 달리 구체적인 설립요건과 절차를 두고 있음을 알 수 있는데,[29] 이에 따라 1993년 회사법 제6조에서도 회사 설립을 위해서는 관련 요건과 절차를 따라야 함을 명시하였다.

그리고 전면개정 회사법의 시행 7년 만인 작년 2013년 12월 12기 전인대 상무위원회 제6차 회의에서 4차 개정안이 통과되었다. 이번 개정은 중국 내 기업 설립과 창업을 용이하도록 하고 투자환경을 개선하는 데 그 목적을 두고 있으며 회사설립 조건이 대폭 완화되었다는 특징이 있었다. 이처럼 현재 중국의 회사법에서 규정하고 있는 회사형태는 유한책임회사와 주식회사 두 종류이며, 또한 국가가 단독으로 출자하여 설립한 국유독자회사도 유한책임회사라는 법적 지

---

27) 당시 개정은 2004년 「公司法」 대비 91개 조항 수정, 44개 조항 신설 및 13개 조항 폐지 등 총 148개 조항을 수정하여 '신회사법'이라고 불리기도 했다.
28) 1993년 「公司法」 "회사에서 국유자산의 소유권은 국가에게 있다."(제4조)
29) 「民法通則」 제41조에서 제49조.

위를 부여받게 되었다.[30]

시기별 회사법에 적용을 받는 회사유형과 그 존속기간을 표로 정리하면 다음과 같다.

〈표 1〉 회사 유형별 분류와 존속기간

구분	1904	1914	1929	1946	1993	1999	2003	2005	2013
무한회사		■	■	■					
양합회사		■	■	■					
고분양합회사		■	■	■					
외국회사				■					
유한회사					■	■	■	■	■
주식회사	■	■	■	■	■	■	■	■	■

* 1904년 회사법은 '합자회사, 합자유한회사, 고분회사, 주식회사'로 회사를 분류하였지만, 연속되는 주식회사만 표기하였다.
** 1993년 회사법이 제정되기 전 계획경제하에서도 유한(책임)회사의 형태가 존재하였다.

3. 회사법 규정 속 채무책임규정과 국가경영

(1) 무한·양합 회사에 대한 채무책임규정과 한계

중화인민공화국 성립 이전까지 회사법의 가장 많은 법률적 규정을

---

30) 「公司法」의 특별법으로 외자기업에 대한 별도의 규정을 두었던 '三資企業法'에서도 「中外合資經營企業」(1979) 제4조, 「外資企業法實施細則」(1990) 제19조, 「中外合作經營企業法」(1995) 제14조에서 모두 중외합자·합작기업 및 외자기업을 유한책임회사라고 규정하고 있어 「公司法」의 유한책임회사와 관련한 규정을 적용할 수 있었다. 하지만 '中華人民共和國全民所有制工業企業' 및 '集體所有制企業'은 회사법에서 규정하고 있는 회사의 형태가 아니므로 「公司法」이 적용되지 않으며 「中華人民共和國全民所有制工業企業」과 「城鎭集體所有制企業條例」의 적용대상이 되었다.

차지하는 부분은 '무한회사'와 '주식회사'였다. 앞서 언급하였듯이 가장 기본적인 틀을 마련한 1914년 회사법부터 1946년 회사법까지 일관되게 나타나고 있으며, 사회주의 국가성립 이후에야 비로소 무한회사의 존재는 회사법에서 사라졌다.

무엇보다 무한회사는 명칭에서 알 수 있듯이 주식회사와 달리 회사 채무에 대한 주주[股東]책임에 차이가 있다.[31] 1914년부터 1946년 법률 규정에는 "회사 재산이 채무청산보다 부족할 때 주주가 연대로 그 책임을 진다"고 하였으며,[32] 또한 양도권 문제나 활동에도 제약이 있어, "주주의 전체 동의 없이는 타인에게 주식을 양도할 수 없다", "회사의 章程變更 및 章程이 정한 업무 이외의 행위는 전체 주주의 동의를 얻어야 한다"라고 규정하였다.

아울러 무한회사나 주식회사 이외 무한책임주주와 유한책임주주가 함께 회사를 설립하는 양합회사에 대한 규정도 회사법에 포함되어

---

31) 전통적인 소규모 상업활동에서는 가족, 친척 혹은 지연관계의 협소한 투자주체범위가 한정되어 있었기 때문에 가족단위의 소유와 경영이 이루어졌으며 이 때문에 채권개념도 '父債子還'이 보편적이었다. 그러나 시기가 지나면서 일부 지역에는 '조건부 父債子還'의 형태가 등장하기도 했으며, 즉 아버지가 채무를 지기 전 아들이 분가한 경우, 아들이 채무를 변제할 의무가 없었다(郭瑞卿, 「略論近代中國公司法律制度」, 中國政法大學博士學位論文, 2002, pp.36-38).

32) 1914년 「公司條例」 35조, 1929년 「公司法」 35조, 1946년 「公司法」 54조. 그러나 무한연대책임에 대해서는 상인들의 동의를 쉽게 얻지 못했을 것이다. 예를 들어, 회사법에는 포함되지 않았지만 당시 사회에서 행해지고 있었던 合股(혹은 合夥)의 경우 「中華民國 民法」의 적용을 받았는데, 1930년에 제정된 民法에서 "合夥 財産으로 합과의 채무를 변제할 수 없을 때에는 합과인이 그 부족액에 대해 연대해서 책임을 진다(合夥財産不足清償合夥之債務時, 各合夥人對於不足之額, 連帶負其責任)"(681조)라고 連帶責任을 규정하여 상해총상회를 비롯한 상인단체들의 반발이 심하였다고 한다. 왜냐하면 合夥는 전통적으로 '按股分擔'의 원칙하에 채무자의 무한책임으로서 '부족액이 생겼을 때 대부분은 채권의 몇 할을 공제해서 해결하는 것'이 관례였기 때문이었다. 즉, 상관행과 어긋난다고 총상회를 비롯한 상인단체의 반발이 극심했던 것이다(이와 관련해서는 鄭址鎬, 「民國時期 合夥 改良案을 둘러싼 論爭」, 「인문학연구」 20호, 2011 참조).

있었다. '양합회사'와 '주식양합회사'에 대한 규정이 그러한데, "무한책임주주와 유한책임주주가 조직한다. 유한책임주주는 출자액만큼 회사에 책임을 지며", 무한책임주주는 무한회사와 같은 법률적 규정에 적용을 받으며, 유한책임주주는 회사의 업무를 보거나 회사를 대표할 수 없었다. 또한 무한책임주주의 동의가 있어야 주식을 양도할수 있었으며,33) 다만 회사업무나 재산상황에 대한 검열 권리가 있었다.34)이러한 무한회사와 양합회사의 존재는 서구법률체제의 영향도 있었겠지만, 중국 사회에서 유한책임주주로 조직된 주식회사만 설립할 수 없는 상황 속에서 중화민국 시기 국가가 새로운 회사조직을 어떻게 규정했는가를 반영한 결과물이라 할 수 있다.

그러나 중화인민공화국 성립 이후 무한회사와 양합회사에 대한 법규는 사라졌다. 다만 기업형태로 무한연대책임을 지는「合伙企業法」에서 유사한 내용을 찾아볼 수 있다. 1997년 전인대 상무위원회를 통과한「合伙企業法」제2조에는 合伙企業이란 "공동출자, 合伙經營, 공동이익분배, 공동위험부담 및 合伙企業의 채무에 대하여 무한연대책임을 부담하는 영리성조직"이라고 정의하고 있다. 그리고 2006년 개정된「合伙企業法」에서는 合伙企業을 普通合伙企業과 有限合伙企業으로 구분하고 있다. 普通合伙企業이란 동업재[合伙人]가 모두 合伙企業에 대하여 무한연대책임을 지는 기업을 뜻하며, 有限合伙企業이란 普通合伙人과 有限合伙人으로 구성되며, 普通

---

33) 1914년「公司法」에서는 '무한책임주주 전체의 동의'(제89조), 1929년「公司法」에서는 3/4의 동의(제76조), 1926년「公司法」에서는 과반수의 동의(제93조)로 제약은 완화되었지만, 양도권문제는 여전히 제한적임을 알 수 있다.

34) 1914년「公司法」제88조, 1929년「公司法」제75조, 1946년「公司法」제94조.

合伙人은 무한연대책임을 지고 有限合伙人은 자신의 출자액만큼만 합화기업의 채무에 대한 책임을 부담하는 기업이었다(제2조). 이는 양합회사의 관련 정의와 유사하다고 볼 수 있으며,[35] 중화민국시기 전통적인 合股의 형태가 회사법이 아닌 민법의 적용을 받았듯이 자연스럽게 무한, 양합회사는 회사법 적용에서 사라졌다고 할 수 있다. 그렇다면 그 어느 시기보다 급격한 정치사회적 체제변화를 겪은 중화인민공화국 성립 전후 회사법은 어떠한 변화를 겪었는가?

(2) 유한, 외국회사의 법률규정과 국가경영

사실, 계획경제의 특징하에서 등장하는 국영기업의 법률적 근거는 유한책임회사라 할 수 있다. 그런데 이러한 유한회사는 이미 1946년 회사법에 등장하고 있다. 법률규정에 따르면, "2인 이상 10인 이하 주주가 모여 설립된 회사"로 "그중 반수는 국내 소재지가 있어야 함"을 규정하고 있다. 또한 "회사자본의 총액은 주주의 총 납부액으로 하되, 분기별 납부액이나 외부에서 자금을 모을 수 없게" 규정하고[36] 회사의 장정제정에서도 출자에 따라 의결권을 부여하든지, 아니면 주주 1인에 각 의결권을 부여하든지 정할 수 있었으며, 회사의 자본총액을 증자하고자 할 때는 주주의 과반수의 동의가 필요했다. 아울러 양도권 문제에서도 업무를 집행하는 주주나 임원인 경우는

---

35) 「個人獨資企業法」제2조에서도 개인독자기업이란 한 명의 자연인이 투자하고, 재산은 투자자 개인소유이며 자신의 모두 재산으로 기업채무에 무한책임을 지는 경영실체라고 규정하고 있다.

36) 1946년 「公司法」 제105, 107조.

주주의 전체 동의가 필요했으며 업무를 맡지 않은 주주라도 주주의 과반수의 동의가 있어야 타인에게 양도가 가능했다.[37] 이러한 유한 (책임)회사는 사회주의 국가 성립 이후 지금까지도 계속 이어지고 있으며, 회사법이 존재하지 않았던 계획경제시기에도 私營企業과 公私合營企業은 모두 유한책임회사의 형태를 취하였다.[38]

좀 더 내용을 구체적으로 살펴보면, 私營企業의 경우, 투자자의 인원을 제한하여 2인 이상 30인 이하로 규정하고 있으며, 30인 이상의 유한책임회사는 공상행정관리기관에 신고한 후 허가를 얻은 후에 설립절차를 진행할 수 있도록 하고 있다.[39] 「公私合營臨時條例」에는 유한책임회사에 대한 구체적인 조항은 없지만 제8조에서 "合營企業의 주주는 기업의 채무에 대하여 유한책임을 진다"라고 하여 合營企業이 유한책임회사임을 규정하고 있다. 하지만 사영기업은 公私合營企業의 등장과 함께 사라졌으며, 公私合營企業 역시 실질적으로 회사의 모든 재산 및 재산권은 모두 국가에 있었으므로 회사 자체의 법인격은 무의미하였다. 특히 1966부터 10년간의 문화대혁명기간에는 모든 입법제도가 전면적으로 파괴되었는데, 이 시기는 중국법제사상 암흑기라 할 수 있었다.[40]

---

37) 1946년 「公司法」 제110, 114, 121조.

38) 「私營企業臨時條例」 제6조, 「公私合營臨時條例」 제8조.

39) 「私營企業臨時條例」 제9조에서는 유한책임회사의 정의와 함께 설립요건도 함께 규정하고 있다. 기타 ① 등록자본금은 합법적인 증명에 의하여 취득하여야 한다. ② 투자자가 출자지분을 양도할 시에는 다른 투자자의 동의를 얻어야 하며, 투자자가 30인 이상인 경우에는 과반수 투자자의 동의를 얻어야 한다. ③ 등록자본금은 감소할 수 없다. ④ 사회에 주식을 발행할 수 없다.

40) 정용상, 「중국법상 회사의 개념과 회사법의 구조」, 『비교법학』 제14집, 부산외국어대학교 비교법연구소, 2003, pp.6-7.

1993년 회사법에서 규정하고 있는 유한책임회사는 먼저, "주주는 법정인원수와 법정자격에 부합하여야 한다."(제19조), "유한책임회사는 2인 이상 50인 이하의 주주가 공동출자하여 설립하도록"(제20조)하고 있다. 즉, 유한책임회사의 주주는 50인을 초과할 수 없다는 것이고, 유한책임회사의 주주를 50인 이하로 제한한 것은 그 동안 중국기업과 관련한 각종 법률, 규정, 규범 등에서 비슷한 형태로 운용되어 왔기 때문이었다.[41]

이와 함께 1946년 회사법보다 구체적인 법률조항이 늘어나 주식회사와 같은 회사자본금강화를 위한 등록자본제도 등도 규정하고 있다. 관련 법규를 보면, "유한책임회사의 등록자본은 회사 등기기관에 등록한 전체 주주가 실제 납입한 출자액으로 한다"고 규정하였다.[42](제23조 제1항) 이러한 자본제도하에서는 회사 설립 시 자본적 기초를 튼튼하게 하고 사기적인 회사설립을 방지함으로써 채권자의 이익과 거래 안전을 보호할 수 있으나, 신주발행을 위해서는 주주총회의 결의가 필요하기 때문에 필요한 자금을 수시로 조달하는 데 불편한 단점을 가지고 있었다.[43] 이러한 등록자본에 대한 규제는 점차 완화되

---

41) 하지만 국가가 투자권한을 위임한 기관이나 부서는 단독으로도 국유독자유한책임회사를 설립할 수 있다는 1인(법인, 자연인 모두 포함)회사 설립에 대한 별도의 규정을 두고 있다. 그리고 「公司法」 제정 전 설립된 국유기업은 유한책임회사의 설립요건을 충족시킬 경우 국유독자유한책임회사로의 전환이 가능하도록 하였다. 삼자기업법에서는 법정인원수에 대한 구체적 규정은 없다.

42) 법정최저자본금은 회사설립 초기 회사운영을 위한 기반이 되며 채권인에 대한 담보의 의미가 있는 것으로 산업별로 다른 금액이 책정되어 있다. 생산경영 및 상품도매업 회사는 인민폐 50萬元이며, 상품소매의 경우 30萬元, 과학기술 개발, 자문, 서비스회사는 10萬元으로 최저자본금을 책정하고 있다.

43) 강대섭, 「중국 회사법의 개정과 회사설립·활동에 대한 규제 완화」, 『법학연구』 제47권 제1호, 부산대학교 법학연구소, 2006, p.6.

어 2005년 회사법에서는 산업별 차등 없이 일률적으로 3萬元 으로 규정하였고(제26조 제2항) 2013년 개정 시에는 완전히 폐지되었다.[44]

이번 회사법 개정의 가장 큰 의의는 회사설립조건을 완화하여 투자와 창업 활동을 촉진하고 수권자본제도 도입을 통하여 신용사회 건설을 위한 발판을 마련하여 경제 성장 동력을 마련한 것이었다. 하지만 외자기업에는 적용되지 않는 등의 문제점을 안고 있어 향후 내·외자기업의 법률 통합에 대한 과제가 남아 있다.

한편, 1946년 회사법에서는 유한회사에 대한 규정뿐만 아니라 새롭게 외국회사에 대한 규정이 등장하였다. 사실 이 법률제정 전까지[45] 중국 내지에 있는 외국회사인 경우, 중국 내 적용할 법률적 근거가 없었기 때문에, 또한 자신들 국가의 법인 자격을 유지하기 위해 자신의 국가에 등록을 하거나 혹은 당시 이미 영국 식민지세력 범위가 된 홍콩에 등록했다.[46] 즉, 중국정부는 상응하는 법이 없기 때문에 외국회사들을 관할할 수 없었고, 이런 상황 속에서 외국회사의 중국 내 경영은 실질적으로 치외법권적 비호를 받고 있었다.[47]

---

44) 2005년 회사법에서는 일반 유한책임회사 설립 시 3萬元, 1인유한책임회사 설립 시 10萬元이라는 규정이 있었지만 이를 폐지하고 별도의 법규나 규정이 없는 경우, 1元만으로도 회사를 설립할 수 있게 하였다. 단 외자기업의 경우, 외국인투자정책에 따라 외자기업의 중국진출 시 산업과 사업규모, 투자금액을 심사하게 되므로 적용이 힘들 것으로 예상된다. 그 외에 출자방식에 대한 규제의 경우, 2005년도 회사법에서는 등록자본금의 30% 이상을 현금으로 출자하도록 하였지만 2013년도에는 이를 폐지하였으며, 비화폐자산 출자에 대한 70% 비율 제한도 폐지하였다(27조).

45) 1904년 「公司律」에는 '외국회사에 대한 규정은 중국회사와 동일하다'라는 내용이 보인다.

46) 1865년 홍콩 영국 당국이 "公司組織法"을 반포, 중국 내 많은 외국회사, 특히 英商公司는 점점 홍콩에서 회사를 등록하였다. 예를 들어, 유명한 匯豊銀行, 共華商碼頭有限公司 등등 모두 식민통치하의 홍콩에 등록하였다.

47) 張忠民, 「艱難的變遷－近代中國公司制度研究」, 上海社會學院出版社, 2002, 60쪽.

1945년 제국주의세력이 물러난 이후 정치 사회적 변화 속에서 외국회사는 새롭게 규정되었다. 1946년 회사법에서 국민정부는 외국회사에 대한 조항을 별도로 제정하여, "외국회사는 그 본국에 등기를 하지 않으면 허가를 신청할 수 없다. (자국의) 인허가를 통해 인허가증을 받아야 중국 경내에서 영업 혹은 지사[分公司]를 설립할 수 있으며", "외국회사는 인허가를 받은 후 그 법률상의 권리 의무 및 주관부서의 관할은 법률적으로 별도 규정 이외, 중국회사와 동일"하게 적용되었다.48) 그러나 외국회사는 개인적인 신분이 아닌 회사가 중국의 주식이나 채권을 모집할 수 없었으며, 업무용 재산을 소유할 수 있으나 이는 중앙주관부서의 허가를 얻어야만 했다. 특히 외국회사가 인허가를 받은 후라도 주관부서가 필요하다면 언제든지 영업장부를 검열할 수 있었다.49)

그러나 개혁개방 직후 외국자본을 유치하기 위한 '三資企業法'을 제정하였는데, 이는 회사법에 앞서 별도로 제정된 법률이었다. 때문에 이후 회사법 내 외국회사 규정이 포함되지 않았고, 三資企業法의 관련 조례 및 세칙들이 外資企業을 규제하는 기본적인 법규가 되었다. 따라서 현재 중국의 회사법에는 외국회사의 지사에 대한 규정만 있을 뿐, 외국 회사 자체의 설립조건이나 운영에 대한 규정은 없는 상태이다. 다만 외국회사의 지사에 관한 법률조항을 좀 살펴보면, "외국회사란 외국 법률에 의거하여 중국 경외에 설립한 회사이다"(제191조)라고 정의하고 있으며, 외국회사가 중국 경내에 지사(分

---

48) 1946년 「公司法」 292조, 297조.
49) 1946년 「公司法」 298조, 302조, 303조.

支機構)를 설치하고자 할 경우에는 신청서와 정관, 사업자등록증 등 관련 자료를 제출하고 등기기관에 등록한 후 영업허가증을 획득하여야 했다(제192조). 특히, 외국회사의 지사는 법인자격이 없으며 경영활동에 대한 모든 책임은 본사가 지도록 하고 있다(제195조). 또한, 본사는 지사를 대표하는 대표를 선임해야 하며, 지사의 경영활동을 위한 자금을 송부하도록 하고, 자금의 최저액수는 국무원이 정하도록 하고 있다(제193조).

한편, 이러한 외국회사의 지사는 외국기업의 대표기구와 그 개념을 달리하고 있다. 2010년 국무원이 제정한「外國企業常駐代表機構登記管理條例」에서는 "외국기업의 상주 대표기구란, 외국기업이 이 조례에 의거하여 중국 경내에 설립하고 외국기업의 업무와 관련한 비영리성 활동을 하는 기구이며 법인자격은 없다"라고 규정하고 있다(제2조). 결국 외국회사의 지사와 외국기업의 대표기구는 모두 법인자격이 없다는 것을 알 수 있다.[50]

4. 주식회사에 대한 법률규정변화

회사의 가장 근대적 형태는 주식회사라 할 수 있다. 淸末 회사법 성립 때부터, "7인 혹은 7인 이상이 자본을 모아 창업하여 운영"하

---

50) 지사는 영업허가증을 획득하여 경영활동을 할 수 있는 반면, 외국기업의 대표기구는 비영리성 업무만 가능하다. 이는 지사와 대표기구를 구별하는 가장 큰 차이점이다. 그 외 지사는 명칭에 외국회사의 국적과 책임형식을 반드시 기재하도록 하고 있으며, 대표기구는 외국기업의 국적, 중문명칭, 상주지역 및 '대표처'라는 단어를 표기하도록 규정하고 있다.

는 것을 주식회사로 규정한 이래 현재에 이르기까지 법률조항의 변화가 진행되었지만, 여기에선 회사의 영속성을 지속시키기 위한 장치[51]는 물론 근대적 성격으로서 유한책임제, 양도권, 주주의 평등권 등을 중심으로 살펴보고자 한다.

1904년 회사법에서 "주식회사가 만약 손실, 도산, 빚 등의 사정이 있는 경우, …… 그 부족분을 다른 주주에게 추궁해서는 안 된다."(제29조)라고 규정한 이후부터 1946년 회사법에는 "주주의 회사에 대한 책임은 완납한 주식의 금액으로 제한한다."(제153조)라고 유한책임제를 명확하게 규정하고 있다. 또한 회사가 쉽게 파산하는 것을 방지하기 위해 중화민국 시기에는 일정금액 이상의 설립자금을 확보하기 위한 장치로서 주식가치에 대한 규정을 마련해놓았다. 예를 들어, 1904년 회사법에서는 "한 株당 금액은 최소한 5원을 한도로 하며, 분기로 납입할 수 있다", "주식회사의 자본은 각각 주식으로 분할하되, 한 株당 액면은 획일적이어야 하며, 금액은 최소한 50원을 한도로 하지만, 1차로 전납하는 경우에는 20원으로 해도 좋다"[52]고 규정하고 있으며, 1929년 회사법에서는 "매 株 금액은 일률적으로 20원보다 적으면 안 된다. 단 1차 모집의 경우 1株당 10원으로 해도 좋다"고 규정하였다. 다만 이러한 성격을 내포한 최저자본금제도는 중화인민공화국 성립 후 1993년 회사법에서도 제정되었으나 이후 법률수정을 거치는 과정에서 점차 완화, 폐지되었다. 이는 시장환경

---

51) 중국의 전통적인 투자성격은 경영에 관심을 두지 않고 안정적 고소득을 확보하는 데 있으며, 이를 대표하는 것이 '官利'의 존재라 할 수 있다. 따라서 단기적인 투자자의 이익 때문에 중국 상업조직의 지속적 발전이 저지당했음을 여러 학자들이 지적하고 있다.

52) 1904년 「公司法」 25조, 1914년 「公司法」 124조.

이 이전보다 안정되면서 회사설립의 부담으로 여겨진 최저자본금제도를 폐지하는 방향으로 법률적 수정이 이루어졌기 때문이었다.[53]

한편으론 公積金制度를 마련하여 최저자본금제도와 마찬가지로 회사의 파산을 방지하고, 회사자산을 유지, 강화하고자 했다. 예를 들어, 1914년 회사법에서는 "이익금을 배당할 때 이윤의 1/20을 먼저 공적금으로 남겨두고" 이윤을 배당하도록 규정하고 있으며, 1929년과 1946년 회사법에서는 1/10을 공적금으로 먼저 제출하도록 했다.[54] 이러한 규정은 현행 회사법에서 법정공적금, 임의공적금, 자본공적금으로 구분되어 시행되고 있다. 법정공적금이란 회사가 납세 후 이익을 배당한 후 남은 총액의 10%를 적립하도록 강제적 성격을 지닌 공적금이며,[55] 임의공적금이란 법정공적금을 적립한 후, 주주총회 결의에 의하여 적립하는 공적금[56]으로 강제성은 없다. 그리고 주식회사가 주식의 액면가를 초과하여 발행한 주식에서 얻은 이윤 및 국무원의 재정부에서 규정한 기타수입을 자본공적금으로 적립하도록 규정하고 있다. 자본공적금은 회사의 손해를 보전하는 데는 사용할 수 없도록 하고 있다.[57]

한편, 주식회사의 특징 중 자유로운 양도권문제에 대한 규정도 설

---

53) 1993년 회사법에서는 최저자본금을 1000萬元으로 규정하였으나 2005년도에는 500萬元으로 규정하였고 2013년에는 폐지되었다.

54) 1914년 회사법은 회사자본의 1/4, 1929년은 자본의 1/2, 1946년에는 자본 총액에 맞먹는 공적금이 쌓인 경우 이 제한을 두지 않았다(1914년「公司條例」183조, 1929년「公司法」170조, 1946년「公司法」230조).

55) 법정공적금의 누계액이 회사등록자본의 50% 이상인 경우는 적립하지 않는다.「公司法」제166조 1항.

56) 2013년「公司法」제166조 3항.

57) 2013년「公司法」제167조, 제168조 1항.

정되어 있다. 다만 그 제한적 요소가 정해져 있었다. 1904년 회사법에서는 "章程에 위배만 되지 않는다면 주식을 임의대로 되팔 수 있다"라고 규정했지만,[58] 1914년 회사법에서는 "장정에 따로 명기한 것 이외 회사의 허락 없이 타인에게 양도할 수 있다. 다만 회사 설립 등기를 마친 이후에만 양도 및 양도예약을 할 수 있고"(130조), "기명식 주식인 경우 양도할 때 주주명부에 讓受人의 성명 주소를 기재하고 그 성명이 주식에 기재되어있어야만 양도할 수 있다"(131조)라고 규정하고 있다. 1929년과 1946년 회사법에서는 "회사의 주식은 설립 등기를 한 이후에 양도를 할 수 있다. 발기인의 주식은 회사가 영업을 시작한 후 1년 이내에는 양도를 할 수 없다"고 규정하고 있다.[59] 이러한 규정은 현재까지도 이어지고 있다. 2013년 회사법 제137조부터 145조에서 양도권 관련 내용을 찾아보면, "주식의 양도는 증권거래소에서 진행하거나 국무원이 정한 별도의 방식으로 진행할 수 있다"(제138조), "기명주식의 경우 주주가 배서의 방식이나 법률 및 행정법규가 정한 기타방식으로 양도할 수 있으며, 양도 이후 회사는 讓受人의 성명이나 명칭, 주소를 주주명부에 기재하여야 한다(제136조)", "무기명주식의 경우에는 주주가 증권거래소에서 해당 주식을 讓受人에게 교부하는 즉시 바로 효력이 발생한다(제140조)", 그 외 주식회사 발기인은 자신이 보유한 회사 주식을 회사가 성립한 날부터 1년 내에 양도할 수 없도록 제한을 규정하고 있다(제141조).

---

58) 다만 股表를 다시 산 사람이 公司 본점에 가서 등록을 해야만 허락을 받을 수 있었다. 1904년 「公司律」(제38조)

59) 1929년 「公司法」 117조, 1946년 「公司法」 160조. 아울러 기명주식에 대한 규정도 명시되어 있고 1946년 회사법에는 "단 股東常會 개회 전 1개월 이내, 혹은 股東臨時會 전 15일 이내 양도할 수 없다"(161조)라는 추가규정도 있다.

또 다른 근대적 회사법의 특징인 주주의 평등문제는 기본적으로 '주주의 평등'을 원칙으로 하고 있으나 투자의 활성화를 위해 일부 주주에 대한 특혜사항이 법률적으로도 보장되어 있었다. 1914년 회사법에서는 "각 주주는 매 1股가 1의결권을 갖는다. 그러나 한 주주가 11股 이상을 갖는 경우 그 의결권은 장정에서 그 제한을 정할 수 있다"(145조) 하면서도 "전체 주식의 1/10을 소유한 주주는 董事에 대해 소송 시 특별히 대표인을 지정할 수" 있었다(165조). 또한, 1929년 회사법에서도 주식 총수의 1/10 이상을 소유한 주주는 회사를 위해 董事를 起訴할 수 있었으며(150조), 주식 총수의 1/20 이상을 소유한 주주는 제의사항과 그 이유를 서면기재하여 주주임시총회 소집을 청구할 수 있었다(133조). 아울러, 법원이 검사원을 파견하여 회사의 업무 및 재산 상황을 검열하도록 청할 수도 있었다(175조).[60]

하지만 이러한 특혜는 현재 법률에서는 거의 찾아볼 수 없다. 현행 회사법은 지배주주의 권한 남용을 제한하고[61] 소수주주의 이익을 보호하는 형태로 발전하였다. 2013년 회사법 역시 1주당 하나의 의결권을 가지는 것은 동일하지만(제103조), 회사의 주주가 자신의 권리를 남용하여 회사 혹은 기타 주주에게 손해를 발생시켰을 경우 배상책임을 지도록 하고 있으며, 사안이 심각할 경우 회사 채무에 대하여 연대책임을 지도록 하고 있다(제20조). 그리고 지배주주 및

---

60) 물론 대주주에 대해 제한조항도 존재하였다. 예를 들어 '한 주주가 11주 이상을 보유한 경우, 장정에 근거하여 의결권을 제한할 수 있다. 또한 각 주주 및 대리자의 의결권은 전체 의결권의 1/5을 초과할 수 없다'(제129조)

61) 지배주주란 회사주식 총수의 50% 이상을 보유한 주주를 뜻하며, 실질적으로 회사를 지배하는 자란 비록 회사 주주는 아니지만 투자관계, 협의 및 기타 방식 등을 통하여 실질적으로 회사를 지배할 수 있는 자를 의미하고 있다(2013년 「公司法」 제216조).

실질적으로 회사를 지배하는 자, 이사·감사·경영진 등은 자신의 계열관계를 통하여 회사의 이익에 손해를 가하였을 경우 배상책임을 지도록 하고 있다(제21조). 다만 회사법 제100조 규정을 보면 단독 혹은 공동으로 회사 주식의 10% 이상을 보유한 주주는 임시총회를 소집할 수 있는 권한을 부여하고 있다.

아울러, 투자의 활성화를 위해 "우선주[優先股]" 발행을 법적으로 인정해 주고 있다. 우선주 발행은 1914년 회사법부터 정해 놓고 있으며 우선주에 대한 특혜는 각 회사장정에 따로 명시하도록 했다.[62] 예를 들어, 1905년 상해에서 설립된 中國圖書股份有限公司는 자본금 총액 50만 원 중 우선 발기인이 납입하는 10만 원과 외부에서 모집하는 10만 원 등 20만 원을 우선주로 하고, 이후에 모집하는 30만 원은 보통주로 하였다. 그리고 모든 지출을 제외한 영업이익 1/20을 우선주에게 특별보수로 지급하는 등, 우선주에 대한 혜택은 각 회사별로 장정에 따로 정하여 특혜를 주고 있으며, 상당히 보편적으로 행해지고 있었다.[63] 이는 현행법률에서는 특별히 규정해놓고 있진 않지만, 국무원은 회사법상 규정되어 있는 주식 외에 다른 종류의 주식을 발행할 수 있으며 이와 관련한 별도의 규정을 둘 수 있다고 하였다.[64] 국무원이 별도의 규정을 두어 발행할 수 있는 주식 중에 가장 대표적인 것이 바로 우선주이다. 2013년 국무원 산하의 中国证券监督管理委员会는 「优先股试点管理办法」을 발표하였다.

---

62) 1914년 「公司條例」 125조, 1929년 「公司法」 201조.
63) 정지호, 「근대 중국 회사기업의 제도실태-정관의 자본에 대한 제 규정 분석-」, 『중국학보』 60, 2009, p.360.
64) 2013년 「公司法」 제229조.

제2조에서 우선주에 대한 정의를 내리고 있는데, "우선주란 회사법에 의거하여 보통주 외에 별도 규정된 기타종류의 주식으로 우선주 소유자는 일반주주보다 우선하여 회사 이윤과 잔여재산을 배당받는다. 다만 회사의 의사결정과 관리 등에 대한 권한은 제한받는다"로 규정되어 있다.

이렇듯 주식회사는 다른 형태의 회사와 달리 회사법 제정 이래 지금까지 존재해 왔다. 주변적 상황에 맞춰 약간의 법률적 수정이 가해졌을 뿐, 기본적인 근대적 성격을 내포한 법률적 규정이었다. 다만 이러한 규정이 오직 규정으로서만 의미를 가질 뿐, 실제 적용이나 적용범위 등이 지역·시기마다 차이가 났을 뿐만 아니라 미비했을 것이라는 평가 또한 적지 않다. 아마도 통계적으로 이러한 주식회사의 형태가 중화민국시기에는 많은 수를 차지하지 않고[65] 현재에도 수적으로 증가했으나 법인격 회사에서 차지하는 비율은 크지 않기 때문인 것 같다.[66] 그러나 사회발전 속도와 함께 점차 경제규모의 확대속도가 빨라지면서 주식회사라는 형태의 회사증가는 필연적인 추세라 할 수 있다. 또한 이들의 '권력'이 전체 경제에서 차지하는 힘을 무시할 수 없는 상황에서, 국가가 과연 어떻게 주식회사에 대해 규정하고 어떠한 사회적 변화 속에서 법률적 조정이 이루어지고

---

65) 1920～30년대에 근대기업이 가장 번성했던 상해 지역에서조차 근대적 기업형태인 公司의 비중은 20% 전후에 불과한 반면 전통적 기업형태인 獨資와 合夥는 각각 40% 전후를 점하였다. 이러한 분포는 1940년대 후반에도 거의 변화 없이 지속되었다. 전국적으로 약 1%만이 가장 근대적인 주식회사였을 뿐 상해에서 각종 형태의 법인 기업은 총 20～30% 정도였다(洪丈里, 「民元來我國之工業」, 銀行週報社 編, 「民國經濟史」, 銀行週報社, 1948, 237쪽, 전인갑, 앞의 글, 76쪽에서 재인용).

66) 중국 통계국(统计局)의 2012년 자료에 따르면, 주식회사는 약 14만 개이며 유한책임회사는 약 109만 개로 주식회사 보다 8배 가까이 많다. 유한책임회사와 주식회사의 수는 중국 내 전체 기업법인의 15%를 차지하고 있다.

있는가, 즉 어떠한 법조문이 수정되고 혹은 잔존하여 단절, 연속성을 보이는가를 고찰하는 일은 분명 의미 있는 작업이라 할 것이다.

5. 결론

서구의 중국진출 목적 중 주요한 이유는 경제적인 문제에 기인했다. 필연적으로 그들과의 경제적 경쟁은 이전보다 치열했고, 중국은 새로운 '규칙'에 맞춰 나가야만 했다. 이제 전통적 상관행으로 대부분 이루어지던 상업활동은 경쟁력을 키우기 위해, 그리고 외국과 빈번한 거래로 인해 법률제정의 필요성이 대두되었다. 본고는 이러한 상황 속에서 제정, 혹은 개정된 회사법을 통해 법률 속 근대적 속성의 흔적과 정치적 체제 변화가 가져 온 법률적 변화에는 어떠한 관계가 있는지를 추적해 보았다.

근대적 회사의 형태는 법적 보호를 받을 수 있는 법인화, 유한책임제를 기반으로, 자유로운 양도권, 주주의 평등 등의 성격을 내포한 주식회사였다. 1904년 청말 최초로 제정된 회사법, 「欽定大淸商律公司律」부터 주식회사에 대한 규정은 존재하였으나 아직 사회 전반적인 주식회사의 설립 수치는 미비했다. 때문에 주식회사 이외 무한회사와 양합회사가 회사법에 포함되어 있었으며, 물론 이들 회사의 채무책임관계, 양도권문제, 주주평등 문제는 주식회사보다 폐쇄적이고 차별적이었다. 그리고 이러한 회사법 내용은 중화인민공화국 성립 이후 사라졌다.

한편, 1946년 전시상황에서 국가의 직접 경영과 투자, 외자유치를 위해 새롭게 신설된 유한회사는 중화인민공화국 성립과 함께 계획경제하에서도 자연스럽게 국영기업은 물론 사영기업까지 적용되는 법률로 이어져 현재 회사법에도 잔존해 있으며, 거의 치외법권적 보호를 받고 있던 외국회사도 1946년 회사법에 의해 정식으로 중국 법률의 적용을 받게 되었다. 결국 이러한 법률적 변화의 모습은 중국 회사법이 사회변화에 따라 사회 속 상행위, 그리고 영리를 목적으로 한 조직들을 적극적으로 반영하면서도, 국가의 필요에 의해 회사유형을 새롭게 규정하고 통제하려는 속성이 있음을 보여준다고 할 수 있다.

그러나 한편으론, 주식회사에 대한 규정은 개혁개방 이후 회사법에 드러나듯이 이전 법률적 제약이 점차 완화, 혹은 폐지되어가는 방향으로 개정되었다. 이는 적어도 법률적으론 점차 국가통제적 방식을 시장경제체제에 맡기려는, 그리고 그런 사회적 분위기가 형성되고 있음을 의미한다고 생각한다. 다만, 이런 법률적 특성의 흐름은 회사법 이외 관련 법률-예를 들어, 중화민국시기 민법이나 중화인민공화국시기 기업법 등- 의 특성, 그리고 회사법 내 조직, 운영과 관련된 조문들의 연구, 특히 실제 적용사례의 보완이 함께 진행되어야 좀 더 유의미한 결과물로 완성될 것이다. 차후 이러한 내용을 후속작업에서 적극적으로 반영하고자 한다.

제2부

중국 전통 상업
관행의 형성과 변화

1

清代前期 江南地域 農村 綿紡織業의
先貸制 生産에 대하여

홍성화

1. 시작하면서

明清時代의 경제사 연구에서 중요한 흐름의 하나는 자본주의적
생산관계의 발생을 입증하려는 시도였다. 이 시도는 명청시대의 중
국이 정체되지 않았고 서구와 마찬가지로 자본주의를 예고하는 변화
가 나타났다는 점을 입증하려는 것이었다. 이를 위해 많은 연구가
이루어진 분야 가운데 하나가 바로 江南地域[1]의 農村 綿紡織業이
었다.

嚴中平・西嶋定生 등의 기존 연구에서는 이 지역 농촌 면방직업
에서 선대제 생산 형태를 발견하려고 시도하였다. 선대제 생산은 바

---

1) 본 논문에서 강남지역은 江蘇省 남부와 浙江省 북부의 양자강 델타지역인 蘇州・
松江・常州・嘉興・杭州・湖州의 6개 府를 가리킨다.

로 자본주의적 생산관계의 단초를 의미하며, 나아가 명청시대에서 자본주의적 생산관계를 발견하고자 하는 것은 '세계사의 기본법칙'을 중국사에서 검증하려는 시도이기도 하다. 본 논문에서는 蘇州·上海 등 도시지역의 先貸制 生産2)에 관해서는 일단 捨象하기로 하고, 농촌지역 綿紡織業의 선대제 생산을 농업경영의 독립성 문제와 관련지어 살펴보려 한다.

2. 旣存 硏究의 檢討

西嶋定生이 이 지역의 면방직업에 대한 연구를 발표하였던 1940년대 후반 이래 논쟁의 중심이 된 것은 先貸制 生産에 관한 문제였다. 이는 명청시대의 상업자본이 생산과정을 어떻게 지배하였는가라는 史實의 검증차원에서만이 아니라, 마르크스가 제기한 자본주의적 발전의 두 가지 경로 가운데, 상업자본에서 산업자본으로의 전환이라고 하는 경로를 어떻게 평가할 것인가라는 이론상의 문제와 많은 관련을 가지고 있다.3)

西嶋定生은 마르크스가 '봉건제에서 자본주의로의 이행'의 두 번째 발전 경로로 설정한 '상인이 생산을 직접 장악하는 방식'으로서의 선대제 생산4)을 江南地域 농촌의 면방직업에서 찾아내려고 하였다.

---

2) 이에 대해서는 許滌新·吳承明 主編, 『中國資本主義的萌芽』, 北京, 人民出版社, 1985, pp.403-410; 橫山英, 『中國近代化の經濟構造』, 亞紀書房, 1972, 참조.

3) 谷川道雄 編, 『戰後日本の中國史論爭』, 名古屋, 河合文化敎育硏究所, 1993, p.244; 徐新吾, 『鴉片戰爭前中國棉紡織手工業的商品生産與資本主義萌芽問題』, 江蘇人民出版社, 1981, pp.87-102 참조.

그러나 그는 생산과정에 대한 상업자본 지배의 초보적인 형태인 선대제 생산조차 발견할 수 없다고 결론지었다. 선대제 생산이 부재할 수밖에 없었던 원인의 첫 번째로서 '토지제도의 重壓'을 들었다. 西嶋에게서 농촌 면방직업을 발전시킨 母胎는 토지제도의 重壓(重賦)이었다. 그러나 면방직업은 과중한 부세로 인하여 이러한 토지제도로부터 해방될 정도로 발전할 수 없었기 때문에 선대제로 발전해 나아갈 수 없었다고 하였다.[5] 두 번째 원인으로서 '前期的 상인자본의 수탈'을 들었다. 상인자본은 영세한 소농을 선대제하에 두기보다는 소경영상태로 두고 그들과 거래할 때 면포가격을 절하시키는 방법으로 수탈하는 편이 상인자본에 더 이익이 컸기 때문이라고 하였다.[6] 즉, 西嶋는 이 두 가지 원인으로 인한 면포 생산농가의 비독립성이 선대제 생산의 성립을 불가능하게 하였다고 파악하였다.

그 뒤 西嶋定生의 논의에 대해 여러 학자들의 이론적 비판과 사료 검토가 이루어졌다. 그 결과 森正夫[7]·田中正俊[8] 등은 그가 주장한 이 지역 농민의 농업경영이 독립성을 지니고 있다는 것을 밝혔

---

4) 先貸制 生産에 대해서는 M. 베버, 조기준 역, 『社會經濟史』, 三省出版社, 1988, pp.193-206; F. 브로델, 주경철 역, 『물질문명과 자본주의』 Ⅱ-1, 까치, 1995, pp.450-457; 劉秀生, 「商人包買主生産的歷史條件」, 複印報刊資料編輯部, 複印報刊資料 F7. 『經濟史』(北京, 中國人民大學書報資料中心) 1986-11[『中國社會經濟史研究』, 1986-3]; 徐新吾, 「中國和日本綿紡織業資本主義萌芽的比較研究」, 『歷史研究』, 1981-6, pp.72-73 참조.

5) 西嶋定生, 『中國經濟史研究』, 東京大學出版會, 1966, p.738.

6) 西嶋定生, 위의 책, pp.741-742. 西嶋가 든 2가지 원인에 대한 비판은 足立啓二, 「明淸時代の商品生産と地主制研究をめぐって」, 『東洋史研究』 36-1, 1977 참조.

7) 森正夫, 「日本の明淸時代史研究における鄕神論について」 Ⅲ, 『歷史評論』, 314, 1976, pp.118-119.

8) 田中正俊, 「明·淸時代の問屋制前貸生産について－衣料生産を中心とする研究史的覺え書」, 『西嶋定生博士還曆記念論叢－東アジア史における國家と農民』, 東京, 山川出版社, 1984.

다. 한편 선대제 생산의 측면에서도 佐伯有一・田中正俊이 絹織業에서, 또한 비록 도시지역이지만 橫山英이 蘇州의 踹布業에서 선대제 생산형태를 발견하여 이 지역에서 그 존재를 입증하였다.[9]

농민층의 영세성 때문에 자금과 생산기구의 대여라는 선대제 생산의 조건조차 형성될 수 없었다고 보았던 西嶋와는 달리 田中正俊은 이 지역의 농민층을 '독립성'을 지닌 존재로 파악하였다. 또한 농민층은 自家의 婦女를 노동력으로 충당하였고, 원료・機具・작업장 등에 대해서 완전한 소유권을 가졌으며, 또 그 제품을 대금을 받는 조건으로 매각하는 수공업적 경영을 하였다고 한다. 경제적으로 '비독립적'인 경우일지라도 농민층은 그 경영을 수행하기 위한 자금을 고리대 업자로부터 빌릴 수 있는 채무자로서도 신용을 지녔던 독립적인 존재라고 파악하였다. 그리고 이러한 '독립'적인 농민의 가내공업이 이미 전개되었다는 역사적・사회적 조건 아래에서 前期的 상인자본이 지닌 고유한 이윤추구라는 속성이 先貸商人을 출현시켰다고 하면서 선대제 생산의 존재를 이론적으로 뒷받침하려 하였다.[10]

이론적인 근거에 더 나아가서 田中正俊은 선대제 생산의 존재를 뒷받침한다고 하는 사료들을 11가지 제시하였다. 이를 순서대로 살펴보면, 1. 乾隆, 江西省 贛州府의 苧布, 2. 19세기 浙江 湖州府의 綿紡織業, 3. 『雲間据目抄』에서의 松江府城의 暑襪工場, 4. 『欽定古今圖書集成』에서의 松江府城의 暑襪 先貸制 生産, 5.

---

9) 佐伯有一・田中正俊, 「16・17世紀の中國農村製絲・絹織業」, 『世界史講座』Ⅰ, 東洋經濟新報社, 1955; 橫山英, 『中國近代化の經濟構造』, 東京, 亞紀書房, 1972.

10) 田中正俊, 앞의 논문. p.425.

民國22年의 蘇州府의 絹織業作坊, 6. 光緒年間, 南京의 絹織業 作坊, 7. 民國4年 江西・浙江地域의 絹織業, 8. 乾隆年間 蘇州 府의 絹織業 機戶에 대한 石刻碑文, 9. 顧公變, 「消夏閑記摘鈔」 에서의 松江府, 楓涇鎮의 '字戶', 10. 『雍正硃批諭旨』 등에서의 蘇州의 踹布業, 11. 盧崇興, 『守禾日記』에서의 康熙年間 浙江地 域의 絹織業 등이다.[11]

그러나 田中이 제시한 사료를 지역별・업종별로 살펴보면, 西嶋 定生이 입증하고자 했으며 그 뒤에도 선대제 생산을 둘러싼 논의의 중심이 되었던 이 지역의 농촌 면방직업(구체적으로는 軋核・紡織 과정)에서 선대제 생산의 존재를 입증할 만한 사료를 그 역시 제시 하지 못했다는 것을 알 수 있다. 絹織業이 아닌 면방직업에서 선대 제 생산이라고 인정할 수 있는 사료들은 농촌 면방직업이 아니라, 모두 蘇州나 부근 市鎮에서의 暑襪工場・踹布業 등의 면제품 가 공업에 대한 것이다. 농촌에서의 선대제 생산형태에 대한 사료는 극 히 소수 존재하지만, 이것만으로는 선대제 생산이 이 지역의 농촌에 서 성립했다고 평가하기 어렵다. 따라서 그의 선대제 생산에 대한 설명이 이론적인 측면이든, 史料的인 측면이든 西嶋定生의 설에 대 한 정당한 비판과 극복이라고 할 수 있을지 의문이다.

이상의 연구들이 선대제 생산형태에 관한 공통적으로 전제하였던 것은 모두 선대제 생산형태를 상품생산 발전의 필연적인 단계, 즉 농민층 분해의 한 표현으로 가정하고, 거기에서부터 생산관계의 변 화와 상품생산의 발전정도를 연역하였다는 점이다. 이들 연구는 모

---

11) 田中正俊, 앞의 논문, pp.410-421.

두 선대제 생산형태를 '봉건제에서 자본주의로의 이행'에서 통과해야만 되는 필연적인 경로로 이를 상정하였고 사료 속에서 발견하려 하였다.12)

그러나 베버(M. Weber)나 브로델(F. Braudel)의 연구에 따른다면 근세 유럽 경제사에서조차 선대제 생산형태는 농촌공업의 발전에서 필연적인 경로가 아니었다.13) 브로델의 표현대로 생산자가 "시장에서 쉽게 원료를 얻을 수 있고 완제품도 쉽게 판매할 수 있는" 지역에서라면 선대제 생산은 성립하지 않았다. 그리고 중국과 서구에서 농민층 분해와는 무관하게 이미 선대제 생산이 11~12세기 이래로 존재해왔다는 사실14)에서도 알 수 있듯이 생산력과 상품생산의 발전에 따라 자연적으로 발아되는 것이라기보다는 오히려 생산자와 시장권 간의 개별적인 조건 속에서 성립되는 것이다. 그러므로 '자본주의 맹아'(=농민층 분해)나 상품생산의 발전형태를 파악하기 위하여 선

---

12) 대부분의 연구가 이 점에서는 공통적이지만, 그 대표적인 사례로 嚴中平, 『中國棉紡織史稿』, 北京, 科學出版社, 1955(依田憙家 譯, 『中國近代産業發達史』, 東京, 校倉書房, 1965, p.51); 徐新吾, 앞의 책, p.92; 許滌新・吳承明, 앞의 책, pp.382-383; 西嶋定生, 앞의 책, pp.749-751; Philip Huang, *The Peasant Family and Rural Development in the Yangzi Delta 1350-1988*, Taiwan, SMC publishing, 1990, pp.84-88 참조. 이러한 연구경향의 기원에 대해서는, Grove & Esherich, "From Feudalism to Capitalism", *Modern China*, 6-4, 1980, pp.419-421 참조. 반면 田中正俊은 '이행과정'에서 나타나는 것, 그리고 '전근대사회'에 고유한 것으로 선대제 생산을 나누어 구분한다는 점에서 앞서의 논의와는 일정 정도 차별성이 있다. 그러나 그 역시 선대제 생산을 생산력과 상품생산의 발전에 따라 자연적으로 발아되는 것으로 보는 점, 또한 '이행과정'에서의 것이 '전근대사회'에서 고유한 선대제 생산형태보다 우월하다고 보는 점에서는 앞서의 논의와 다르지 않다(田中正俊, 앞의 논문, 5절).

13) M. 베버, 앞의 책, p.189; F. 브로델, 앞의 책, pp.454-455.

14) 周藤吉之, 「南宋の苧麻布生産とその流通過程」, 『宋代經濟史研究』, 東京大學出版會, 1962; 大塚久雄, 『資本主義社會の形成』I(『大塚久雄著作集』 第4卷), 岩波書店, 1969 참조.

대제 생산형태를 반드시 검출해야 할 이론적 필연성은 실제로 존재하지 않았던 것이다.

그럼에도 불구하고 기존의 연구에는 농촌수공업을 우선 서양 근세 경제사 연구에서 추출된 이론적인 기준인 선대제 생산의 존재유무가 판단의 기준이 되었고, 이것으로 상품생산과 상품유통의 발전단계를 설명하려 하였다. 선대제 생산형태가 발견되지 않는 경우에는 이 사실이 곧바로 상품생산[15]과 상인자본[16]의 낙후함으로 평가·귀결되었다. 이렇게 됨으로써 기존의 연구에서는 사료 속에서 선대제 생산형태를 검출해내려 했을 뿐이고, 면방직업이 발전하기 위해서 어떠한 경제적 조건이 필요한가, 또는 상품생산을 위해서 반드시 선대제 생산형태를 필요로 하였는가라는 문제는 검토조차 이루어지지 않았다.[17] 이를 고찰하기 위한 전제가 되는 소생산자의 독립성 문제도 연구자 사이에 견해 차이를 보이고 있다.[18]

---

15) 상품생산의 발전으로 인해서 강남지역을 비롯한 華中南 지역의 농촌경제는 이미 명청시대에 자급자족적인 단계를 벗어나 있었고, 이와 아울러 상품유통망이 급속히 전개되었다(金鍾博, 「明淸時代蘇松地區市場開設과 商品流通網」, 『祥明史學』 5, 1997; 田尻利, 「중국 자본주의의 전사-상업적 농업을 중심으로-」, 池田誠 外, 金泰丞 譯, 『中國工業化의 歷史』, 신서원, 1996 참조).

16) 상인자본의 측면에서 보면, 蘇州·上海 등의 도시에서 상인자본에 의한 선대제 생산은 레닌이 '상인자본의 최고형태'라고 규정했던 단계에 해당할 정도이기 때문에(橫山英은 踹布業에서 선대제 생산을 분석하면서 레닌이 제시한 단계를 명청시대 경제사 연구에서 적용할 것을 제안하고 있다. 橫山英, 앞의 책, p.100, 또한 『中國資本主義的萌芽』 역시 踹布業에서 資本主義萌芽를 발견할 수 있다고 평가하고 있다(許滌新·吳承明, 앞의 책, p.410)), 선대제 생산의 부재가 상인자본의 저급성 때문이라고 평가할 수 없을 것이다.

17) "직접 생산자 특히, 농민의 문제는 앞서 서술했던 西嶋의 연구에서 가장 큰 약점이다." 北村敬直, 「農村工業と佃戸制の展開-明淸社會經濟史의 諸問題」, 社會經濟史學會編, 『戰後における社會經濟史學の發展』, 『社會經濟史學』 20-4·5·6 合倂特輯號, p.183.

18) 농가경영의 독립성과 선대제 생산의 존재유무에 대한 연구자의 견해

본 논문에서는 선대제 생산형태를 상품생산 발전의 한 단계로 파악한 기존의 연구와는 달리 특정 조건하에서의 경영방식의 하나로 파악하려 한다. 그러므로 다음 2절에서는 사료검토를 통해 선대제 생산형태의 성립조건과 존재유무를 상품유통망과 면포 생산자의 경영상태를 관련지어 고찰해보려 한다.

3. 先貸制 生産의 條件

우선 선대제 생산의 성립을 위해서는 어떠한 유통 조건들이 필요하였는가, 그리고 선대제하에서 생산자들의 경영조건은 어떠했는가, 즉 상품유통과 상품생산의 과정으로 각각 나누어 이를 살펴보기로 하자. 명청시대 이 지역 농촌지역의 선대제 생산형태를 알려주는 유

	農家經營의 독립성 여부	선대제생산의 유무
嚴中平	독 립	무
西嶋定生	비 독 립	무
波多野善大	언급 없음	유
徐新吾	독 립	무
趙岡·陳鍾毅	독 립	유
許滌新·吳承明	독 립	무
田中正俊	독 립	유
필립 황	독 립	무
山本進	독 립	무

* 출전은 앞서 인용한 嚴中平, 西嶋定生, 徐新吾, 許滌新·吳承明, 田中正俊과 필립 황의 각 논저임. 그 외의 출전은 다음과 같음. 波多野善大, 「中國史把握の前進－西嶋定生氏の研究成果について」, 『歷史學研究』 139, 1949; 趙岡·陳鍾毅, 『中國棉業史』, 臺北, 聯經出版業公司, 民國 66年; 山本進, 「開港以前の中國綿紡織業－日本との技術比較を中心して」, 『歷史の理論と教育』 69, 1987

일한 사료라고 생각되는 『堯峯文鈔』의 「席舍人墓誌銘」에서는 다음과 같이 기록하였다.

> 나는 여러 번 洞庭의 東山(太湖 안에 있는 섬으로 震澤鎭에 있음
> —인용자)을 유람하였다. 俞氏家에서 薛家橋까지 가는 길에 흙다
> 리가 많았다. 매번 비가 올 때마다 번번이 무너져서 통행할 수 없
> 었다. 그곳을 왕래하는 자가 이를 불편하게 여겼다. 최근에 이곳을
> 지나면서(보면 새로운 石橋가—인용자), 옆을 가지런히 쌓고, 가운
> 데로 벽돌로 쌓은 것이 매우 정교하고 치밀한 것이었고, 그 길이가
> 몇 里에 달했다. 내가 누가 이를 했느냐고 묻자, 그들은 "席舍人
> (1638~1680, 徽州商人—인용자)이 쌓은 것"이라고 하였다.
>
> 당시 山中의 부녀들은 전혀 副業이라고 할 만한 것이 없었고, 항
> 상 일도 안하면서 게으르게 먹기만 하였다. 최근에(이곳을 지나면
> 서 보면—인용자) 이들이 직포하는 방법을 알게 되었고 번화한 거
> 리가 들어섰다. 내가 누가 이 일을 했느냐고 묻자, 그들은 역시
> "舍人이 鄰郡 女工들을 모아 가르쳤다"고 말하였다. 나는 솜과
> 紡車와 織機 등의 기구들은 어디에서 얻었냐고 물었다. "舍人이
> 나누어 주었다"고 대답하였다.[19]

이를 보면 席舍人은 스스로의 힘만으로는 독립적 경영을 할 수
없었던 東山의 부녀들에게 직기와 원료인 면화 솜을 先貸해 주었고,
사료에는 나타나 있지 않지만 직기와 솜으로 생산한 綿布를 수매할
때 이들 부녀에게 임금의 형태이든 가공비의 형태이든 그 노동력의

---

19) 汪琬(1624~1690), 『堯峯文鈔』 卷15, 「誌銘五」 「席舍人墓誌銘」(『四部叢刊』 卷
277), "子數遊洞庭之東山. 自俞家舍抵薛家橋, 其道多坭. 每新雨輒淖, 不可行,
諸往來者病之. 最後過其地, 則旁規以石, 中甃以甓者堅緻, 且亥數里矣, 問誰爲
之, 則曰席舍人所築也. 時山中婦女, 無他業, 每空手坐食以爲恒. 最後織作聲,
殷然接衢巷. 問誰爲之, 則又曰, 舍人募鄰郡女工所敎也. 問絮本及紡車織紝諸
具, 安所取乎, 則又曰, 舍人所給也."

대가를 지불하였을 것이라고 생각된다. 이러한 과정을 통해서 이 지역에서 면방직업의 선대제 생산은 성립되었던 것이다.

여기에서 상품유통의 측면에서 선대제 생산의 조건을 우선 다음과 같이 유추해 볼 수 있다. 첫 번째로는 유통망과의 단절이다. 이들 婦女들은 東山의 山中에서 외지의 시장권으로부터 고립되어 있었기 때문에("東山 …… 自俞家舍抵薛家橋, 其道多圯. 每新雨輒淖, 不可行, 諸往來者病之"), 席舍人은 생산자와 외부의 상품유통망 간의 단절이라는 조건하에서 생산자들을 지배할 수 있었다. 앞서 베버와 브로델의 서양경제사 연구의 결과와 마찬가지로 여기에서도 상품유통망과의 단절이야말로 농촌 면방직업에서 선대제 생산의 중요한 성립조건이었다.[20]

두 번째로는 상인자본과 거래 속에서의 생산자의 '비독립성'이다. 소생산자는 유통망과 단절되어 있었기 때문에, 아마 선대상인인 席舍人이 이들 부녀와 독점적으로 거래하였을 것이라고 생각된다. 그러므로 이들 부녀는 선대상인이 책정한 면포의 가공비용을 그대로 받아들여야만 했을 것이다.[21] 이와 달리 선대상인이 복수이거나, 혹은 이들 부녀들이 선대상인의 수중을 거치지 않고 시장과 직접 거래하였다면 거래과정에서 독립성을 유지할 수 있었을 것이다.

다음으로 「席舍人墓誌銘」에서 유추되는 상품생산의 과정 내에서

---

20) 徐新吾, 앞의 논문, p.72.

21) 端布業의 경우도 마찬가지이다.「奉督撫各大憲核定端匠工價給銀永遵碑記」－康熙9年(江蘇省博物館 編, 『江蘇省明淸以來碑刻資料選集』, 北京, 三聯書店, 1959, p.34), "至于端布工價, 照舊例每匹絞銀壹分壹厘. …… 工匠不許多才勒." 絹織業에서 이와 같은 사례에 대해서는 盧崇興, 『守禾日記』, 卷6(淸史硏究所檔案系中國政治制度史敎硏室 合編, 『康雍乾時期城鄕人民反抗鬪爭資料』下, 北京, 中華書局, 1979, p.526) 참조.

의 선대제 생산의 성립 조건은 두 가지이다. 첫 번째로는 선대상인의 지배하에 놓인 소생산자의 생산과정에서의 비독립성이다. 여기에서 보듯이 선대제하에 놓였다고 볼 수 있는 明末淸初 東山의 婦女들은 아마도 山中의 부녀였기 때문에 농업에 종사하여 생계를 유지하기 어려웠을 것이다. 자신들의 경제력만으로는 생산도구인 직기나 원료인 면화를 손에 넣기 어려웠기 때문에 상인이 이를 선대해주었던 것이다.[22] 여기에서 우리는 이들이 직기나 원료를 자신들이 스스로 소유할 능력이 없는 '비독립적'인 존재였다는 것을 알 수 있다. 이러한 비독립성을 바탕으로 해서 徽州商人 席舍人은 이들 부녀에게 직기와 원료를 선대할 수 있었다. 역으로 이미 그 이전에 부녀들이 직기나 원료를 스스로 소유하고 있었다면, 선대상인에게 직기와 원료를 선대받을 필요가 없었기 때문에 선대제 생산은 성립될 수 없었을 것이다. 西嶋說(앞의 책, p.742, pp.863-864)과는 달리 소생산자의 비독립성이야말로 선대제 생산의 성립 조건의 하나였다.[23]

두 번째로는 면포 생산자가 잉여를 축적할 수 있는 가능성이다. 앞서 西嶋定生은 농촌 면방직업은 "단순재생산에 머물렀고 ……자본축적은 불가능"(p.739)하였다고 평가하였다. 그러나 이 「席舍人

---

22) 踹匠(단포업 노동자)의 경우도 마찬가지이다. 「蘇州府處理踹匠羅貴等聚衆行凶肆凶科斂一案并規定以後踹布工價數目碑」-康熙32年(江蘇省博物館 編, 앞의 책, p.35), "又緣踹匠子身赤漢, 一無携帶."

23) 이는 絹織業의 경우에서도 마찬가지였다. 曹允源, 李根德纂, 『民國吳縣志』 卷51, 「輿地考」, 「物産」2, 「工作之屬 織作」, p.22(『中國地方志集成』, 『江蘇府縣志輯』 11, 南京:江蘇古籍出版社, 1991, p.846). 또한 佐伯有一・田中正俊, 앞의 논문 참조. 한편, 田中正俊은 雍正 『泰順縣志』의 "或貧不能買棉布苧則爲人分紡分織, 以資其生"라는 구절을 분석하면서 소생산자가 원료를 지급받고, 紡績・織布의 작업에 참가하였던 것은 소생산자가 '가난'하고, 경제적으로 '비독립'적인 사회조건하에 있었기 때문이라고 하고, '西嶋說에 대립하는' 사실을 보여주는 것으로 주의할 필요가 있다고 하면서, 西嶋說에 대해 의문을 표시하고 있다(田中正俊, 앞의 논문, 3절).

墓誌銘」에 따르면, 면포를 생산하기 이전에 이들 부녀들에게는 별다른 소득이 없었지만, "직포하는 것을 알게 된" 후에 이 지역에 "번화한 거리가 들어섰다(最後織作聲, 殷然接衢巷)"고 한다. 이는 이들 부녀가 면포 생산에 참가한 뒤에 얼마 간의 잉여를 축적할 수 있었고, 이를 기반으로 東山地域에서 거리가 번화하게 될 정도로 경제가 발전하였다는 것을 보여준다. 또한 『雲間据目抄』에서도 "이것(松江府의 暑襪工場)은 사람들에게 혜택을 주는 새로운 일거리"[24]라고 서술하였다. 따라서 잉여축적이 불가능했다고 하는 종래의 西嶋說은 재고를 요한다고 하겠다.[25]

전체적으로 볼 때, 선대제 생산은 상품 유통과정에서의 소생산자의 단절과 상품생산 과정에서 소생산자의 '비독립성'이라는 2가지 조건을 토대로 성립된 선대상인의 경영방식이라는 것을 알 수 있다. 또한 선대제하의 소생산자의 경영은 비록 비독립적이었지만, 상품생산에 참여함으로써 얼마 간 잉여축적의 가능성도 있었다는 것을 알 수 있다. 반면 위의 「席舍人墓誌銘」을 제외하고 농촌 면방직업에서의 선대제 생산형태를 입증할 만한 다른 사료는 지금까지 발견되지 않고 있다.[26]

---

24) 范濂, 『雲間據目抄』 卷3(『筆記小說大觀』 臺北, 新興書局, 民國49年), p.1270.

25) 상품생산에서 얻어진 잉여축적으로 인해 이 지역의 농민층은 明末淸初 이후 자립재생산이 가능하게 되었고 이것이 抗租運動의 동인이 되었다. 小山正明, 「明末淸初の大土地所有－とくに江南デルタ地帯を中心にして」, 『史學雜誌』 66-12・67-1, 1957・58.

26) 嚴中平, 앞의 책, p.52, 許滌新・吳承明, 앞의 책, p.402. 반면 趙岡・陳鍾毅는 波多野善大(앞의 논문)와 같이 면포상인과 면화생산 농민과의 거래를 先貸制 生産(包買主制)으로 파악하고 있다(앞의 책, pp.76-79). 이들이 제시한 선대제 생산에 대한 사료는 暑襪工場(『雲間據目抄』 卷2)에 대한 것 이외에는 모두 상인과 면포 생산자의 거래에 대한 것이다. 이들 사료 속에서 생산원료의 지급이나 회수 등의 사례

사료가 존재하지 않는다는 것이 곧바로 그 사실의 부재로 연결될 수 없기 때문에 이것만으로는 선대제 생산이 보편적인 것이 아니었다고 아직까지 단정 지을 수는 없다. 입증할 수 있는 사료가 부족하더라도 앞서 살펴본 선대제 생산의 조건과 경영상태를 바탕으로 강남지역의 면방직 생산자들의 경영형태와 상품유통망과의 관계를 살펴본다면, 면포 생산자들이 과연 선대제 생산형태를 거쳤는가, 아니면 이것이 면포생산에 필수적이었던가에 대해 일정정도 답을 얻을 수 있을 것이라고 생각된다. 나아가서 명청시대 이 지역에서 선대제 생산이 어떠한 역사적 역할을 하였는가에 대해서도 고찰할 수 있을 것이다.

4. 先貸制 生産과 農業經營의 관계

앞서 2절에서 선대제 생산의 조건을 상품유통 과정과 상품생산의 과정으로 나누어 살펴보았다. 다음으로는 「席舍人墓誌銘」에서 유추된 선대제 생산형태가 과연 청대 강남지역에서 일반적인 농업경영상이었는가를 확인하고, 양자에 차이점이 있다면 어떠한 차이가 있었는가에 대해서 살펴보기로 하자.

우선 상품유통 과정에서 선대제 생산의 성립을 위한 조건들에 대해서 살펴보기로 하자. 첫 번째로 이 지역의 독립생산자가 외지의 시장권으로부터 고립되어 있었기 때문에 선대상인을 거치지 않고서는 원

가 나오지 않는 이상, 이 사료만으로는 선대제 생산의 존재여부를 판단할 수 없다 (이에 대해서는 許滌新・吳承明, 앞의 책, p.400).

료의 구입과 면포의 판매를 행할 수 없었는가에 대해서 고찰해보자.

여타 강남지역의 면포 생산자가 東山의 부녀와 같이 시장권에서 고립되려면, 기본적으로 이들 면포 생산지와 원료인 면화 생산지가 서로 상당히 떨어져 있거나, 소생산자가 직접 거래할 수 없는 상황 이어야만 된다. 그러나 여타의 강남지역은 주지하다시피 면화의 재 배지로서 최적지였고,[27] 松江·常州 등에서는 棉花栽培가 전체 경 지의 7～8할을 차지하고 있었다.[28] 따라서 東山의 婦女와는 달리 이 지역 대다수 농민은 상인자본의 매개 없이 원료인 면화를 쉽게 수중에 넣을 수 있었다.[29] 설령 면화를 직접 재배하지 않는 농가라 할지라도 시장망이 발전했기 때문에 근처 市鎭에서 손쉽게 면화를 구입할 수 있었다.[30] 따라서 東山地域이 아닌 여타 면포 생산자는 원료의 구입 과정에서 선대상인이 매개할 필요가 없었음을 알 수 있다.

다음 두 번째로 이 지역의 여타 면포생산자가 면포의 유통과정에 서 선대상인의 지배를 받아야 했는가에 대해서 살펴보기로 하자. 기 존의 연구에서는 공통적으로 상인자본에 비해 이 지역 면포 생산자 의 열세함을 강조해 왔다. 사실 이 지역의 면포 생산자들은 면포 판 매 측면에서 면포가격이 상인에 의해 책정된다는 측면에서, 면포생 산자는 상인자본에 대해 열세한 입장에 놓여 있었고 거래과정에서

---

27) 嚴中平, 앞의 책, p.19.

28) 兩江總督 高晉,「請海疆禾棉兼種疎 乾隆四十年」(賀長齡·魏源 等編,『淸經世 文編』, 卷37,「戶政」12(北京, 中華書局, 1992), p.911). 이 지역의 면화재배에 관 해서는 從翰香,「試論明代植綿和綿紡織業的發展」,『中國史硏究』1981-1; 渡部 忠世 外編,『中國江南的稻作文化』, 東京, 日本放送出版協會, 1984, 제5장 참조.

29) 方行,「論淸代前期棉紡織的社會分工」,『中國經濟史硏究』1987-1.

30)『正德松江府志』卷4「風俗」,『天一閣藏明代方志選刊續編』5, 上海書店, 1990, p.214.

상인자본에게 착취당했던 것은 사실이다.[31]

하지만 상인이 면포의 가격결정권을 장악할 수 있었던 것은 생산자를 인격적으로 지배했기 때문이 아니라, 강남지역의 상품시장은 그 수요가 기본적으로 외부에 있었기 때문이었다.[32] 따라서 상인이 면포의 가격결정권을 장악하였다는 사실과 소생산자에 대한 면포의 유통과정에 대한 전면적인 통제는 서로 다른 차원으로 분리해서 파악해야 한다.[33] 乾隆年間 上海사람인 楮華는 면포거래의 모습을 다음과 같이 서술하고 있다.

> 山西地域에서 온 布商은 門下에 항상 수십 명의 牙行을 두고 있다. ……
> 이들은 店鋪를 설치해서 (綿布를) 수매하였다. 매일 아침 새벽에
> 서 正午까지 小東門 밖에 시장이 열렸다. (면포를 짊어지고) 팔러
> 오는 농촌 사람들이 어깨를 부딪치고 소매가 스칠 정도였다.[34]

여기에서 布行이 생산자와 고정적인 관계를 맺고 직접 면포를 수매하러 순회한 것이 아니라, 아무런 고정적인 관계 없이 면포 생산

---

31) 欽善, 「松問」(『淸經世文編』 卷28, 「戶政」 3, p.694), "託命剡縷, 三日兩飢, 抱布入市, 其賤如泥. 名日殺莊." 한편 無賴부류에 속하는 '行覇', '白賴', '白拉' 등이 면포생산자와 상인의 거래에 개입하고, 폭력을 이용하여 자유로운 면포의 거래를 방해하는 경우도 있었다(이에 대해서는 閔耕俊, 「淸代 江南의 棉業商人」, 『釜山史學』 31, 1996; 樊樹志, 앞의 책, pp.165-171). 그러나 이는 客商과 布行·布莊 간에 면포 생산을 둘러싼 경쟁에서 촉발된 것이기 때문에(閔耕俊, 앞의 논문), 이와 같은 폭력에 의한 자유거래의 침해가 이들 牙行의 본원적인 속성이었다고 할 수 없을 것이다.

32) 岸本美緒, 「康熙年間の穀賤について-淸初經濟思想の一側面」, 『東洋文化研究所紀要』 89, 1982(同, 『淸代中國の物價と經濟變動』, 硏文出版, 1997, 재수록).

33) 許滌新·吳承明, 앞의 책, p.400 참조. 西嶋定生은 상인자본의 착취를 지배와 혼동하였다. 상인자본은 면포 생산자층을 면포 거래과정에서 심하게 착취할 수는 있었을지라도, 면포 생산자를 인격적으로나, 노동과정의 측면에서 지배할 수는 없었다.

34) 楮華, 『木棉譜』, 『叢書集成』, 第1469冊, 北京, 中華書局, 1985, p.11.

자가 시장으로 가서 布行에게 면포를 팔았다는 것을 알 수 있다.
『錫金識小錄』에서도 역시 坐賈가 면포를 수매하는 모습을 서술하
고 있다.[35] 즉 면포생산자는 면포 거래 과정에서는 자본력이 막강한
면포상인에게 가치 이하로 판매해야만 하는 경우가 많았던 것은 사
실이다. 하지만 면포 생산자는 시장권이 이미 발전해 있었고, 소생산
자는 한 지역, 촌락에 집중되어 있었던 것이 아니라 넓은 지역에 분
산되어 있었기 때문에 상인자본으로서는 이들을 유통과정에서 직접
간섭하거나 통제할 수 없었다.[36] 면포생산자는 면포상인과 일대일의
고정관계를 맺지 않고 市鎭에 직접 면포를 가지고 가서 알맞은 가
격을 제시한 상인과 거래하였다.[37]

또한 상인자본의 측면에서 볼 때에도 선대제 생산을 할 수 있는
상인은 蘇州 踹布業의 경우[38]에서 나타나듯이 이 지역의 상인인 布
莊이나 牙行이 아니라 客商인 布客일 것이다. 선대제 생산형태를
경영하기 위해서는 상당한 자본규모가 필요하였다. 중개상인 牙行은
대개의 경우 그 정도의 자본을 갖고 있지 못하였고, '勢要之家'에
의존하여야만 했던 집단이었기 때문에,[39] 이들은 결코 선대제 생산
형태를 경영할 수 있는 정도로 발전할 수 없었다. 반면에 布客은 외

---

35) 黃印, 『錫金識小錄』(乾隆17年修), 卷1, 「力作之利」, p.7(『中國方志叢書』 426號,
   臺北, 成文出版社有限公司印行, p.53); 錢泳, 『履園叢話』 卷23, 「雜記」上, 「換
   棉花」(中華書局, 1997), pp.623-624.

36) 徐新吾, 앞의 논문, pp.72-73.

37) 金鍾博, 1997, p.192; 徐新吾, 앞의 책, p.98; 許滌新·吳承明, 앞의 책, pp.400-
   401; 小島淑男, 「清朝末期の都市と農村－江南地方を中心に」, 『史潮』 8, 1980,
   p.87 참조.

38) 李光祚修·顧詒祿等纂, 『乾隆長州縣志』, 卷11 「風俗」 p.5(『中國地方志集成』
   13, 上海書店, 1991, p.95); 橫山英, 앞의 책, 제2부 2장 참조.

39) 葉夢珠, 『閱世編』, 「食貨」 5, 上海古籍出版社, 1981, p.158.

래상인이기 때문에 牙行을 거치지 않고서는 직접 농가와 면포거래를 할 수 없었다.[40] 布客과 면포생산을 하는 농가 사이에는 布行(면포 거래 牙行)이 개입하고 있었고, 이들을 통하지 않고서는 布客은 면포를 손에 넣을 수 없었다. 때문에 布客은 이 지역 농촌의 면포 거래망을 직접 장악할 수 없었다. 이러한 두 가지 이유로 이 지역의 면포 생산자는 상인의 인격적인 지배를 받지 않고 자유로이 면포를 생산할 수 있었다.

이 두 가지 측면을 볼 때 이 지역의 여타 농민들은 東山의 부녀와는 달리 원료를 획득할 수 있고 완제품을 상인자본의 손을 거치지 않고 판매할 수 있는 독립성을 지닌 존재였다는 것을 알 수 있다. 그러므로 西嶋定生이 묘사한 바와 같이 농가가 고립되어 상인자본에 의해 寸斷되거나(p.742), 시장권과 멀리 떨어진 東山의 부녀와 같은 경우는 강남지역 전체에서 극히 드물었다고 할 수 있다.[41]

다음으로 상품생산 과정에서 면포 생산자의 경영조건에 대해서 고찰해보도록 하자. 그 첫 번째로 이 지역의 농업경영이 비독립적이기 때문에 선대상인에게 의존해야만 했던가에 대해서 살펴보자. 선대상인이 면포 생산자에게 직기와 원료를 선대하려면, 면포 생산자가 東山의 부녀나 踹布業 노동자와 같이 직기나 원료를 자신들이 스스로 소유할 능력이 없는 '비독립적'인 존재여야만 된다. 그러나 이 지역의 농민들이 명말청초 이후 농업생산에서 독립성을 획득했던 것과

---

40) 朴基水, 「明淸時代 生産力과 商品流通의 發展」, 『成大史林』 10, 1994. p.149.
41) 강남지역의 市鎭 간의 거리는 12 내지 36里 정도였기 때문에, 대부분의 농민들은 상인의 손을 거치지 않고 항상 市鎭과 손쉽게 거래할 수 있었다. 樊樹志, 『明淸江南市鎭探微』, 上海, 復旦大學出版社, 1990, pp.114-133.

마찬가지로 상품생산에서도 독립성을 지녔다. 대다수의 농민은 생산수단인 織機를 소유하였고,[42] 면포 생산자는 상인자본과의 거래 속에서 생산과정에 대한 통제를 받지 않고 자유로이 면포를 생산했다. 이는 이 지역의 농가가 농업경영에서 독립성을 획득한 것과 마찬가지로 생산과정과 판매에서도 역시 다른 지주·상인층의 간섭 없이 독자적인 경영권을 획득하였다는 것을 보여주는 것이다.[43] 東山의 부녀와는 달리 독자적으로 면포 생산능력이 있는 이들로서는 상인에게 직기와 면화를 선대받을 필요가 없었다. 西嶋定生이 상정한 것과는 반대로, 이들의 경영이 비독립적이었기 때문에 선대제 생산이 발전하지 않았던 것이 아니라, 오히려 독립적이었기 때문에 선대제 생산형태가 면방직업에서 불필요했다는 것을 알 수 있다.

두 번째로 선대제 생산하에서의 임금과 독립적인 소상품생산에서 얻

---

42) 이 점은 田中正俊뿐만 아니라 西嶋定生도 이미 인식하였다(p.856). 嚴中平에 따르면 가내의 직기는 농민이 직접 제작하였다고 한다(p.45). 그러나 전중국의 면포 생산자가 직기를 소유했던 것은 아니었다. 尹會一(1691~1748)은 蘇州·松江地域에서 면방직업이 성행한 모습을 서술한 뒤, 河南省에서는 면방직업이 이루어지고 있긴 하지만 농가에서 직기를 소유하고 있지 않기 때문에 지방관의 명에 따라 부유한 이들이 가난한 이들에게 직기를 대여해서 방직을 권장할 것을 주청하고 있다(尹會一,「敬陳農桑四事疏」,『淸經世文編』卷36,「戶政」11, p.891). 그러므로 다수의 면포생산자가 직기를 소유하는 것이 강남지역 이외에서도 보편적인 현상이었다고는 할 수 없다.

43) 嚴中平, 앞의 책, p.45. 이는 면포생산자가 독립자영민이 될 수 없다는 西嶋說(p.863)이 재고되어야 한다는 것을 의미한다. 西嶋定生이 이들을 '비독립'적인 존재로 파악했던 것은 이들의 농업 경영면적이 10畝 정도로 영세하였다는 것이 그 전제이자 유력한 근거가 되었다. 그러나 경영면적의 축소가 반드시 경영의 영세함을 반드시 의미한다고는 할 수 없다. 이는 영세화의 과정, 즉 가계수입의 축소과정이 아니라 唐宋變革期 이래 농업경영의 집약화로 인한 경영면적의 축소과정이었다(包世臣,『齊民四術』第二「農二」「庚辰雜著」2(『近代中國史料叢刊』30輯, 臺北, 文海出版社), p.1763, "廣種薄收, 廣種卽糞力無給, 薄收卽無以償本."). 경영면적의 축소과정에 대해서는 각각 大澤正昭,『唐宋變革期農業社會史研究』汲古書院, 1996; 柳田節子,『宋元鄕村制の硏究』, 創文社, 1976; 足立啓二,「明淸時代長江下流の水稻作發展」,『熊本大學文學部論叢』21, 1987 참조.

어지는 소득을 비교해보기로 하자. 만약 선대제 생산하에서 받는 임금
이 독립적인 상품생산에서 얻어지는 소득보다 높다면 이를 토대로 선
대제 생산이 발전할 수 있기 때문이다. 이를 면포 가공업의 일종이면서
선대제 생산이 행해진 踹布業을 기준으로 해서 살펴보기로 하자.

청대 蘇州地域의 단포업 노동자인 踹匠의 월수는 1兩 내지 3兩
정도였다고 한다.[44] 하지만 踹布業은 계절에 따라 면포에 대한 수
요의 진폭이 상당히 컸다. 布客으로부터 주문이 들어오지 않는 경우
라면 일을 쉬지 않을 수밖에 없는 불안정한 업종이었으므로,[45] 踹匠
의 연간 수입은 15兩를 넘지 않았으리라고 생각된다.

다음으로 이 지역의 농가경영에서 얻어지는 수입에 대해서 살펴보
자.『沈氏農書』와 陶煦의『租覈』에서는 평균 10畝 정도를 이 지역
의 일반적인 경영면적으로 상정하고 있다.[46] 이 정도 규모를 경영하는
농가라면 한 해 수확량은 20~30石 정도가 된다.[47] 여기에 소작료를
제외하면 10~15石 정도가 남는다. 1石당 銀 1兩으로 계산하면[48] 매
년 10~15兩 정도가 순수한 수도작의 수입이 되는 셈이다. 여기에 다
시 麥作과 면방직업 등의 수도작 이외의 수입을 더한다면 연간 수입
이 踹布業의 경우보다 더 상회한다는 것을 알 수 있을 것이다.

---

44) 寺田隆信,「書評:『中國近代化の經濟構造』」,『東洋史研究』31-3, 1972, p.115.
　　寺田隆信은 月收 13兩 5錢 내지 6錢이라는 橫山英의 계산(橫山英, 앞의 책,
　　p.84)을 오류라고 비판하였다. 寺田隆信의 비판이 타당하다고 생각된다.

45) 許滌新·吳承明, 앞의 책, p.409.

46)『沈氏農書』,「運田之法」16段(『補農書校釋』(增訂本), 陳恒力 校釋, 北京, 農業
　　出版社, 1983), p.67, "凡人家種田十畝";『租覈』「量出入」篇(鈴木智夫,『近代
　　中國の地主制』, 東京, 汲古書院, 1977, 재수록), p.241, "人, 耕十畝."

47) 包世臣, 앞의 책, p.1767, "吳民精于農事, 畝常收米三石."

48) 中山美緒,「淸代前期江南の米價動向」,『史學雜誌』87, 1978 참조(岸本美緒, 앞
　　의 책, 재수록).

요컨대 端布業의 임금 수준이 독립적인 경영에서 얻을 수 있는 평균적인 수익보다 상당히 낮았을 것이라는 점을 쉽게 알 수 있다. 그렇기 때문에 이 지역의 농민이 독립적으로 생산수단을 소유하고 노동대상을 구입해서 상품생산을 할 수 있다면 선대상인하에서 임금 노동자가 되어 낮은 임금을 받고 생활할 아무런 이유가 없었다.[49] 왜냐하면 기본적으로 선대제는 생산수단과 노동대상을 노동자에게 선대하고 그 대가로서 상품의 판매에서 얻어진 이윤을 얻는 것이기에, 이 이윤과 투하자본을 제외한 것으로 지급되는 임금은 같은 시장조건하에서 독립적으로 경영하는 상품생산에서 얻어진 이윤보다 훨씬 낮을 수밖에 없기 때문이다.

앞서 東山의 부녀들이 잉여를 축적할 가능성이 있었지만, 선대제 생산하보다 독립소생산의 경우가 잉여축적의 가능성이 높다는 것을 고려하면 실제로 강남지역의 면포 생산자가 東山의 부녀보다 훨씬 많은 이윤을 획득할 수 있었다는 것을 추측할 수 있었다. 이러한 상품생산에서의 잉여를 바탕으로 명대 중기 이후 이 지역에서 시진망이 발전하였고, 또한 奴變과 抗租運動이 활발하게 되었다.[50]

상인과 면포 생산자의 관계에서 또 한 가지 고려되어야 할 것은 면방직업의 기술 수준이다. 면방직업의 기술수준은 10세가 되면 배

---

49) 「蘇州府處理端匠羅貴等聚衆行凶肆凶科斂一案并規定以後端布工價數目碑」-康熙32年, 江蘇省博物館 編, 앞의 책, 35쪽, "端匠 …… 俱非有家土著之民" 이러한 경우는 서양사에서도 발견된다. "17세기에 대단히 활발하게 직조업이 발달했던 레이덴도 주변 농촌지역이 워낙 부유한 까닭에 그곳으로 직물업을 확대해 갈 수 없었다. 그래서 18세기에 반드시 노동력을 확보해야만 하게 되었을 때, 이 도시에서 멀리 **떨어진**(강조 - 원저자) 가난한 지역에 의존해야 했다. 역설적이게도 이런 지역이 네델란드 근대 직물업의 중심지가 된 것이다." P. 브로델, 앞의 책, p.436.

50) 小山正明, 앞의 논문.

울 수 있을 정도로 기술습득이 용이했기 때문에,[51] 농가로서는 적은 자본과 단기간의 기술수련만으로도 독립적으로 면방직업을 경영할 수 있었다. 이러한 면방직업의 속성 때문에 농민층의 독립성 제고에 유효한 수단으로 작용하였다.[52]

다른 한편으로 기술숙련도가 낮다는 점은 다른 측면에서 볼 때 잉여추출의 기회도 그만큼 적다는 것을 의미하기도 한다. 선대상인으로서는 기술숙련도가 높은 絹織業에 투자하는 것이 많은 이익을 볼 수 있었기 때문에 면방직업에 투자하려 하지 않았을 것이다.[53] 만약 선대제 생산방식으로 면포를 대량으로 값싸게 생산하려는 상인이 있었을지라도 농가에서는 이에 대항하여 자신과 가족에게 돌아갈 이윤 부분을 축소할 수 있기 때문에,[54] 이보다 저렴하게 생산하는 것이 가능하였다. 이 당시 선대제 형태의 생산방식으로는 가내공업과 면포 가격 면에서 전혀 경쟁할 수 없었다.[55]

정리하자면 상품유통의 측면에서 볼 때, 강남지역의 일반적인 면포 생산자가 시장망과 고립되는 경우는 상당히 예외적인 경우였다는 것을 알 수 있다. 이는 일반 소생산자가 선대상인과 고정적인 관계를 맺지 않았다는 것을 의미한다. 그것은 바로 상품유통망이 발전한

---

51) 姚裕廉·范炳垣纂修, 『乾隆金澤小志』 卷1 「風俗」(『中國地方志集成』, 『鄉鎮志專輯』, 上海書店, 1992, p.430), "松江棉花布, 衣被天下. …… 而女紅自鍼帶外, 以布爲恒業. …… 女生五六歲, 即敎以紡棉花, 十歲學織布, 無間寒署, 自幼習勞."

52) 徐獻忠, 『吳興掌故集』 卷13 「物産類」(吳興劉氏家業堂刊, 北京, 文物出版社, 1992), p.1, "蘇杭之下, 雖其勤力有餘, 而纖嗇遺陋者尙有. 故其民雖無素封之奉, 而飢疲困苦, 亦稍減少, 是皆有技巧之末多矣."; 山本進, 앞의 논문.

53) 徐新吾, 앞의 책, p.89, 趙岡·陳鍾毅, 앞의 책, pp.62-63.

54) 『沈氏農書』, 「蠶務」 4段, p.85, "若家有織婦, 織與不織, 總要吃飯, 不算工食, 自然有贏, 日進分文, 亦作家至計."

55) Philip Huang, 앞의 책, p.85.

결과였다. 명청시대 이 지역에서 市鎭의 발달을 비롯한 상품유통망의 발전으로 인해 선대제 생산이 성립할 수 있는 기반을 제공하였던 것이 아니라, 오히려 상인자본이 소생산자층을 지배할 수 있는 가능성을 도리어 축소시켰던 것이다.

상품생산의 측면에서 볼 때에도, 明代 지주경영하에서 독자적인 농업경영을 할 수 없었던 이 지역의 농민층은 明末淸初 이후 농업경영권을 획득하였고,[56) 明末淸初 이후 이 지역에서 광범위하게 발생한 농촌 면방직업은 바로 이러한 농업경영의 '독립성'에 바탕을 둔 것이었다.[57) 독립성을 바탕으로 면포생산자층은 선대상인에게 인격적인 지배를 받지 않고 자유롭게 상품생산을 할 수 있었다. 이러한 독립성은 상품생산의 발전과 더불어 계속 제고되어 나갔다. 일례로 況鍾은 면포생산이 발전하지 않은 明代 宣德年間에는 농업경영이 크게 불안정했다는 사실을 적고 있지만,[58) 면방직업이 발전한 崇禎年間의 徐光啓[59)과 康熙年間의 李煦[60)는 각각 면방직업이 발전하였고, 그로 인한 수입으로 농업경영이 크게 안정되었다는 점을 서술하였다는 점에서도 이를 알 수 있다.

---

56) 張履祥, 『補農書』, 「總論」 6段, p.148. 方行, 「淸代前期小農經濟的再生産」, 『歷史硏究』 1984-5 참조.

57) 趙岡·陳鍾毅, 앞의 책, pp.63-64; 史志宏, 『淸代前期的小農經濟』, 北京, 中國社會科學出版社, 1994, p.205.

58) 況鍾, 宣德七年九月五日 「再請夏稅折布奏」, 『明況太守治蘇集』 卷9(洪煥椿, 『明淸蘇州農村經濟資料』, 蘇州, 江蘇古籍出版社, 1988, pp.255-256).

59) 『農政全書』, 卷35 「木棉」, 上海古籍出版社, 1979, p.969, "所繇百萬之賦, 三百年而尙存視息者, 全賴此一機一杼而已, 非獨松也. 蘇杭常鎭之幣帛枲紵, 嘉湖之絲纊, 皆恃此女紅末業, 以上供賦稅, 下級俯仰. 若求諸田畝之收, 則必不可辨."

60) 『李煦奏摺』, 「請預發採辦靑藍布疋價銀摺」(故宮博物院明淸檔案部編, 中華書局, 1976), p.6, "上海一縣, 民間於秋成之後, 家家紡織, 賴於營生, 上完國課, 下養老幼."

이와 같은 사실에 비추어볼 때, 농업경영의 독립성과 상인자본과의 관련에 대한 기존의 연구에서는 다음 두 가지 측면을 간과하였다고 생각된다. 첫 번째는, 청대 전기 이 지역 농민층의 독립성이 기존의 연구에서 설정한 것보다 더 높은 수준에 이르렀다는 점이다. 즉, 상품생산의 계획과 판매 등의 측면에서도 독립성을 지녔기 때문에 상인자본의 지배를 받지 않을 정도의 독립성을 지니고 있었다. 강남지역의 농민층은 棉花栽培와 면방직업을 경영함으로써 노동조건을 점유하고 생산을 자립적으로 수행한다는 경영의 '독립성' 때문에 이들은 선대제의 지배하에 포섭되지 않고 자립적으로 상품을 생산하였다.

여기에서 西嶋定生의 논리와는 정반대로 농업경영이 '독립적'이었기 때문에 오히려 선대제 생산이 나타나지 않았다는 것을 알 수 있다. 西嶋의 논지대로 이 지역의 농민층이 '零細過小農'이었다면, 오히려 상업자본의 과중한 착취 때문에 쉽게 농업경영이 해체되어, 그러한 조건을 바탕으로 선대제 생산의 성립이 용이했을지도 모른다. 그러나 역사적인 사실은 西嶋의 논리와는 정반대였다.[61]

두 번째는 先貸制 生産이 존재하였다는 것은 앞서 2절에서도 보았듯이, 생산수단을 갖추지 못한 비독립적인 농민층이 先貸商人의 지배 아래로 포섭되는 것을 의미한다. 그러므로 명말청초 이래 이 지역에서 독립된 농업경영이 성립·유지되는 경향과 선대제 생산형

---

61) 농민층의 경영 독립성이 강고했던 명청시대의 강남지역과는 달리 領主權力하에서 耕作과 생산물 판매를 규제 당한 소농경영의 취약성 때문에 오히려 일본의 면방직업은 매뉴팩처로 발전하기 용이하였다(山本進, 앞의 논문). 그러므로 필립 황과 같이 농업경제가 소가족 경영화되는 경향을 가리키는 소농경제 'Peasant Economy'라는 개념만으로는 같은 소농화의 길을 걸었던 中日 간의 이 같은 차이를 만족하게 설명할 수 없다.

태가 존재한다는 것은 서로 상충되는 것이다. 기존의 연구에서는 명청사 연구의 성과 가운데 하나인 소농민의 자립화 경향과 선대제 생산의 발전이 서로 양립할 수 없다는 점에 대해서 주목하지 못하였던 것이다. 물론 농업경영의 독립성의 측면은 강남지역 내에서도 지역적으로 혹은 개별 농가 수준에서 차이가 있었음에는 틀림없지만,[62] 西嶋와 마찬가지로 田中正俊 역시 농업경영이 독립성이 제고되는 전체적인 경향과 선대제 생산이 발전하는 경향이 서로 상충될 수 있다는 점을 생각하지 못했던 점에서는 마찬가지라고 할 수 있다.

그렇다면 선대제 생산은 이 지역의 농촌 면방직업에서 과연 어떠한 역할을 하였던 것일까. 앞에서 보듯이 「席舍人墓誌銘」과 같은 선대제 생산의 사례는 사료상에서 달리 발견되지 않는다. 東山地域에서도 선대제 생산형태에 대한 기록이 후대에도 더 이상 나타나지 않았던 것이다. 이는 東山地域의 부녀들이 그 뒤로 織機를 손에 넣을 정도로 잉여를 축적하게 되었고, 다른 한편 이 지역의 상품유통망이 발전함에 따라 상인의 지배를 배제한 채 직접 원료를 구매하고 직접 생산물을 판매할 수 있었기 때문이라고 생각된다.[63] 「席舍人墓誌銘」에서 汪琬이 묘사한 席舍人이 쌓은 石橋나 면방직업으로 인한 변화한 거리는 이러한 의미에서 소생산자를 자신의 지배하에

---

62) 면방직업에 종사하는 농가는 노동력의 연령과 자본력에 따라 방직업이 가능한 농가와 가능하지 않은 농가로 구분된다(徐新吾 主編, 『江南土布史』, 上海社會科學院出版社, 1992, pp.77-78). 그러나 방직업이 불가능한 농가라 하더라도 紡紗業에 종사해서 생계를 유지할 수 있었기 때문에(褚華, 앞의 책, p.9), 선대제하로 포섭되는 경우는 적었을 것이다.

63) M. 엘빈은 宋代 麻織業의 선대제 생산이 그 후 소멸된 것은 상품유통망의 발전이라고 파악하였다(Mark Elvin, *The Pattern of the Chinese Past*, Stanford University Press, 1973(이춘식 外譯, 『中國歷史의 發展形態』, 신서원, 1989, p.284).

두고 착취하려는 상인자본의 본원적인 이윤 추구의 동기와는 무관하게, 선대제 생산이 시장권과 격리되었고 비독립적이었던 농가를 상품생산의 흐름 속으로 편입시키는 계기를 가져다주었다는 것을 의미한다. 선대상인이 소생산자를 영속적으로 지배하에 두는 조건을 계속 창출할 수 있었던 도시의 踹布業과는 달리, 농촌의 면방직업에서의 선대제 생산은 소생산자의 비독립적인 경영을 자립재생산으로 고양시키는 작용을 하였다.64) 결론적으로 시장권과 고립된 비독립적인 소수의 농가를 상품생산으로 편입시키고 경영의 독립성을 제고시키는 조건을 형성하였던 것이야말로 이 지역의 농촌 면방직업에서 선대제 생산의 역사적인 역할이었다.

5. 결론

본 논문은 선대제 생산형태를 어떠한 '이념형'으로 상정하여 사료에서 추출하려고 하는 기존 연구와는 달리 특정한 경제적 조건 속에서 소생산자와 선대상인의 하나의 경영방식으로 파악하여 그 성립조건과 존재 여부를 검토해보았다. 성립조건은 생산자와 시장권과의 단절과 면포 생산자의 비독립성이었고, 이러한 조건에 적합한 것은 강남지역에서 소수의 지역에 불과하였다. 결론적으로 청대 강남지역의 농촌 면방직업에서의 선대제 생산은 극히 예외적인 경우에 지나지 않

---

64) 앞서 尹會一의 상주문(註 42)은 직기를 소유하지 않은 河南省의 농가에게 부유한 이들이 직기를 대여하고 여기에 대여료를 받는 형태로 면방직업을 권장하려는 것이었다. 이 역시 織機貸與라는 방법으로 소생산자의 독립성을 제고하려는 의도에서 나온 것이었다.

앉고 농민의 상품생산과 유통이 발전함에 따라 소멸되는 길을 걸었으며, 선대제 생산의 역사적인 역할은 시장권과 고립되었고 비독립적이었던 농가의 경영을 점차 자립재생산으로 고양시키는 것이었다.

이 지역의 농촌 면방직업에서 선대제 생산이 발전하지 않은 것은 상품생산의 발전이 저급했거나, 상품거래 구조가 낙후되었기 때문도 아니었다. 이는 발전한 시장망과 농업경영의 독립성을 바탕으로 소생산자층이 상품생산의 독립성을 확보할 수 있었기 때문이다. 선대제 생산은 상품생산과 유통의 발전 정도에 의해 자연적으로 발아되는 것이 아니라 특정 조건하에서의 경영방식의 하나일 뿐이었다. 그리고 이 경영방식이 성립·발전하였는가의 여부는 특정한 경제적인 조건이 만들어내는 사회적 관계, 즉 상인과 면포 생산자간의 관계가 결정적인 요소였다.

그러므로 선대제 생산형태를 농민층 분해의 한 지표로서 발견하려 하거나, 혹은 이것의 부재를 근거로 '근대화의 계기'가 없었다고 하는 것은-선대제 생산의 존재가 과연 '근대화의 계기'인가에 대한 의문은 일단 사상하더라도-무의미한 판단이라고 하지 않을 수 없다. 연구방법의 올바른 출발점은 '세계사의 기본법칙'에 입각하여 선대제 생산형태를 어떠한 단계로 파악하기보다는 상인층과 소생산자의 입장에서 파악하여, 선대제 생산형태가 이들의 경영에서 과연 필수적이었던가의 물음이어야만 한다.

앞서 기존의 연구사 검토에서 보았듯이, 선대제 생산의 부재가 농민층 분해의 부재로 반드시 연결되는 것은 아니었다. 그러므로 선대제 생산형태와는 별도로 농민층 분해에 대한 검토가 필요하다고 생각된다. 이에 대해서는 다음 기회에 검토하고자 한다.

2

청말 우두법의 도입과정과 광동 행상의 역할

박기수

1. 시작하면서

최근 청 중엽 가장 유력한 행상(行商)의 하나였던 동문행(同文行, 후에 동부행同孚行으로 개명)의 사회공익활동과 그 신상적(紳商的) 성격에 관한 글[1]을 작성하면서 일부 행상들이 영국 에드워드 제너 (Edward Jenner, 1749~1823)의 우두법을 도입하여 보급한 사례를 접하게 되었다. 우두법의 도입과 확산은 한편으로 사람들을 질병의 고통으로부터 구제한다는 측면에서 행상들의 사회적 기여활동이면서, 동시에 근대 서양 과학지식과 기술을 도입한다는 측면에서 행상의 근대적 성격(필자는 이를 신상의 한 측면이라 본다)을 보여주는 소재여서 더욱 관심과 흥미를 끄는 주제라고 생각한다.

우두법은 단순한 하나의 의료기술에 불과하고 그것의 도입과 보급

---

1) 朴基水,「淸代 行商의 紳商的 성격-潘氏家族의 사례를 중심으로-」,『大東文化研究』제80집, 2012.

도 중국 역사에서 사소한 사건으로 치부될 수 있지만, 그것이 갖는 의미는 예상보다 크다. 인류역사에서 수많은 생명을 앗아간 세계 4대 질병의 하나로 평가되는 천연두2)로부터의 해방을 가능케 한 의료법이면서, 새로운 의료법의 도입과정은 항상 기존 사회의 인식·사상 체계와 충돌·변용·수용의 복잡한 과정을 거치기 때문이다. 처음에는 비교적 짧은 논문으로 간단히 끝나리라 생각했지만 의외로 시간도 걸리고 분량도 많아졌는데, 이는 우두법의 도입이 갖는 중국 역사에서의 의미가 그만큼 중요하기 때문이라 생각된다.

영국의사 피어슨(Alexander Pearson, 중국명 皮爾遜, 1780~1874)에 의해서 중국에 처음으로 우두법이 도입된 사실에 대해서는 이미 많은 연구가 있었다.3) 그러나 많은 연구 중에서 구체적으로 피어슨이 어떤 경로로 우두백신을 전달받아 중국인에게 우두를 접종하게 되었는지 밝힌 연구는 드물었다. 피어슨의 초기 우두 접종 과정에서 몇 차례 백신공급이 끊어져 우두 접종이 중단되고 우두법 보급이 난관에 봉착한 적이 있었는데, 그 구체적 시기나 상황에 대해서도 생각 밖으로 연구가 거의 보이지 않았다. 따라서 본고에서는 이런 구체적 문제들도 가능한 범위 내에서 밝히려고 하였다.

피어슨의 우두법 보급이나 전파에서 직면한 난관들은 그의 제자인

---

2) 신규환,『질병의 사회사: 동아시아 의학의 재발견』, 파주: 살림출판사, 2006, 3~4쪽.
3) 대표적인 연구만 들면 다음과 같다. 19세기 영문저작인 William Lockhurt, *The Medical missionary in China: a narrative of twenty years' experience*, London, 1861을 비롯해서, 20세기 들어서서의 K. Chimin Wong(王吉民) & Wu Lien-teh(伍連德), *History of Chinese Medicine*, Vol. 1. Tientsin, 1932 ; 彭澤益,「西洋種痘法初傳中國考」,『科學』第23卷, 1950年第7期 ; 彭澤益,「廣州洋貨十三行行商倡導對外洋牛痘法及荷蘭豆的引進與傳播」,『九州學刊』4卷1期, 1991年 ; 黃啓臣,「人痘的西傳與牛痘的東漸」,『海交史研究』1999-1.

중국인 종두사(種痘師) 구희(邱熺)에 의해서 일정 부분 해결되었다. 중국의 관료·신사·상인·민중이 우두법을 수용하도록 하는 데 있어 구희의 저술『인두략(引痘略)』은 중요한 역할을 하였다.[4] 그런데 광동에서의 우두법 보급의 중요 동인은 무료 시술이고 우두백신의 안정적 공급이었다. 이를 위한 경비조달 문제 역시 중요과제가 아닐 수 없었다. 이러한 재정적 문제를 해결하는 데 결정적 기여를 한 사람들이 광동의 행상들이었다. 피어슨의 우두법 도입도 중요하고, 우두법 이론을 중국화하여 중국인이 우두법을 수용하도록 노력한 구희도 중요하지만, 우두법이 지속되고 확산될 수 있도록 지원을 아끼지 않았던 행상들도 중요하다. 아마 행상의 지원이 없었다면 우두법은 중도에 폐기되고 더 이상 보급되지 않았을 것이다. 당시 중국에는 우두법보다는 못하지만 인두법(人痘法)이라는 나름대로의 전통적 천연두 예방법이 있었기 때문이다. 행상의 우두 접종 경비 제공이라는 점에 대해서는 연구가 거의 없는 상황이다. 본고는 행상이 우두법의 보급과 확산에 공헌하였다는 점을 밝힘으로써 중국의 우두법 도입과정 연구에서 일정한 기여를 할 수 있기를 기대한다.

본고에서는 우선 2장에서 피어슨에 의한 우두법의 도입과정과 초기 전파과정, 그리고 피어슨의 우두 접종 과정에서 생긴 여러 가지 곤란들을 다룰 것이다. 3장에서는 피어슨의 제자 구희의 우두 접종 활동과 그가 저술한『인두략』이 중국인들로 하여금 우두법을 수용하도록 하는 데 어떻게 인식·사상의 측면에서 기여했는지 고찰할 것

---

4) 董少新,「論邱熺與牛痘在華之傳播」,『廣東社會科學』 2007年 第1期; 張嘉鳳,「十九世紀初牛痘的在地化－以『暎咭唎國新出種痘奇書』,『西洋種痘論』與『引痘略』爲討論中心」,『中央研究院歷史語言研究所集刊』 第78本 第4分, 2007.

이다. 4장에서는 우두법 도입과 전파에 공헌한 여러 행상들의 구체적·금전적·물질적 지원과 후원에 대해 서술할 것이다.

2. 피어슨의 우두법 도입

1) 제너의 우두법 발명과 해외전파

우두법에 대해 이야기하자면 먼저 우두법을 발명한 영국 의사 에드워드 제너에 대해 언급하지 않을 수 없다. 제너는 1770년대 의사가 되기 위한 도제수업을 받고 있을 때 이미 우두법에 관심을 가지고 있었다. 그는 우두(牛痘)에 감염되었던 사람은 일생 동안 천연두에 걸리지 않는다는 사람들 사이에 전해 내려온 말에 주목하였고, 우두에 감염되었던 사람이 천연두에 우연히 또는 고의로 접해도 감염되지 않는다는 사실을 발견했다. 그는 이 현상을 통찰하여 우두가 천연두를 막아낼 뿐만 아니라 우두를 다른 사람에게 옮겨서 의도적으로 천연두를 막을 수 있다고 결론을 내렸다.[5] 이러한 결론을 입증하기 위해 1796년 5월 14일 그는 낙농목장에서 우유 짜는 여자 인부의 손등에서 추출한 우두 농포에서 림프액을 추출한 뒤 한 소년의 양팔에 메스로 각각 길이 2㎝쯤 되는 얕은 상처를 내고 그 자리들에 림프액을 삽입했다.[6] 얼마 후에 소년은 우두 증세를 보이며 앓아누

---

5) L. S. King 글, http://100.daum.net/encyclopedia/view.do?docid=b19j1596a
6) 프레더릭 F. 카트라이트·마이클 비디스 지음, 김훈 옮김, 『질병의 역사』「천연두 혹은 정복된 정복자」, 서울: 도서출판 가람기획, 2004, p.147; 권복규·황상익·지제근, 「정약용의 우두법 도입에 미친 천주교 세력의 영향: 하나의 가설」, 『醫史學』 제

웠다. 머지않아 회복된 소년에게 다시 천연두를 주입했지만 아무런 반응이 없자, 제너는 이를 토대로 우두에 천연두 예방 효과가 있음을 확신했다. 그 후에도 23명에게 우두 접종 실험을 계속하였고, 그 연구결과를 「바리올라에 바키나에(Variolae Vaccinae, 소 천연두), 일명 우두의 원인과 영향에 관한 연구」라는 제목의 논문으로 왕립학회에 제출하였으며 1798년에는 정식으로 출판하였다.

하지만 종교계 그리고 의료계 일부에서는 우두법을 반대했다. 하느님이 천벌로 내린 전염병을 인간이 극복한다는 것은 신성모독이라는 주장이었다. 한편으로는 "소의 고름을 사람한테 넣는다"는 사실에 대한 거부감도 확산되어, 심지어 우두 접종을 받으면 사람이 소가 된다는 헛소문까지 나왔다.[7] 당시 영국에는 천연두에 걸린 사람의 고름을 접종함으로써 천연두를 예방하는 인두법이 시행되고 있었다.[8] 우두법에 비해 위험성은 있지만 이미 인두법으로 천연두를 예방하고 있는 상황에서 굳이 소의 고름을 사람에게 접종하는 데 대한 거부감이 있었기 때문이었다. 그러나 인두법의 사망위험성에 비해 훨씬 경미한 감염과 안전성 때문에 수많은 반대에도 불구하고 우두법은 전 세계로 신속히 퍼져 나갔다. 제너의 논문이 발표된 지 불과 몇 년 뒤 독일어·프랑스어·에스파냐어·이탈리아어·라틴어 등으

6권 제1호, 1997, p.45.

7) http://navercast.naver.com/contents.nhn?rid=75&contents_id=2696

8) 1700년 이미 중국에서 인두법으로 천연두를 예방하는 사실이 영국에 알려졌지만, 실제로 인두법이 영국에서 보급된 것은 駐오스만투르크 외교관 부인이었던 몬타규(Mary Montagu)에 의해서였다. 그녀는 1718년 6세의 아들에게 인두를 접종케 하였고 1719년 영국에 귀국하였는데, 1721년 영국에 천연두가 만연하자 자신의 딸에게 인두를 접종케 하여 천연두에 대한 면역성을 입증함으로써 이후 영국에 인두법이 전파되도록 하였다. 譚樹林,『英國東印度公司與澳門』, 廣州: 廣東人民出版社, 2010, pp.211-213 참조.

로 번역되었고,9) 멕시코·필리핀·중국 등 지구 반대편에 위치한 여러 국가에서도 우두 접종이 실시되었다.

넓은 해외식민지를 지닌 국가들은 우두법 전파에 적극적이었다. 천연두가 식민지에 유행하여 많은 인명을 앗아가자 노동력 보존차원에서 우두법을 전파하는 것이 시급해졌기 때문이다. 1798년 이미 포르투갈은 우두법을 브라질의 리우데자네이루에 전파하였다. 특히 1803년 스페인 왕 카를로스 4세는 자신의 자녀들에게 우두 접종을 하여 효과를 확인한 뒤 자신이 지배하는 아메리카 식민지 사람들에게 우두를 접종해주기로 결정했다.10) 스페인은 왕실 어의(御醫) 발미스(Francisco Xavier Balmis, 1753~1819)를 단장으로 한 의료대를 조직하였다. 의료대에게는 스페인령 미대륙과 아시아의 식민지에 우두를 전파하도록 하는 임무가 주어졌다. 그리하여 스페인 의료대는 천연두를 앓은 적이 없는 22명의 아이들을 선발하여 그중 2명에게 우두백신을 접종했다. 일행이 아메리카까지 항해하는 동안 열흘마다 한 번씩 2명의 새 아이가 앞의 두 아이의 혈청을 접종받았고 그렇게 해서 활성을 유지한 백신이 베네수엘라의 카라카스 항에 도착했다. 여기서 일행은 둘로 나뉘어 한쪽 편 사람들은 남아메리카로 들어갔다. 그들 덕에 페루 한 곳에서만 5만 명이 넘는 사람들이 접종을 받을 수 있었다. 다른 한 배는 26명의 새 아이들을 태우고 동양으로 가는 동안 앞에서처럼 릴레이하듯 2명씩 새로 접종을 받는 식으로 해서 아프리카 남단의 희망봉을 돌아 필리핀·마카오·광동에 이르

---

9) 권복규·황상익·지제근, 앞의 글, p.45.
10) [葡]伊莎貝爾·莫賴斯, 「種牛痘與澳門葡人」, 『廣東社會科學』 2007年 第1期, p.129.

렀다.[11] 당시에는 백신을 보관, 운송할 기술이 발견되지 않았기 때문에 이처럼 인체를 이용한 우두균의 보존과 운송이 행해질 수밖에 없었다.

2) 피어슨의 우두법 도입과 『영길리국신출종두기서(<ruby>暎<rt></rt></ruby><ruby>咭<rt></rt></ruby><ruby>唎<rt></rt></ruby>國新出種痘奇書)』

중국에는 언제 서양에서 제공하는 우두백신이 도달했을까? 발미스 의료대가 필리핀에 도착한 것은 1805년 4월 15일이었고[12] 필리핀에서 우두 접종을 하던 발미스가 9월 3일 마카오로 출발하여 3명의 우두균 전달 아동과 함께 마카오에 도착한 것은 9월 16일이었다.[13] 발미스는 자신이 최초로 마카오에 우두백신을 전달했다고 생각했지만, 실제 사정은 달랐다. 우선, 영국동인도회사 측에 의해 우두백신이 전달된 적이 있었다. 1803년 8월 8일 인도 봄베이[즉 뭄바이]에 주재하는 영국동인도회사 총독(Governor-General)은 우두백신을 설명서와 함께 광동으로 보냈고, 그것들은 1803년 10월 2일 중국 광동에 도착하였다. 영국동인도회사 측은 광동행상의 도움을 받아 중국 아동들에게 우두를 접종하였으나 장기간의 항해로 우두백신은 효력을 상실하여

---

11) 『질병의 역사』, pp.149-150. 한편 Carlos Franco-Paredes, Lorena Lammoglia1, José Ignacio Santos-Preciado가 공저한 "The Spanish Royal Philanthropic Expedition to Bring Smallpox Vaccination to the New World and Asia in the 19th Century", *Clinical Infectious Diseases* Vol.41-9, 2005, pp.1285-1289에서는 25명의 멕시코 고아들을 배에 태웠다고 한다.

12) Carlos Franco-Paredes, Lorena Lammoglia1, José Ignacio Santos-Preciado, 위의 글.

13) [葡]伊莎貝爾·莫賴斯, 앞의 글, p.130. 9월 10일 마카오인근에 도착하였으나 폭풍으로 며칠간 지체하여 9월 16일 마카오에 상륙하였다.

우두 접종에 실패하였다.14) 둘째로 1805년 9월 16일 이전 마카오에서 중국인에게 우두백신을 이용한 우두 접종이 시행되고 있었고, 중국에서 이러한 우두 접종에 처음으로 성공한 사람은 영국동인도회사 소속 의사인 피어슨으로 알려져 있다.15) 피어슨이 1816년에 작성하여 영국의 국립예방백신기관에 올린 보고서에는 다음과 같이 서술되어 있다.

"1805년 봄, James Drummond 님이 이 나라에서 그들 업무의 책임자였을 때 포르투갈 국민이자 마카오 상인인 Hewit 씨는 마닐라로부터 그의 선박에 살아 있는 사람[아동]을 태워 백신을 가지고 왔다ㅡ스페인 국왕폐하는 적절한 수단으로 전문가의 보호하에 (남미대륙을 통과하여) 필리핀 섬에 백신을 운반하도록 명령하였다. 그들(D. F. X. Balmis) 중의 한 사람이 중국에 그 의술(종두법)을 도입하자고 하는 것을 나는 알고 있었다. 그러나 그가 중국에 도착하기 이전에 마카오에서 포르투갈 의사들에 의해 종두법이 널리 행해졌다. 뿐만 아니라 나 스스로도 그곳에 거주한 사람들과 중국인에게도 (종두를) 행하였다. 아울러 내가 만든 소책자는 George Stannton 경에 의해 중국어로 번역되었고 발미스가 중국에 도착하

---

14) H. B. Morse, *The Chronicles of the East India Company Trading to China, 1635-1834*, Vol. Ⅱ Oxford, 1926. p.410; 馬士 著, 中國海關史研究中心組 譯, 『東印度公司對華貿易編年史』(1635~1834年) 第2卷, 廣州: 中山大學出版社, 1991, p.716. 모스는 이 내용을 서술하고 말미에 "이러한 중국으로의 우두백신 도입의 첫 번째 시도는 그때로서는 스페인인에게 돌려졌다"라고 설명하고 그 근거로 R. M. Martin, *China: Political, Commercial, and Social*, 2Vols., London, 1847, Vol. Ⅰ, p.380을 들었다. R. M. Martin의 저서 p.380을 확인해보면 다만 "1803년에 중국으로의 칭찬할 만한 우두법의 도입은 스페인사람에 말미암은 것이었다"라는 기술만 있고 아무런 근거를 제시하지 않는다. 여기서 1803년이라는 연도는 사실 발미스 의료대가 스페인을 떠난 시점인데 Martin은 중국에 우두법이 도입된 연도로 혼동한 것 같다. 실제 발미스 의료대에 의한 중국으로의 우두 도입은 1805년이다.

15) William Lockhurt, *The Medical missionary in China: a narrative of twenty years' experience*, London, 1861, p.120; 彭澤益, 「廣州洋貨十三行行商倡導對外洋牛痘法及荷蘭豆的引進與傳播」, 『九州學刊』 4卷 1期, 1991年, p.74; 張嘉鳳, 「十九世紀初牛痘的在地化」, 『中央研究院歷史語言研究所集刊』 第78本 第4分, 2007, p.759 등.

기 몇 달 전에 출판되었다."16)

드러먼드(James Drummond, 중국명 哆啉咬)는 1802년부터 1808
년까지 영국동인도회사 광주무역위원회 주석(主席, President, 대반大
班들의 대표)으로 중국인과의 무역활동을 주관하였다.17) 피어슨은
1804년부터 영국동인도회사 광주 주재 외과의사로 임명되었기에18)
사실상 드러먼드의 지휘나 지원을 받았다고 생각된다. 드러먼드나 포
르투갈인 페드로 후에(Pedro Huet, 위 사료에서는 Mr. Hewit로 표
기)19)는 같은 직종에 종사하는 상인, 무역업자로 평소 무역거래가 있
었기에 잘 아는 사이였다고 판단된다. 포르투갈 학자의 연구에 따르
면 1805년 5월 17일 희망호(Esperanza) 선장 페드로 후에는 우두백신
을 필리핀에서 마카오로 반입하였다20)고 한다. 발미스가 필리핀의 마
닐라에 도착한 것이 1805년 4월 15일이고, 필리핀에서 마카오까지
대략 7~8일 걸리는 항정(航程)21)인 것을 고려하면 페드로 후에가
가져온 우두백신은 발미스 의료대가 가져온 백신에서 기원한 것임이

---

16) *The Chinese Repository*, Vol. Ⅱ, May, 1833, No.1, "Vaccination", Canton, 1834,
pp.36-37.

17) 張嘉鳳, 앞의 글, p.762; 譚樹林, 앞의 책, p.217.

18) 譚樹林, 앞의 책, p.209.

19) 일반적으로 페드로 후에는 포루트갈인이고 그는 한 포르투갈 부인과 결혼하였다고
생각함에도 불구하고 그는 아마도 포르투갈 국적을 얻은 외국인일 것이다. 그의 이
름은 Pedro Huet인데 보통 영국과 중국학자는 Pedro Hewit라고 쓴다. 포르투갈 학
자는 그가 Bath인이라 한다. 그는 마카오에 정착한 상인으로 몇 척의 상선을 가지
고 있었고 마카오, 마닐라와 바타비아 항선 무역에 종사하였다. [葡]伊莎貝爾·莫
賴斯, 앞의 글, p.132.

20) [葡]伊莎貝爾·莫賴斯, 앞의 글, p.130.

21) 앞에서 서술했듯이 발미스가 필리핀에서 9월 3일 출발하여 9월 10일경 마카오에 도
착했으나 폭풍으로 9월 16일에야 상륙한다. 따라서 날씨가 좋으면 7~8일이면 도착
할 수 있는 여정일 것이다.

확실시된다.[22) 페드로 후에도 필리핀 아동 몇 명을 승선시켜 번갈아 우두를 접종하는 방식으로 우두백신을 성공적으로 마카오까지 운반하였다고 판단된다.[23) 페드로 후에는 가져온 우두백신을 마카오 주재 포르투갈 의사, 그리고 드러먼드의 중개를 통하여 영국동인도회사 의사 피어슨에게 전달하여 포르투갈인, 영국인 그리고 마카오에 거주하는 하층계급의 중국인들에게 접종하게 하였다고 생각된다.

피어슨의 『영길리국신출종두기서』에서는 우두접종법의 중국도입과정을 소개하면서 "가경(嘉慶)10년 4월 중에, 페드로 후에 선장의 선박은 루손에서 영아(嬰兒)를 싣고 와서, 우두백신을 전달하여 마카오에 이르렀다. 영국의사가 마카오 의사와 협력하여, 정해진 방식에 따라 우두를 접종한 중국인과 외국인 아동은 수백 명을 밑돌지 않았다. 모두 신체를 보전하여 천연두에 걸리지 않았다"[24)고 하였다. 가경10년 4월은 양력으로 1805년 4월 29일에서 5월 28일까지[25)이므로 앞서 포르투갈 학자가 말한 1805년 5월 17일 페드로 후에 선장이 필리핀에서 우두백신을 가져왔다는 내용과 부합한다. 포르투갈인 선장 페드로 후에가 가져온 우두백신이 마카오에 전달되어 영국 의사(즉, 피어슨)는 중국인에게도 우두를 접종했다는 사실이 일관되게 제시되고 있다.

---

22) H. B. Morse, 앞의 책, Vol.Ⅲ, pp.16-17에는 "1805년 5월 영국 商館소속 의사 피어슨(Mr. Pearson)은 마닐라에서 마카오로 오는 포르투갈 선박 Esperanza로부터 약간의 우두백신(some Vaccine Virus)을 얻었다. 그 우두백신은 스페인 국왕의 명령에 따라서 멕시코로부터 살아 있는 사람(living subjects)을 통하여 필리핀 섬으로 도입된 것이었다"라 하고 있다.

23) 발미스는 3명의 아동을 승선시켜 필리핀에서 마카오로 향하였다. Carlos Franco-Paredes, Lorena Lammoglia1, José Ignacio Santos-Preciado, 앞의 글.

24) 譚樹林, 앞의 책, p.217에서 재인용.

25) 鄭鶴聲, 『近世中西史日對照表』, 臺灣商務印書館, 1936, p.579.

피어슨은 중국인들에게는 낯선 우두 접종을 널리 보급하기 위하여 우두법에 대한 간단한 소책자(The History in Chinese of the Vaccine Inoculation[26])를 저술하였다. 이 저술은 스턴튼(Staunton, Sir George Thomas, 중국명 多馬 斯當東, 1781~1859)에 의하여 중국어로 번역되었다. 스턴튼은 1792년 영국이 중국에 보낸 마카트니 백작을 단장으로 한 사절단의 부사(副使) 스턴튼(斯當東爵士, Staunton, Sir George Leonard, 1737~1801)의 아들이다. 1792년 당시 11살의 어린이였지만 아버지를 따라 마카트니 백작의 시동 자격으로 사절단에 수행하였다. 특히 어학능력이 뛰어나 두 명의 중국인 통역에게서 중국어를 배워 사절단 중에 유일하게 직접 관화(官話)를 사용할 줄 알았고 건륭황제와 직접 중국어로 담화한 영국인이었다고 한다. 1798년 동인도회사 광주 분행에 들어가 서기가 되었고 1804년에는 승진하여 화물관리인이 되었다.[27] 1805년 당시에는 영국동인도회사 광주 상관(商館) 중문통역의 임무를 맡고[28] 있었기에 피어슨이 번역을 부탁한 것이라 생각된다. 스턴튼은 피어슨이 저술한 서적의 이름을 『영길리국신출종두기서(暎咭唎國新出種痘奇書)』라고 하였다. 이는 중문으로 중국인에게 영국 신종 우두법을 소개하고 선전하는 최초의 텍스트가 되었다. 이 책은 초판 200부를 간행하였고 이후 두 차례

---

26) H. B. Morse, 앞의 책, Vol. Ⅲ, pp.169-170; 馬士 著, 中國海關史硏究中心組 譯, 앞의 책, 3권, pp.164-165에 의하면 스턴튼이 兩廣總督 松筠을 1811년 5월 25일 총독초청 연회에서 만났을 때 *The History in Chinese of the Vaccine Inoculation*이란 책 한권을 선사했다고 한다. 실제로는 스턴튼이 중국어로 번역한 서적을 주었을 것이나 모스는 이를 원래의 영어 서적명으로 기록한 듯하다.

27) 中國社會科學院近代史硏究所飜譯室, 『近代來華外國人名辭典』, 北京: 中國社會科學出版社, 1981, pp.454-455.

28) 譚樹林, 앞의 책, p.217.

더 간행되었다.[29] 피어슨이 우두법 안내서를 서술한 시점은 가경10
년 4월(1805년 5월) 전후이고 스턴튼이 이를 중문으로 번역하여 출
판한 시점은 가경10년 6월(1805년 7월)이라 추정되고 있다.[30]

『영길리국신출종두기서』 판본은 현재 여러 대학도서관에 소장되어
있다.[31] 그중 런던대학 아시아아프리카학원 도서관이 소장한 『영길
리국신출종두기서』 끝부분에 이 서적의 저술, 편찬, 번역과 관련된
정보가 잘 표현되어 있다.

> "嘆咭唎國公班衙命來廣統攝大班貿易事務哆啉咬敬輯,
> 嘆咭唎國公班衙命來廣醫學嗽啀敬訂,
> 嘆咭唎國世襲男爵前乾隆五十八年隨本國使臣入京朝觀現理公
> 班衙事務嘶噹唻翻譯,
> 外洋會隆行商人鄭崇謙敬書"[32]

公班衙는 영문으로 Company 혹은 포르투갈어 Companhia로 결국
嘆咭唎國公班衙는 영국동인도회사를 한역(漢譯)한 것이다. 廣은 廣
東, 廣州를 말하고 統攝大班은 영국동인도회사 광주무역위원회 주석

---

29) 張嘉鳳, 앞의 글, p.760.

30) 張嘉鳳, 앞의 글, p.761.

31) 『영길리국신출종두기서』는 원본이 옥스퍼드대학 重印本(1858), 웰컴 도서관 藏本
이외에도 영국대영도서관, 런던대학아시아아프리카학원, 미국 예일대학 도서관에
모두 원판이 보관되어 있고 출판시점은 모두 嘉慶十年六月이라 한다. 그중 웰컴
도서관 藏本에는 걑표지에 『영길리국신출종두기서』라는 서명이, 속표지에 『新訂
種痘奇法詳悉』라는 서명이 보인다고 한다. 아마도 속표지 서명은 『영길리국신출
종두기서』의 서명을 최초로 訂定한 것으로 파악되고 있다. 조선의 丁若鏞(1762~
1836)이 저술한 『與猶堂全書』 「麻科會通」에 수록된 것(『新證種痘奇法詳悉』)은
『영길리국신출종두기서』를 道光8년(1828) 북경 琉璃廠橋西路北奎光齋刻字鋪에
서 판각한 刊本이라 한다. 張嘉鳳, 앞의 논문, pp.760-761.

32) 張嘉鳳, 앞의 글, p.762에서 재인용.

을 말하는데 당시 이에 임명된 자는 드러먼드(James Drummond 즉 哆啉哎)이다. 嘁喠은 영국동인도회사 의사 피어슨이다. 嘶噹㖞은 스턴튼(Staunton, Sir George Thomas)으로 당시 영국동인도회사 광주상관 중문통역이었다. 회륭행(會隆行) 行商은 정숭겸(鄭崇謙)으로 외국 상인은 그를 Gnewqua(겸관謙官)라 불렀는데 1795년부터 회륭행을 관장하였다.[33] 이 책은 피어슨이 저술하였지만 드러먼드가 요청한 것임을 알 수 있다.[34] 이를 통해 드러먼드와 피어슨의 양자관계의 일단을 엿볼 수 있다. 한쪽은 영국동인도회사 광주분행 책임자이고 다른 한쪽은 회사에 고용[35]된 의사이므로 책임자로부터 지시를 받거나 지원을 받는 상황임을 알 수 있다. 아울러 번역은 스턴튼이 하였지만 서적 간행의 명의는 행상 정숭겸으로 되어 있음도 알 수 있다. 중국의 지방지에는 정숭겸이 『종두기서(種痘奇書)』를 저술하였다[36]고 기록되어 있는데, 『종두기서』라는 명칭은 『영길리국신출종두기서』에서 앞부분의 '영길리국신출'이란 말을 떼어버린 형태이다.

---

33) 譚樹林, 앞의 책, p.217.

34) 제너의 친구 Thomas Pruen의 주장에 의하면 피어슨은 드러먼드의 요구로 『영길리국신출종두기서』를 저술하였다고 한다. 張嘉鳳, 앞의 글, p.762.

35) H. B. Morse, 앞의 책, Vol.Ⅲ, p.251에서는 1816년 피어슨의 연봉이 1,300파운드 (5,417달러)에 달한다고 하고, H. B. Morse, 앞의 책, Vol.Ⅳ, p.110에는 1825년 피어슨의 연봉이 마찬가지로 1,300파운드, 생활보조수당이 1,000달러라고 되어 있다. 피어슨은 영국동인도회사에 고용된 의사였음을 알 수 있다.

36) 道光 『南海縣志』 道光15年 修, 同治8年 重刊(北京大學 소장본), 卷25 「藝文略」 一, 55쪽 앞, "種痘奇書一卷: 國朝鄭崇謙撰."; 光緖 『廣州府志』 卷92 藝文略三, 9쪽 앞(『中國地方志集成: 廣東府縣志輯』 2, 上海: 上海書店出版社, 2003, p.555) 에도 유사한 내용이 있다.

3) 초기 우두 접종상황과 여러 가지 곤란

처음 피어슨의 우두 접종 상황은 순조로웠던 것 같다. 다음 피어슨의 1816년 보고서 내용이 그것을 보여준다.

> "나는 외국인 사회와 또는 마카오 정착지의 국민에게 접종하는 것이 중국에서 이 의술을 확립하는 데 의미가 없다고 여겼기 때문에, 처음에는 어느 정도 비용을 지불하면서 원주민에게 접종함으로써 그 의술을 시행하고자 하였다. 원주민은 어쩔 수 없는 가장 가난한 계층이었다. 그들은 배를 타고 혹은 다른 교통수단을 이용해 집단적으로 몰려왔다. 그 효험은 즉각 판명났다(천연두는 변함없이 이 지방에서 매년 발생하는 유행병이다). …… 1805~1806년의 겨울과 봄 몇 개월 동안 천연두가 맹위를 떨치던 시기(천연두가 매년 공격하는 시기는 2월이고 쇠퇴하는 시점은 6월이다) 접종하러 데려온 사람 수는 대단히 많았다. …… 아주 많은 사람들(내가 믿기에 수천 명)이 12개월 동안 접종하였다. …… 종두법을 보급하기 위하여 나는 가장 적절한 방법을 택하였다. 나는 몇 명의 중국인에게 내가 할 수 있는 최상의 방법으로 우두법의 상세한 내용을 가르쳤다. 그들은 나의 감독하에 남에게 우두를 접종하였고, 마찬가지로 다른 지방에서도 널리 우두 접종을 하였다."[37]

포르투갈 의사들이 주로 마카오의 포르투갈인에게 우두 접종을 했던 것과 달리 피어슨은 마카오의 중국인을 대상으로 우두 접종을 시행하였다. 이는 피어슨 개인이 의사로서의 사명감을 가졌기 때문일 수도 있지만 본래 영국동인도회사 측은 중국인에게 우두를 접종함으로써 중국인으로부터 호감[38]을 사려고 하는 정책적 입장을 지녔기

---

37) *The Chinese Repository*, Vol. Ⅱ, May, 1833, No.1, "Vaccination", p.37.

때문이라 생각된다. 1803년 6월 영국동인도회사 광주분행 측이 인도의 회사 총독(Governor-General)에게 우두백신의 제공을 요청[39]한 사실에서, 그리고 우두를 접종하는 과정에서 회사는 우두 접종에 필요한 백신과 공구를 중국인에게 제공한다거나 새로운 종두기술을 널리 공개[40]하였던 사실에서 회사의 정책적 입장을 간파할 수 있다. 사실 서양 열강은 중국에 침략하거나 경제적 진출을 하는 경우 새로운 의료시술활동이나 교회의 교육과 자선활동을 적극 활용하여 중국인의 반감과 적대감을 누그러뜨리곤 하였다.

피어슨이 우두를 접종한 대상은 평상시 의료혜택을 받지 못한 가난한 계층이었다. 회사 측의 경비지원을 받아 무료로 시술하였기에 가난한 계층이 접종을 하러 왔다고 생각된다. 경제적 여유가 있어 중국의 전통의원을 초빙할 만한 능력이 있는 사회계층에서는 아직 그 안전성이나 효율성이 입증되지 않은 서양의 우두법에 대한 신뢰가 없었기 때문이다. 피어슨 기술에서 보듯 12개월 동안 수천 명이라면 결코 적은 숫자는 아니다. 다른 기록에서도 피어슨이 12개월 동안 수천 명의 어린이를 접종하였다[41] 하므로 결코 피어슨이 과장한 숫자는 아니다. 이처럼 많은 수의 접종자가 발생했다는 것은 그만큼 천연두의 위험에 일반 민중이 일상적으로 노출되고 있었기 때문이다. 천연두는 인류 역사에서 2천만 명 이상을 사망에 이르게 한 4대 전염병(페스트, 스페인 독감, 에이즈, 두창 즉 천연두)[42] 중 하나로 꼽힐 정도로 위협적인 전

---

38) 譚樹林, 앞의 책, p.214.

39) H. B. Morse, 앞의 책, Vol. Ⅱ, p.410.

40) 張嘉鳳, 앞의 글, p.778.

41) 不著編譯者, 「澳門新聞紙: 第五册, 1840年 澳門七月十一日」, 中國史學會 主編, 『鴉片戰爭』 2, 上海人民出版社, 2000, pp.491-492.

염병이었던 것이다. 서양인이 남미 대륙에 상륙한 이후 인디오들에게
는 새로운 질병인 천연두에 의해 무수한 인디오들이 사망했다.[43] 스페
인 등 서양제국의 무력에 의해서가 아니라 유럽인이 가져온 질병에
의해서 남미가 정복되었다고 할 수 있을 것이다. 중국에서도 천연두의
위력은 마찬가지였다. 『인두략』의 저자 구희는 자서(自序)에서 아이들
이 천연두에 걸리면 2~3할이 죽거나 심하면 4~5할이 죽는다[44]고
하였다. 구희는 광동사람이므로 이것은 광동지역의 상황을 말하는 것
이겠지만 중국의 일반적 상황이기도 하였을 것이다. 이렇게 위협적인
천연두가 1805~1806년 광동지역을 강타하였으니 그것을 피하려는
광동 민중이 피어슨의 진료소로 몰려들었을 것이다.

한편 12개월 동안 수천 명의 아동에게 우두를 접종하는 일을 피어
슨 혼자서는 감당할 수 없었다. 그는 방법을 찾았다. 몇 명의 중국인
조수를 구해 우두법을 가르치고 그들로 하여금 우두 접종을 하게 하
는 방법이었다. 피어슨이 1832년 작성한 기록에서는 A-he-qua(邱
熺[45])라는 조수가 등장하는데 그는 피어슨으로부터 교육을 받고
1806년부터 우두 접종에 참가했다[46]고 한다. 중국기록에는 보다 자
세한 내용이 보인다. 행상 정숭겸이 피어슨을 후원하여 『종두기서』

42) 신규환, 『질병의 사회사: 동아시아 의학의 재발견』, 파주: 살림출판사, 2006. 3~4쪽.
43) 『질병의 역사』, pp.133-136.
44) 邱熺, 『引痘略: 自序』, 道光丁亥(1827)奎光齋刻本影印(『續修四庫全書』 第1012
    冊, 子部, 醫家類, 上海: 上海古籍出版社, 2002.), 5쪽 앞, p.403.
45) 彭澤益, 「西洋種痘法初傳中國考」, 『科學』 第23卷, 1950年, 第7期, p.208 ; 彭澤
    益, 「廣州洋貨十三行行商倡導對外洋牛痘法及荷蘭豆的引進與傳播」, 『九州學
    刊』 4卷1期, 1991年, pp.77-78 ; 董少新, 「論邱熺與牛痘在華之傳播」, 『廣東社
    會科學』 2007年第1期, p.134 등에서는 A-he-qua를 邱熺로 파악한다.
46) The Chinese Repository, Vol.Ⅱ, May, 1833, No.1, "Vaccination", p.40.

를 번역 출간하게 하고 양휘(梁輝), 구희, 장요(張堯), 담국(譚國) 네 사람으로 하여금 피어슨에게 종두법을 배우게 하였다[47]고 한다. 이러한 중국인 조수들의 도움으로 12개월 동안 수천 명 아동에게 우두를 접종할 수 있었다. 아울러 이러한 조수들 덕분에 피어슨은 "예방접종이라는 개인적 활동의 힘들고 아주 귀찮은 과제로부터 해방되었다." 피어슨이 "보살피는 일은 거기에서 림프를 취하는 농포(고름집)의 점검으로 국한되었다."[48] 이들 조수들 중에서도 가장 두드러진 활동을 보인 것은 구희였다. 그에 대해서는 3장에서 상론할 것이다.

피어슨의 우두 접종이 순조로웠던 것만은 아니었다. 여러 가지 곤란과 장애가 존재하였다. 앞에서도 인용한 피어슨의 보고서[49]에는 우두 접종 과정에서 발생한 어려운 상황을 전하고 있다.

"사실상 종두법을 처음으로 중국에 도입한 이래 종두법은 두 번이나 사라져버렸다. 그리고 그 두 번의 경우에 루손(Luconia[50]) 섬으로부터 다시 전래되었다. 다른 두 번의 시기에 마카오와 광주에서 사라졌을 때……"(p.37)
"현재 종두의사가 된 중국인은 일반적으로 영국 상관(British Factory 商館)에 고용된 사람들이었다. 그들 의료인 중에서 특히 천연두의 치료에 열심히 공헌한 사람들은 처음에는 격렬한 항의를

---

47) 道光『南海縣志』道光15年 修(北京大學 소장본), 卷44「雜錄 二」, 30쪽 뒤.
48) *The Chinese Repository*, Vol. Ⅱ, May, 1833, No.1, "Vaccination", p.38.
49) Ibid. 이 보고서는 세 부분으로 이루어져 있다. p.38까지는 1816년의 피어슨 보고서, pp.39-40는 1821년 3월 19일자 보고서, p.40하단부터는 1821년 3월 19일 이후의 두 보고서의 요약이다. 이 보고서의 끝에는 A.P. 1832년 12월 26일로 되어있다. A.P.는 Alexander Pearson의 약자다. 1832년 12월 26일 여러 보고서를 취합 정리하였고, *The Chinese Repository* 1833년 5월호에 게재하였다.
50) Luconia이란 지명은 17세기 여러 지도에 보이는데 후에 Lucon으로 다시 Luzon(루손)으로 바뀌었다. http://blog.daum.net/han0114/17049462

받았다. …… 악의적인 루머가 유포된 결과 중국인 종두의사가 사용하는 것의 선택이 신중하지 못하다는 소문이 떠돌았다."(p.38) "그것(종두법)은 인접한 강서성으로 확대되었다. 그러나 그곳에서 또 실전(失傳)되었다. 천연두가 유지됨으로써 두 가지 이익을 보고 있던 승려들의 적대에 직면했기 때문이다. 중국인의 방법을 사용한 이후에 (효과가 없으면) 우두 접종이 추진되었다. 중국인의 방법이란 재앙을 피하거나 완화시키기 위해 그들의 신에게 승려들이 기도하는 것이었다. 성홍열의 발생은 종두법의 시술을 반대하는 그럴듯한 근거를 제공했다. 즉 종두법은 체내에 독을 남긴다고 그래서 미래에 나쁜 형태로 나타날 것이라고 말해졌다."(p.40)

피어슨은 1816년 보고서에서 그의 우두 접종활동이후 두 차례나 우두 접종 중단의 사태가 발생하였다고 지적하였으나 정확히 그 시점을 제시하지 않았다. 현재로서 확인할 수 있는 시점은 우선 1806년이다. 동치(同治, 1862~1874)년간 간행된『반우현지(番禺縣志)』에는 "가경 병인(丙寅, 1806), 우두를 접종하는 자가 드물게 되어 우두백신[痘漿]이 이어지지 못했다. 이에 다시 서양인의사[夷醫]에 부탁하여 귀국해서 우두백신을 휴대하고 광동에 오도록 하였다. 이에 서양인은 어린 아이 수십 명을 데리고 오면서 연도에 우두를 접종하였다."[51] 수십 명의 아동을 동원하여 우두백신을 전달하고 있으므로 이는 필리핀에서 제공받은 것은 아니고 서양에서 제공받은 것이라고 판단할 수도 있다. 다른 기록들은 필리핀에서 마카오까지 우두백신을 전달하는 데 3명(1805년 9월 발미스가 필리핀에서 마카오로 전달하였던 경우)이 동원되었고, 각기 6명(후술), 10명(道光『南海縣志』

---

51) 同治『番禺縣志』卷54「雜記二」, 22쪽 앞(『中國地方志集成: 廣東府縣志輯』6, p.660) "嘉慶丙寅, 種痘者稀少, 痘漿不繼, 復命夷醫回國攜痘漿至粵, 夷乃攜小夷數十, 沿途種之."

卷44「雜錄 二」 기록)이 필요하였다고 표현하고 있기 때문이다. 그
런데 광서(光緒, 1875~1908) 『광주부지(廣州府志)』에는 "외상(外
商) 로버츠[刺佛, J. W. Roberts]는 다시 필리핀에서 어린이 수십 명
을 데리고 오면서 연도(沿途)에서 종두(種痘)하였다"52)고 한다. 당시
일부 사람들의 어렴풋한 인식으로는 필리핀에서 백신을 운송하는 데
수십 명의 어린이가 필요하다고 여긴 것 같다. 물론 이는 정확한 정
보는 아니었다. 아울러 『반우현지』에서 말하듯 서양에서 백신을 운
송해온 것이라기보다 실제 우두 접종을 담당하였던 피어슨의 기억과
표현대로 필리핀(루손)에서 우두백신을 들여온 것으로 보아야 한다.

또한 도광(道光)15년(1835) 저술된 『남해현지(南海縣志)』에는
"광동인은 우두법을 별로 믿지 않아 우두백신은 마침내 실전되었다.
가경15년(1810년)53)에 이르러, 외국상인 로버츠[刺佛: J. W. Roberts]
가 다시 필리핀(루손)으로부터 10명의 어린이를 배에 태워 우두백신
을 전달하여 광동에 이르렀다"54)고 서술하고 있다. 우두백신의 공급
단절에 관한 『반우현지』와 『남해현지』 두 지방지 기술을 연결시키
면 1806년 우두백신의 공급이 단절되고 4년이 지나서야 다시 필리
핀에서 우두백신을 제공받은 것이 된다. 그러나 그렇게 보기에는 무
엇인가 공백이 있다는 느낌이 든다. 피어슨의 서술과도 부합되지 않

---

52) 光緒 『廣州府志』 卷163 「雜錄4」, 40쪽(『中國地方志集成: 廣東府縣志輯』 3,
   p.846).

53) 光緒 『廣州府志』 卷163 「雜錄4」, 40쪽 앞뒤에는 "顧粵人未深信, 其種漸失. 嘉慶辛
   未, 蕃商刺佛復由小呂宋, 攜小夷數十, 沿途種之."라 하여 嘉慶辛未(1811)年이라
   한다. 여기서는 道光年間(1821~1850) 저술된 『南海縣志』가 光緒年間(1875~1908)
   저술된 『廣州府志』 보다 더 신빙성이 있다고 판단되어 1810년으로 보았다.

54) 道光『南海縣志』 卷44 「雜錄 二」, 30쪽 뒤. "而粵人未大信, 其種遂失傳. 迨十五
   年, 蕃商刺佛復由小呂宋, 載十小兒傳其種至."

는다. 1806년 이후 1810년 이전에 또 한 차례의 우두백신의 단절 시점이 입증된다면 시간적으로나 논리적으로 문제가 없다. 그런데 다행히 포르투갈 학자는 "1808년 계절풍이 부는 계절에 마카오의 우두백신이 중단되었으나 발미스의 방법이 다시 한 번 운용되어 6명의 필리핀 남자아이들이 우두백신[痘苗] 휴대자로서 마카오에 보내졌다"[55]고 서술하고 있다. 그렇다면 다음과 같은 정리가 가능하다. 1805년 5월 처음으로 우두백신이 필리핀에서 전달되어 중국인 수천 명에게 접종했으나 1806년에 이르자 우두접종자가 드물게 되어 우두백신이 끊어졌다. 이에 곧 필리핀으로부터 백신을 제공받아 우두 접종을 이어나갔다. 그러나 다시 1808년 우두백신이 중단되는 사태가 발생하고 1810년 로버츠(J. W. Roberts)의 노력으로 재차 필리핀에서 우두백신을 제공받게 되었다. 이처럼 설명하면 피어슨의 기록과도 대체로 부합된다.

이처럼 빈번히 우두백신의 공급이 단절되는 이유는 무엇인가? 앞에서도 지적하였듯이 당시의 과학기술수준으로는 우두백신을 안정적으로 보관, 유지시킬 도구나 방법이 없어 인체에 보균하는 방식으로 우두균을 보존해 나갔다. 따라서 일정한 간격으로 우두접종자나 우두균 제공자가 나타나지 않으면 우두백신은 끊어지게 된다. 구희의 『인두략』에는 "대개 성하(盛夏)의 무더위 시절이 되면, 평소 (우두법의 효과를) 깊이 믿는 자조차 대개 날씨에 구애를 받아 오려 하지 않는다. 우두를 접종하지 않으면 두장(痘漿)을 얻을 곳이 없어지고 두 장을 얻지 못하면 우두백신은 이어갈 방법이 없다"[56]고 지적하

---

55) [葡]伊莎貝爾・莫賴斯, 앞의 글, p.133. 각주 39. 포르투갈 자료를 근거자료로 제시하고 있다.

고 있다. 천연두가 더 이상 유행하지 않아 사람들의 관심에서 멀어지면 접종자가 줄어들게 된다. 거기에 종두의사에 대한 고의적인 나쁜 소문이나 우두 접종 자체에 대한 미신(우두를 사람 몸에 접종하면 사람에게 나쁜 독을 남기게 된다는 주장)이 접종자를 줄어들게 하였다. 특히 우두법의 성행으로 일거리를 잃게 된 중국의 전통 인두 접종의사들은 결사적으로 우두법을 반대하였다.[57]

중국에는 인두법이 이미 송대에 있었다는 주장도 있으나 확실한 기록으로서 구체적 인두법 의서(醫書)가 출판된 것은 청대 1713년의 『두진정론(痘疹定論)』에서였다. 그렇지만 중국 의사학계(醫史學界)에서는 명대 후반 융경년간(隆慶年間, 1567~1572) 안휘성 영국부(寧國府) 태평현(太平縣)에서 인두법이 기원한 것으로 인식한다.[58] 그후 인두법 시술방식은 한묘법(旱苗法), 수묘법(水苗法), 두의법(痘衣法)과 비묘법(鼻苗法) 등 여러 가지 형식으로 다양하게 발전하였다. 그 방법은 주로 인두장(人痘漿)이나 두가(痘痂, 천연두딱지)를 백신으로 하여 체온이나 또는 체온보다 낮게 오래 보존하는 양묘(養苗) 과정을 거쳐 독성을 감소시키고 숙묘(熟苗)로 만든다. 이후 각종 방식을 통해 인체에 접종하고 접종자로 하여금 주동적으로 면역항체를 생기게 하여 평생 면역을 할 수 있다.[59] 인두술(人痘術)은 중국에서 광범

---

56) 邱熺, 『引痘略』「首在留養苗漿」, 5쪽 앞(『續修四庫全書』 第1012册, p.408.)

57) 范行准, 『中國豫防醫學思想史』, 上海: 華東醫務生活社, 1953, pp.143-145에는 周純熙의 「洋痘釋疑」과 吳氏 洋痘可信說을 제시하여 당시인들이 유해한 아편에는 빠지면서 사람에게 유리한 우두법을 기피하는 풍조를 지적하고 있다. 또한 낡은 痘師가 우두법이라는 새로운 기술에 저항하여 근대 中西醫 투쟁이 개시되었다고 하였다.

58) 邱仲麟, 「明清的人痘法－地域流布, 知識傳播與疫苗生産」, 『中央研究院歷史語言研究所集刊』 第77本 第3分, 2006. 邱仲麟은 전통 학설에 대해 江西 지방에서 기원했을 가능성을 제기하나 완전히 전통학설을 부정하지는 않는다.

히 응용되어 전문적으로 사람에게 인두를 접종하는 직업을 형성하였다.[60]

이러한 상황에서 우두접종술의 보급과 확대에 노력한 것은 피어슨에게서 우두접종술을 배운 구희(邱熺)라는 인물이다. 그는 전통 인두법의 지식과 신식의 우두접종법을 조화시키는 방식으로 우두법의 장점과 우월성을 설파했다. 그러나 우두법 확대의 결정적 계기는 무료로 우두를 접종하였다는 사실이고, 또한 우두백신을 지속적으로 확보하기 위해 접종자나 두장제공자에게 일종의 사례비[菓金]를 제공하였다는 점이다. 여기에는 많은 경비가 소요될 텐데 이러한 경비문제는 행상들의 금전적 지원에 의해 가능하였다. 이하 이러한 문제들을 제3장과 제4장에서 상론한다.

3. 중국인 종두사(種痘師) 구희(邱熺)와 『인두략(引痘略)』

1) 구희

구희는 자가 호천(浩川)으로 광동성 남해현(南海縣) 사람이다. 대략

---

59) 梁其姿, 『面對疾病』, 中國人民大學出版社, 2012, pp.50-58에 의하면 우두법 도입 이전 인두법 접종이 중국인들에게 예방의학의 관념을 형성하도록 하여 우두법 보급도 용이하게 이루어질 수 있도록 하였다고 한다. 아울러 우두법은 인두법의 연속일 뿐으로 혁신적인 발전은 아니며, 우두법에 대한 중국인의 의심과 저항이 심했다고 볼 수 없다고 한다. 그러나 范行准이 앞의 저서에서 길게 인용한 당시인들의 저술 周純熙의 「洋痘釋疑」과 吳氏의 「洋痘可信說」에서는 당시인들의 우두법에 대하여 불신하거나 의심했던 상황을 잘 지적하고 있다. 또한 후술하듯이 邱熺가 『引痘略』에서 전통 五行思想과 氣論의 내용을 이용하여 우두법을 설명한 것 자체가 당시인들의 우두법에 대한 불신과 의심을 해소하기 위한 고육지책이었다.

60) 陳朝暉·鄭洪, 「嶺南醫家邱熺與牛痘術」, 『中華醫史雜志』, 第29卷第3期, 1999, p.157.

건륭(乾隆)39년(1774)에 태어나 함풍원년(咸豊元年, 1851)에 죽었다.[61] 피어슨은 그를 A-he-qua라 불렀고, 다른 문헌에는 Hequa, Yau Hochun 등으로도 표기된다.[62] 구희는 과장(科場)에서 실의한 후 마카오로 가서 생계를 도모하였고 영국동인도회사에 초빙되어 매판(買辦)이 되었다.[63] 앞서 인용한 피어슨의 보고서 중에 "현재 종두의사가 된 중국인 계층은 일반적으로 영국 상관(British Factory)에 고용된 사람들에게서 취해졌다"[64]라는 표현이 있다. 이를 통해 볼 때 구희는 당시 영국동인도회사 광주분행에 고용되었을 것(즉 買辦)이라 추측된다.

구희는 그의 저술 『인두략』 자서(自序)에서 그가 우두 접종에 관여하게 된 사정을 전하고 있다.

"가경10년(1805) 4월 루손 섬으로부터 온 배가 영아를 태우고 우두백신을 차례로 전하여 마카오에 이르렀다. 나는 당시 마카오에서 생업에 종사하고 있었는데 그 일(종두법)이 수고를 들이지 않고도 효과가 매우 크다고 들었다. 마침 나는 그때까지 천연두에 걸리지 않았었다. 나 자신이 시험해 보니 과연 효과가 있었다. 이를 가족이나 친척, 친우에게 시행하니 또한 효험이 없는 자가 없었다. 이에 양행(洋行)의 선행을 베풀기 좋아하는 여러 분이 내가 종두법을 잘 알고 있다 하여 나를 회관(會館)에 속하게 하고 그 일을 전적으로 나에게 맡겼다. 10여 년의 세월이 지나는 동안 무릇 길을 물어 잇달아 오는 사람이 수천, 수백이었는데 종두로 몸을 상한 사람이 없었다."[65]

---

61) 董少新, 「論邱熺與牛痘在華之傳播」, 『廣東社會科學』 2007年 第1期. p.134; 張嘉鳳, 앞의 글, p.771.

62) 彭澤益, 앞의 글, 1991, pp.77-78.

63) K.Chimin Wong & Wu Lien-teh, *History of Chinese Medicine*, Vol. 1. Tientsin, 1932, p.146(董少新, 앞의 글, p.134에서 재인용).

64) *The Chinese Repository*, Vol. II, May, 1833, No.1, Vaccination, p.38.

구희는 이처럼 천연두를 예방하는 데 우수한 효과를 내는 우두 접종을 직접 경험하여 우두법에 매우 긍정적 인식을 지니게 되었다. 그는 가족·친척·친구에게까지 우두 접종을 시행하였다. 그리고 양행, 즉 광동행상의 권유로 구희는 종두법을 회관에서 시술하게 되었다고 기록하고 있다. 그러나 이는 상당한 생략과 비약이 엿보이는 설명이다. 사실은 회륭행 행상 정숭겸이 사람을 모집하여 피어슨에게 종두법을 배우도록 하였다. 이때 피어슨에게 종두법을 배운 이가 앞에서도 든 네 사람 양휘·구희·장요·담국이다.66) 구희 역시 그중 한 사람으로 피어슨의 조수가 되어 종두법을 배운 후 1806년부터67) 종두법을 시술하였다. 그러므로 가족·친척·친구에게 우두를 접종한 것은 그가 피어슨에게 우두접종술을 익힌 이후일 것이다. 이 자서에는 피어슨이나 정숭겸, 그리고 함께 피어슨에게서 우두접종술을 배운 사람들의 이름이 등장하지 않는다. 그들 모두의 이름이 등장한다면 자신은 주연이 아니라 조연에 그칠 것이다. 그들이 등장하지 않아야 자신이 종두법 시술의 주연이 되는 것이다.68)

그런데 이 자서는 1817년에 쓴 것이므로 10여 년이나 행상 회관[種洋痘局69)]에서 종두를 맡았다고 한다면 이미 1805년, 1806년경

---

65) 邱熺, 「引痘略 自序」, 5쪽 뒤~6쪽 앞(『續修四庫全書』 第1012册, p.403).

66) 道光 『南海縣志』 卷44, 「雜錄 二」, 30쪽 뒤.

67) *The Chinese Repository*, Vol. Ⅱ, May, 1833, No.1, p.40.

68) 반면 피어슨은 邱熺에 대하여 그의 성격이나 능력, 노력에 대해 매우 긍정적이고 우호적으로 평가하고 있다. *The Chinese Repository*, Vol. Ⅱ, May, 1833, No.1, p.40.

69) 同治 『南海縣志』 卷26 「雜錄下」, 25쪽 뒤(『中國方志叢書』 華南地方, 第50號, 臺北: 成文出版社, 1967, p.444.)에는 "洋行舊設種洋痘局在會館"이란 표현이 나온다. 이후 구체적 기구로서의 우두국을 서술할 때는 種洋痘局으로 표현하고 일반적으로 표현할 때는 牛痘局으로 표기한다.

부터 행상이 회관을 우두 접종 장소[牛痘局]로 제공한 것이 된다. 1835년에서 1843년까지 광주에서 안과병원을 운영했던 미국의 프로테스탄트 선교사 피터 파커(Peter Parker, 중국명 伯駕, 1804~1889)는 광주성 밖의 십삼행가(十三行街)에 있는 상관(商館, 즉 夷官)의 방 몇 개를 빌려 안과병원을 개설하였고 후에 행상의 대표적 인물인 오호관(伍浩官)의 지원으로 상관의 빈방 몇 개를 무료로 사용할 수 있었다.[70] 사실 광주 상관(夷官)[71]은 행상이 지은 것으로 외국상인들에게 임대해 준 건물이었다.[72] 그러므로 피터 파커의 사례를 통해 본다면 피어슨도 영국동인도회사의 의사로서 광주에 주재할 때는 영국동인도회사가 임대한 이관(夷館)의 일부에 우두국을 설치해 우두를 접종하였을 것이다. 이 이관 자체가 행상이 건설하여 제공한 것이므로 구희가 이를 회관이라 불렀을 가능성이 있다. 그런데 도광『남해현지』에는 "가경15년(1810), …… 양행상인(洋行商人)인 오돈원(伍敦元), 반유도(潘有度), 노관항(盧觀恒)이 함께 수천 금(數千金)을 기부하여, 양행회관(洋行會館)에서 구희, 담국 두 사람에게 우두를 접종하게 하였다"[73]라고 하는데 그렇다면 1810년부터 행상들이 기부

---

70) 조너선 스펜스 지음, 김우영 옮김,『근대중국의 서양인 고문들』, 서울: 이산, 2009, pp.61-66.

71) 梁嘉彬,『廣東十三行考』, 廣州: 廣東人民出版社, 1999, pp.349-350에 의하면 夷官은 "夷人寓館"의 약칭이라 한다. 당시 日本에 있던 외국인 거주 건물을 商館이라 이름하였고, 외국인이 스스로 건설하였다. 중국에 있는 외국인 거주 장소를 夷館이라 하였는데 13행 행상이 行地 일부분을 떼어 주어 외국인이 임대해 거주하게 한 곳으로 외국인을 단속하기에 편리하였다.

72) 岩井茂樹, "Freedom and control in international trade of the early-modern East Asia",『주변에서 본 명·청시대』, 2013년 명청사학회 30주년 기념 국제학술대회 발표논문집, 서울: 명청사학회, 2013, p.202; 이은자,「廣東13行과 개항의 기억」,『史叢』76, 2012, p.174.

73) 道光『南海縣志』, 卷44「雜錄 二」, 30쪽 뒤.

금을 내어 양행회관에 종양두국(種洋痘局)을 설치하고 구희 등으로 하여금 우두를 접종하게 하였던 것으로 판단된다. 1810년부터 시작된 일을 구희는 1806년경으로 앞당겨 10여 년 회관에서 종두에 종사한 것으로 기술한 것인가? 일단은 두 가지 가능성이 모두 있다고 생각된다.

피어슨에게서 종두법을 배우고 피어슨을 도와 우두를 접종하던 구희가 어느 시점에 피어슨을 떠나 독립적으로 우두를 접종했을까 하는 문제는 구희의 종두활동을 살피는 중요 요소가 될 것이다. 앞에 인용했던 피어슨의 1816년 보고서 중에

> "종두법을 보급하기 위하여 나는 가장 적절한 방법을 택하였다. 나는 몇 명의 중국인에게 내가 할 수 있는 최상의 방법으로 우두법의 상세한 내용을 가르쳤다. 그들은 나의 감독하에 남에게 우두를 접종하였고 마찬가지로 다른 지방에서도 널리 우두를 접종하였다. …… 두 번의 시기에 마카오와 광주에서 (우두법이) 사라졌을 때 양쪽으로부터 상당한 거리에 있는 광동성 내 지역에서 (우두법이) 유지되고 있음을 발견하였다. …… 내가 앞에서 언급했던 중국인 종두의사들은 아동이 찾아오면 그들의 진료소에서 종두를 시행하였다. (지원자가 많아 제한될 필요가 있을 때) 15명에서 40명이 그 장소에서 9일째 날마다 접종받았다. 나는 현재 예방접종이라는 개인적 활동의 힘들고 아주 귀찮은 과제로부터 해방되었다. 내가 보살피는 일은 거기에서 림프를 취하는 농포(고름집)의 점검으로 국한되었다."[74]

중국인 제자들이 접종 기술을 익힐 때까지는 피어슨의 감독이 필

---

74) *The Chinese Repository*, Vol. Ⅱ, May, 1833, No.1, "Vaccination", pp.37-38.

요했겠지만 기술이 일정 수준에 도달하면 자체적으로 우두 접종하는 것을 허락한 듯하다. 마카오나 광주에서 우두백신이 단절된 1806년, 1808년 일부 제자가 다른 지역에서 우두 접종을 하고 있었으므로 우두법이 "광동성 내 지역에서 유지되고 있음을 발견하였다"라는 표현이 나왔다고 생각된다. 제자가 피어슨과 같은 진료소에 있을 지라도 피어슨은 우두 접종의 힘든 일은 제자들에게 맡기고 자신이 하는 일이란 농포의 점검으로 국한되고 있다. 게다가 제자들이 "그들의 진료소에서" 우두 접종을 하였다는 것을 보면, 이미 독립적인 활동을 하고 있음을 알 수 있다. 따라서 행상이 기부금을 제공하여 회관에서 접종하게 된 1810년 이전 구희는 독자적 우두 접종을 하였을 가능성이 있다. 그런데 우두 접종은 무료로 진행되었으므로75) 그 접종 비용을 어디로부턴가 지원받아야 한다. 영국동인도회사이건, 광동 13행이건. 1810년 이전에 구희가 독자적 활동을 하였다 해도 피어슨을 통해 회사로부터 경제적 지원을 받았을 것이다. 따라서 실제로 구희가 피어슨으로부터 완전히 벗어나 독자적 우두 접종을 한 것은 1810년 이후부터일 것이다.

행상의 자금지원하에 구희의 우두 접종 활동은 순조롭게 진행되었다. 피어슨은 1832년 작성한 보고서에서 그러한 사정을 다음과 같이 서술하고 있다.

---

75) 피어슨은 "재중국 동인도회사의 의료종사자와 관련하는 한 종두는 항상 무료로 제공되었다."(*The Chinese Repository*, 위의 사료, p.38). 邱熺도 "우두 접종으로 사람들에게 한 푼의 이익도 취한 적이 없다"고 술회하고 있다. 邱熺, 「引痘略 自序」, 6쪽 뒤(『續修四庫全書』 第1012冊, p.403).

"1821년 3월 19일의 그것 이래로 …… 항 천연두의 효험이 널리 알려졌고 입소문을 탔다. 명시된 기간 동안에 종두법의 보존은 제도화된 잘 적응된 시스템에 기인한 것이고 중국인 접종의사 단체에 말미암은 것이다. 그들의 주요인물은 A-he-qua(그는 1806년 이래 접종에 참가했다)인데 그는 판단 태도나 시술방법 그리고 인내심 등에 의해서 그 사업에 대한 두드러진 능력을 보인 인물이었다. 그의 감탄할 만한 노력은 향촌민의 호의적 여론에 의해서 찬양을 받았고, 지방정부의 고급관원들은 그를 우수하게 평가하였고, 그에게 여러 가지 배려를 제공하였다."[76]

피어슨이 표현한 "종두법의 보존은 제도화된 잘 적응된 시스템에 기인한 것"은 무엇을 말하는가. 피어슨은 1806년, 1808년 우두백신의 단절을 경험했다. 주요 이유는 접종자가 단절되어 우두백신으로 쓸 두장을 얻지 못했기 때문이다. 이러한 사정은 구희도 익히 잘 알고 있었을 것이다. 그런데 1810년 행상 오돈원, 반유도, 노관항 등의 경비지원하에 우두 접종을 무료로 시행할 수 있었을 뿐 아니라 일종의 사례금을 두장 제공자에게 지불함으로써 우두백신의 보존에도 어려움이 없어졌다. 구희는 그러한 과정을 『인두략』에서 언급하고 있다. 우두법에서는 백신을 지속적으로 얻는 것이 필요한데, 행상들의 지원으로 종양두국에 종두하러 오는 사람들에게 사례금인 과금(菓金)을 제공함으로써 우두 접종자가 끊이지 않게 되었고 그 결과 그들로부터 좋은 우두백신을 확보하게 되었다[77]는 것이다. 결국 피어슨이 겪었던 우두백신의 지속적 공급 문제를 구희는 행상의 경비 지원으

---

76) *The Chinese Repository*, Vol. Ⅱ, May, 1833, No.1, "Vaccination", pp.40-41.

77) 邱熺, 『引痘新法全書』咸豊丁巳年重鐫 善成堂藏板, 「引痘略」, 31쪽 뒤~32쪽 앞(廣州: 廣東科技出版社, 2009, pp.70-71).

로 해결할 수 있었다. 따라서 구희는 수많은 사람에게 오랜 기간 우두를 접종할 수 있었다.

구희는 우두를 접종한 사람 수에 대해 그의 『인두략』 자서에서는 1817년 당시 10년간 수천, 수백 명에게 접종하였다고 하였으나 다른 사람의 기록에서는 10년간 수만 수천 명이란 표현도 보인다.[78] 한 연구서에서는 30년간 무려 100만 명에 대해 우두를 접종했다는 지적도 있다.[79] 물론 이러한 기록들은 과장일 수 있으므로 그대로 믿을 수는 없다. 그러나 그러한 과장이 나올 정도로 우두법 전파에 있어서 구희가 행한 역할이 다대했음을 보여주는 한 사례일 것이다.

한편 피어슨의 1832년 보고기록에서 보듯이 구희는 일반인을 대상으로 한 우두 접종 이외에도 광동지역의 고관이나 신사들을 방문하여 그들의 자제에 대해 우두를 접종하였고 이에 따라 그들의 찬사를 받거나 지원을 받을 수 있었다. 그중 가장 저명한 인물로는 양광총독(兩廣總督) 완원(阮元, 1764~1849), 광동순무 강소용(康紹鏞, 1770~1834), 광동포정사 증욱(曾燠, 1760~1831), 광동학정 부당(傅棠), 국자감학정(國子監學正) 송보순(宋葆淳) 등을 들 수 있다.[80] 완원은 1817년에서 1826년까지 양광총독으로 재직하였는데,[81] 구희

---

78) 程岱葊 撰, 『野語』 卷七 17쪽 앞뒤(『續修四庫全書』 子部 雜家類, 1180, p.97).

79) 張星烺, 『歐化東漸史』 上海: 商務印書館, 1934, p.71(民國叢書編輯委員會編, 『民國叢書』 第4編 40, 上海: 上海書店, 1989에 수록)에는 피어슨에게서 교육받은 중국인 제자 중 가장 중요한 자가 海官(Hequa)인데 그는 名醫로 유명해 30년간 種痘한 사람이 100만 명에 달했다고 한다. 그런데 彭澤益은 앞의 글(1991), pp.77-78에서 Hequa는 邱熺라고 논증하고 있다.

80) 張嘉鳳, 앞의 글, p.774.

81) 錢實甫 編, 『淸代職官年表』 第2册, 北京: 中華書局, 1980, 「總督年表」, pp.1450-1455.

가 그 자녀에게 우두를 접종하여 효험을 보자 구희에게 시를 써주었다. "아부용(阿芙蓉)의 해독이 중국에 깊이 퍼져(『本草綱目』에 鴉片의 本名은 阿芙蓉으로 되어 있다), 아편을 힘껏 금해도 오히려 금령이 미진할까 걱정이다. 만약 이 丹(우두백신)을 중국 각 성(省)에 전한다면(痘의 古名은 丹이다) 아동들의 수명을 얼마간 연장할 수 있으리[阿芙蓉毒深中國(本草綱目, 鴉片本名, 阿芙蓉), 力禁猶愁禁未全, 若把此丹傳各省(痘古名丹), 稍將兒壽補人年.]"[82] 우두 접종을 무료로 하는 원칙에 따라 양광총독 완원에게 의료비를 받지 않는 대신 완원에게 요청하여 위와 같은 시귀를 받은 것이다. 완원 이외에도 1819~1821년 광동순무[83]로 재직한 강소용은 도광원년(1821) 정월 구희에게 "공참보적(功參保赤)"[84] 네 글자가 쓰인 편액을 주었다. 1810~1815년[85] 광동포정사를 역임한 증욱은 "광동에서 포정사를 지내면서 아들 하나를 낳았는데 아들에게 우두를 접종시켜 즉석에서 효과를 보았다. 이에 「물약유희(勿藥有喜)」 네 글자로 된 편액(扁額)"[86]을 써주었다. 광동의 고관들이 선사한 시문이나 편액이 쌓여 일정한 수량에 이르자 구희는 그것을 상재하여 이름을 『인두제

---

82) 邱熺, 『引痘新法全書』「引痘題詠」, pp.9-18. 그런데 同治 『南海縣志』 卷26 「雜錄下」, 26쪽 앞(『中國方志叢書』 華南地方, 第50號, p.444)과 光緒 『廣州府志』 卷163 「雜錄4」, 40쪽 뒤(『中國地方志集成: 廣東府縣志輯』 3, p.846)에는 "阿芙蓉毒流中國, 禁之仍恐禁未全, 若得此丹(自注, 卽痘種, 見藏經)傳各省, 稍將兒壽輔人年"로 되어 있다.

83) 錢實甫 編, 『淸代職官年表』 第2冊, pp.1667-1669.

84) 邱熺, 『引痘新法全書』「引痘題詠」, pp.19-23.

85) 錢實甫 編, 『淸代職官年表』 第3冊, pp.1882-1886.

86) 邱熺, 『引痘略』「引痘說」, 4쪽 앞(『續修四庫全書』 第1012冊, p.407). 邱熺, 『引痘新法全書』「引痘題詠」, pp.25-30에 의하면 이 편액은 嘉慶19년(1814)에 邱熺에게 선사된 것이다.

영(引痘題咏)』이라 하였다.『인두제영』에는 모두 113명의 130여 편의 우두법을 논제로 품평, 찬미한 글귀가 수록되어 있다. 하나의 종두 기술 그것도 외래 기술이 이처럼 많은 칭송을 받은 것은 청조(淸朝) 이전의 중국역사에서 실로 드문 일이다. 시문 작자는 관원, 문인, 상인, 군인, 의생, 심지어는 여류시인조차 있었다.[87] 이러한 시문과 편액의 출판은 우두 접종을 선전하는 강력한 도구로서의 역할을 하였다. 고관들이 직접 작성한 시문과 편액은 당시 중국 사대부나 일반인에게 우두 접종이라는 외래 의술에 대해 신뢰성과 호감을 갖도록 하였다. 이는 동시에 일반 민중이 구희의 우두 접종 활동을 수용할 수 있는 사회적 분위기를 조성하였다.

2)『인두략(引痘略)』

『인두략』자서에 따르면 구희는 1817년(嘉慶22) 이 책을 저술하였다.[88] 구희는 이 서적을 간행하게 된 목적을 다음과 같이 술회하고 있다.

> "당시 천연두의 재난이 곳곳에 창궐하고 있었는데 이 우두법은 내가 터득한 것이 가장 이르고, 게다가 시술함에 잘못된 적도 없었다. 따라서 감히 붓을 놀려 서적을 만들어 세상에 증험(證驗)하려는 것이다. (그렇게 함으로써) …… 영아들로 하여금 천연두의 액

---

87) 董少新, 앞의 글, pp.138-139.

88) 현존하는 이 책의 최초 판본은 首都圖書館 소장의 道光初年(1821)本이다. 百蘭堂에서 敬業堂嘉慶丁丑(1817年)의 초간본을 복각한 것이다. 廖育群, 「牛痘法在近代中國的傳播」, 『中國科技史料』, 제9卷(1988年)第2期, p.38.

운에 걸리지 않게 하고, 함께 광천화일(光天化日) 중에서 즐겁게
놀게 하려는 것이다.”[89]

자신의 우수한 우두접종술에 대한 긍지와 자부심이 대단했음을 읽
을 수 있다. 아울러 천연두를 퇴치하여 아동들을 구제하려는 일종의
사명감도 느끼게 한다.

피어슨에게서 우두접종술을 배우고 스스로 중국인들에게 우두 접
종을 행하였던 학습과 경험의 결과가 『인두략』으로 응축되었다고 할
수 있을 것이다. 그러나 그『인두략』은 독창적인 것이라기보다 피어
슨이 저술하고 스턴튼이 중국문으로 번역한 『영길리국신출종두기서』
를 저본으로 하여 거기에 내용을 보강하고 중국실정에 맞게 발전시
킨 것이다. 대만학자 장가봉(張嘉鳳)의 연구에 의하면 구희는 1815
년 서양 종두 신법을 확산시키기 위해 광주의 미경당(味經堂)에서
『서양두서(西洋痘書)』를 발행하였다. 『서양두서』는 여러 차례 증정
개판(改版)되었는데 현존하는 것은 도광7년(1827) 중각본(重刻本)이
다. 따라서 『서양두서』의 원래 모습을 고찰하기는 힘들지만, 『서양
두서』와 『인두략』을 대비시켜보면 각 판본이 사용하는 ‘서양두설(西
洋痘說)’, ‘인두(引痘)’라는 어휘를 통해 피어슨이 『영길리국신출종
두기서』에서 설명한 서양 종두 신법이 『인두략』의 우두법으로 변화
발전하는 역정을 추정할 수 있다고 한다.[90] 중국에 최초로 우두법을
소개한 것은 피어슨의 저작이므로 불가피하게 구희는 그 방법과 기
술을 수용하지 않을 수 없었을 것이다. 따라서 두 사람의 저작 사이

---

89) 邱熺, 『引痘略』「自序」, 7쪽 앞(『續修四庫全書』 第1012冊, p.404).
90) 張嘉鳳, 앞의 글, pp.788-789.

의 상관성은 너무나도 당연하다 하겠다.

그러나 두 저작은 중국 우두법 전파에 미친 영향력에서 현격한 차이가 난다. 피어슨의 『영길리국신출종두기서』와 구희의 『인두략』을 전문적으로 비교 분석한 장가봉은 구희의 저작에 비해 피어슨의 저작은 '은몰(隱沒)'되었다[91]고 단적으로 표현하고 있다. 그 원인으로 세 가지를 들고 있다. 첫째, 스턴튼의 중역본의 중국어가 그다지 유창하지 않아서 중국독자가 받아들이는 데 한계가 있었다. 둘째, 서적 출간에 이름을 올린 정숭겸(회륭행 행상)이 만년에 빚으로 파산하여 감옥에 투옥되고 이어 이리(伊犁)에 유배당해 사망하였기 때문에 사람들이 꺼려 그 저작을 찾지 않게 되었다. 셋째, 조금 뒤에 출간된 『인두략』이 너무 성행하여 피어슨의 저작이 빛을 잃었다.

반면 『인두략』은 얼마나 성행했던 것일까. 중국 내외 현존하는 『인두략』 판본은 종류가 상당하여 1991년 출판된 『전국중의도서연합목록(全國中醫圖書聯合目錄)』 통계에 의하면 중국 경내에 적어도 62종의 판본이 전해온다. 후인이 서양우두법과 관련된 저작을 지을 때면 의례히 『인두략』을 저본으로 하였거나 이를 수록하였으며, 또는 이를 산절(刪節)하거나 증광(增廣)하였다. 이로 인해 "『인두략』은 19세기 중국에 가장 깊은 영향을 미친 종두문헌이 되었다"고 한다. 이렇게 다량의 판본이 현존하는 것은 "일부는 원작자, 원서명, 원서내용이 그대로 남아 있는 판본인가 하면, 어떤 것은 편자와 간행자, 찬조자의 이름이 다르거나, 새로운 서발(序跋)과 도식(圖式)이 붙어 있는 것, 혹은 두국조약(痘局條約)이 부록으로 달려 있는 것,

---

91) 張嘉鳳, 앞의 글, pp.764-765. 張嘉鳳의 논문 전체 제목은 「十九世紀初牛痘的在地化 - 以『暎咭唎國新出種痘奇書』, 『西洋種痘論』與『引痘略』爲討論中心」이다.

혹은 구희의 다른 서적 『인두제영』이 부록으로 말미에 달려 있는 등"[92] 다양한 모습을 보이기 때문이다. 이처럼 널리 『인두략』 판본이 활용되었기에 『인두략』은 "중국에서 우두법을 전파함에 있어 가장 중요한 방서(方書, 의서)였다. …… 무릇 우두를 언급하면 남해 구희와 『인두략』을 말하지 않는 자가 없었다"[93]고 지적되거나 "'지금까지 각 성에서 널리 우두를 접종할 때 모두 이 서적(『引痘略』)을 조종(祖宗)으로 여겼다.'(『引種牛痘方書』, 光緖三十年山東廣仁局存板, 鄧華熙序) 각지에서의 『인두략』 출판 과정도 우두접종술 전파과정을 연구하는 자료가 될 것이다"[94]라고 평가되었다. 결국 『인두략』은 우두법을 학습하고 교육하며 선전하는 전범(典範) 텍스트, 우두기술의 정통교본이 되었다.[95]

『인두략』은 왜 이처럼 성행하였던 것일까. 장가봉의 주장[96]을 빌리면 첫째, 『인두략』은 중국 두사(痘師)의 손으로 된 것이고, 문필도 상대적으로 순창하며 내용도 평이하다. 중국 독자에 대해 말하면 친밀감이 있고 가독성도 있다. 둘째, 『인두략』 출판 이후 많은 상인, 사인(士人)과 관리의 지지와 추천을 받아 더 멀리 전파되었다. 셋째, 각 방면의 재력 찬조하에 『인두략』을 무료로 증정하는 방식으로 전

---

92) 張嘉鳳, 앞의 글, p.769.『全國中醫圖書聯合目錄』에는 빠져 있지만 『引痘略』의 원문과 原序 등을 保有하고 있는 것에는 세 가지 유형이 있다고 한다. (1) 새로운 序跋, 圖式, 痘局章程을 추가하거나 서명을 바꾸어 출판한 것. (2) 『引痘略』의 부족한 부분, 疏略한 부분을 증보하거나 輯錄增修者의 이름으로 출판한 것. (3) 『引痘略』과 기타 상관 문장을 결합하여 한 책을 구성하고 다른 書名으로 출판하는 경우 등이라 한다.

93) 廖育群, 앞의 글, p.38.

94) 陳朝暉·鄭洪, 앞의 글, p.158.

95) 張嘉鳳, 앞의 글, p.778.

96) 張嘉鳳, 앞의 글, pp.765-766.

파하여 독자가 더욱 많았다. 『영길리국신출종두기서』는 문은(紋銀) 2분(分)으로 구매해야 했으므로 독자를 흡인하기 어려웠다. 넷째, 구희는 중국의 전통의학이론 체계를 빌린다는 전략을 취하여 서양 종두 신법을 중국 사인에게 친근감 있게 소개하였으므로 독자를 확대시킬 수 있었다. 넷째, 이유를 조금 더 설명하자.[97] 구희는 중국 전통의학 이론 입장에 서서 새롭게 서양우두법을 해석하고 설명하는 노력을 하였고 이것이 사대부, 관리, 상인과 종두사(種痘師)의 공명을 획득하는 관건이 되었다. 이와 같은 중국본위의 입장을 취한 것은 당시 현실배경 때문이었다. 『인두략』이 출판되었을 때는 우두법이 중국에 도입된 지 이미 10년이 되었으나 전통적인 인두법(人痘法)에 의거한 비묘법(鼻苗法)[98]이 강남에서 오래 실행되고 있었고, 설령 약간의 실패 사례가 있다 해도 일반인은 비묘법을 더 신임하고 있었다. 일반인이 볼 때 모험을 하면서 우두법을 시도해볼 필요가 없었다. 게다가 우두법은 종두한 후 천연두가 재발한다는 소문도 종종 돌고 있었다. 새로운 우두법의 전개는 장애에 부딪혔다. 이러한 상황은 구희처럼 우두법을 보급하려는 사람으로 하여금 새로운 대처 방식을 취하도록 하였다. 구희는 우두법을 일반 사람들이 이해하기 쉽도록 중국의 전통적 의학지식과 체계를 이용하여 설명하였다. 우

---

97) 이 부분은 張嘉鳳, 앞의 글, pp.772-792 내용을 요약하는 방식으로 서술하였다.

98) 천연두에 걸린 사람의 痘漿을 솜에 묻혀 예방하려는 사람의 코에 넣어 의도적으로 천연두에 걸리게 함으로써 면역을 이끌어내는 전통적 인두법의 하나이다. 人痘法은 두 가지가 있었다. 첫째가 痘衣法으로, 痘疹(천연두)을 앓았던 아이의 內衣를 아직 痘疹에 걸리지 않은 아이에게 입혀서 痘가 나오게 하는 것이고, 둘째는 鼻苗法인데, 이 法은 또 세 가지로 나뉜다. 즉, 痘漿을 쓰는 것, 乾痘痂屑(旱苗라고도 함)을 콧속에 불어넣는 것, 濕痘痂(水苗라고도 함)를 솜에 싸서 콧속에 넣어 出痘시키는 것이 있다. 인터넷 한의신문, 칼럼 「김남일의 儒醫列傳 46」, 「李鍾仁(정조－순조연간)

선, 중국전통의 천연두(正痘)와 비묘법의 언어를 차용하여 서양 우두법을 사람들이 익숙한 언어와 문화 세계 속으로 끌어들였다. 예컨대 『인두략』이 채용한 '파종(播種)', '묘(苗)', '종두(種痘)'라는 어휘는 기실 모두 비묘법에서 차용한 것이었다. 아울러, 중국의학의 경맥(經脈)학설과 침자지법(針刺之法)을 우두법에 긴밀히 결합시켰다. 『인두략』에는 전통적인 경맥학설에 기초한 수소양삼초경도(手少陽三焦經圖)를 제시하고 사람의 양팔의 소삭(消爍), 청랭연(淸冷淵) 2혈(穴)에 우두를 접종한다는 설명을 첨가하였다. 이는 서양 우두를 전통의학에 의탁하게 하는 것이었다. 이외에도 중국의 전통적인 남좌여우(男左女右)이론[99]에 따른다거나, 천연두의 발병은 태독(胎毒)에서 말미암는다는 전통적 태독이론[100]을 차용하였다. 청초(淸初) 의학가인 오겸(吳謙, 1689~1748)이 편찬한 『의종금감(醫宗金鑑)』과 청대 의학가 장염(張琰)의 『종두신서(種痘新書)』의 전통적 견해에 의거하면서 인두법(古痘苗塞鼻孔法)과 우두법을 비교하여 우두 신법의 우수성·안정성·편리성을 드러내고 강조하였다. 『인두략』에서 구희는 우두법의 우월성과 효과를 현창하지만 그렇다고 전통방법을 헐뜯거나 비방

---

99) 피어슨의 저술에는 종두하는 곳의 좌우구분이 없지만 구희는 피어슨으로부터 가르침을 받은 이후 구희가 이를 轉寫하는 과정에서 전통 脈學의 성별원칙과 鼻苗法의 습관에 따라 男左女右, 즉 남자는 좌측을 먼저하고 여자는 우측을 먼저 한다는 접종순서로 고쳤다.

100) 천연두 증상은 中醫에서는 전통적으로 胎毒(中醫에서 初生 嬰兒가 걸리는 瘡癤 等의 病因으로 大多數가 母體 內의 熱毒을 가리킨다)으로 감염되어 時行하여 이른 것으로 인식한다. 그러나 종두는 병이 생기기 전에 앞서서 시술하는 것으로 독을 끌어내어 표면에 도달하게 한다. 태독을 제거시켜서 능히 재발할 수 없게 한다. 구희는 지적하였다. "痘之爲毒, 受於先天, 感於時氣, 散於經絡, … 分配五臟." 종두의 관건은 독을 끌어내어 밖으로 드러나게 하는 것이다. 그의 저작 이름을 『引痘略』으로 한 것은 바로 이러한 인식에 기초하였기 때문이다. 陈朝晖·鄭洪, 앞의 글, p.159.

하지는 않는다. 오히려 우두의 원리가 전통적 종두법(種痘法) 속에 포함되어 있다거나 우두와 고비묘법(古鼻苗法)이 한 계열에서 나왔다고 하여 우두를 전통 두과(痘科)의학 계보 내에 안삽(安揷)시킨다. 구희는 이러한 이론적 변환을 통해 새로운 방식인 우두를 재지화(在地化)와 중국화(中國化)의 산물로 만들었다고 장가봉은 결론짓는다.[101]

『인두략』에는 이외에도 전통 오행사상과 기론(氣論)의 내용을 볼 수 있다. 유럽에서도 우두법이 가장 문제시되었던 것은 어떻게 소의 고름을 사람 몸속에 넣을 수 있는가였다. 중국에서도 마찬가지였다. 구희는 이 문제를 해결하기 위해 소는 오행 중에 토(土)에 속하고 사람의 오장 중의 비장(脾臟)도 토에 속하므로 소와 사람의 비장은 같은 기(氣)에 속한다고 주장하였다. 사람과 소가 동기(同氣)가 아니라는 일반인들의 주장을 반박하는 것이었다.[102] 『인두략: 인두설(引痘說)』은 말한다. "대개 소는 토축(土畜)이다. 사람의 비장은 토에 속한다. 토로써 토를 꺼내는 것은 동기상감(同氣相感)하고, 동류상생(同類相生)이므로 효과를 얻을 수 있다. 이와 같이 두종(痘種)이 우(牛)로부터 왔기에 우두(牛痘)라고 하는 것이다."[103] 아울러 천연두의 병독(病毒)은 오장 중에 광범하게 존재하지만 그것의 비장에서의 독성은 약하고 신장(腎臟)에서는 독성이 가장 강하다. 그러므로 토에 속한 우두를 이용하여 가장 용이하게 비장 속의 천연두 병독을 끄집

---

101) 피어슨의 저작은 서양방법의 기술을 소개하는 것이 위주이고 원리를 설명하지 않아 의혹과 염려를 야기하였다. 邱熺는 이론과 기술을 모두 중시하고 전통의료 사상과 문화를 채택하여 서양방법을 이론화하고 在地化하여 엘리트 계층을 설복시켰다. 그럼으로써 당시 사람들이 믿지 않는 곤경을 돌파하였다. 바로 이 점이 『暎咭唎國新出種痘奇書』와 『引痘略』의 최대의 차이였다. 張嘉鳳, 앞의 글, p.792.

102) 董少新, 앞의 글, p.137.

103) 邱熺, 『引痘略』 「引痘說」(『續修四庫全書』 第1012冊, p.405).

어내어 전신(全身)이 그 해를 받지 않도록 한다는 것이다.[104] 그렇다면 소의 두장(痘漿)을 천연두 예방을 위해 사람의 몸속에 넣는 것은 문제가 되지 않을 것이다. 오히려 사람 몸속의 천연두 병독을 소의 우두를 이용하여 용이하게 제거할 수 있다는 것이다. 지금의 입장에서 보면 구희의 이러한 논리는 당시인들의 우두법에 대한 불신과 의문을 해소하기 위한 고육지책이었다고 할 것이다.

구희는 스스로 말하지 않았지만 다른 사람의 서문을 통해 희두법 (稀痘法)의 문제를 제기한다. 『인두략』에는 병부우시랑(兵部右侍郎)을 지낸 순덕인(順德人) 온여괄(溫汝适, 1757~1820)이 1817년 지은 서문이 수록되어 있다.

> "내가『본초강목(本草綱目)』을 보니 거기에「희두방(稀痘方)」조가 있었는데 내용은 다음과 같았다. 흰 소의 이를 이용한다. 이가 소의 몸에 붙어서 배부르게 피를 빨아먹고 무거워서 저절로 떨어진다. 이를 이용하면 능히 두창을 희석시킬 수 있다. 즉, 소의 이 속에서 소의 피를 취할 뿐이다. 소의 이는 여전히 희두(稀痘)할 수 있고 그렇다면 우두도 반드시 희석된 것이다. 그 묘(苗)로 종두하면, 마땅히 완전한 효과를 볼 수 있다. 이치로 보아 당연하며 족히 괴이한 바가 없다. 이것은 중국인이 이미 그 단서를 계발한 것이지만, 외양인(外洋人)이 전심(專心)하고 주의력을 집중하여 유사한 것에서 촉발시켜 발견해낸 것이니 또한 하나의 장점인 것이다."[105]

원래 소 피를 빨아먹은 이를 이용한 종두법 말하자면 별종의 우두법이 중국에 있었다는 것이다. 그러한 중국인의 방법을 서양인이 이

---

104) 董少新, 앞의 글, p.137.
105) 邱熺, 『引痘略』, 「引痘略 序」(『續修四庫全書』第1012冊, p.402).

용하여 현재의 우두법을 발명하였다는 논리이다. 원래 있던 중국의 방법을 서양인이 발전시켜 중국에 도입했는데 이를 배척할 필요는 없다는 것이다. 일종의 서학중원설(西學中源說)이라 할 것이다. 그렇다면 서방에서 온 우두법에 대한 중국인의 저항감이나 두려움을 제거하는 데 유리한 논거가 될 것이다. 구희가 직접 말하지 않았지만 서문 작가를 통해 이러한 주장을 게재함으로써 『인두략』 독자들은 우두법에 대해 용이하게 호응할 수 있었으리라 생각된다.

이러한 희두법 논리는 『인두략』의 온여괄 서문으로 끝나는 것이 아니다. 완원이 총책임자가 되어 편찬한 도광 『광동통지(廣東通志)』에도 온여괄의 주장이 『인두략』 서문과 거의 같은 내용으로 실려 있다.[106] 그 후 도광 『광동통지』의 희두법 주장은 여타 광동의 지방지에 반복적으로 나타난다. 예컨대, 동치 『반우현지』[107], 광서 『광주부지』[108], 민국(民國) 『순덕현지(順德縣志)』[109]에서 그러한 사례를 찾을 수 있다. 민간의 의학서적에도 희두법의 그림자가 드리우고 있다. 예컨대 청말 의학가로 많은 의학서를 편집한 진수원(陳修園, 1753~1823, 본명은 念祖, 修園은 字)이 후한 장중경(張仲景)의 『금궤요략(金匱要略)』에 주석을 붙이고 우두법이란 부록(「附引牛痘法」)을 달았는데 거기에 "월동(粤東)에는 우두를 접종하는 방법(種牛痘

---

106) 道光 『廣東通志』 卷331 「雜錄一」, 清道光2年刻本(『續修四庫全書』 史部 地理類 675, p.757).
107) 同治 『番禺縣志』 卷54 「雜記二」, 21쪽 뒤-22쪽 뒤(『中國地方志集成: 廣東府縣志輯』 6, p.660).
108) 光緒 『廣州府志』 卷163 「雜錄4」, 41쪽 앞(『中國地方志集成: 廣東府縣志輯』 3, 2003, p.847).
109) 民國 『順德縣志』 卷24 「雜誌」 18쪽 앞뒤(『中國地方志集成: 廣東府縣志輯』 31, p.759).

法)이 있는데, 도이(島夷)로부터 전달된 것이다. 그 방법은 우두를 취하여 묘(苗, 백신)로 삼는다. 이것은 대개 『본초강목』의 희두방에서 흰 소의 이를 이용하는 것을 참고로 하여 깨달음이 있었던 것이다"[110]라고 한다. 관방이나 민간에서의 희두법 주장은 서양에서 들어온 우두법을 전파하고 보급하는 데 유리한 정서적·사상적 배경을 이루었다고 생각된다.

4. 광동행상의 우두법에 대한 공헌

1) 우두법 도입

제2장에서 이미 언급했듯이 1803년 8월 인도 봄베이의 영국동인도회사 측은 광동으로 우두백신과 설명서를 보냈고 광동 소재의 영국동인도회사 측은 광동행상의 도움을 받아 아동들에게 우두 접종을 시도하였으나 실패하였다. 이때 우두 접종 대상 아동을 제공한 것은 행상 Chunqua의 형제 Cheequa라고 한다.[111] 영국동인도회사의 대반은 늘 행상들과 무역거래를 진행하여 행상들과 친숙하므로 우두 접종 대상 아동을 선발할 때 이를 행상에게 요청한 것이다. Chunqua는 바로 동생행(東生行)을 경영하는 유덕장(劉德章, 본적 安徽)으로 장관(章官, Chunqua)라는 상명(商名)을 갖고 있었다. 유덕장은 1794년

---

110) 陳修園, 『金匱要略淺注』 卷九 「婦人雜病脈證并治第二十二」 「附引牛痘法」, 13쪽 앞뒤(北京: 北京市中醫書店, 1985 影印).

111) The British Library, JOR/F/4/169/2985, pp.107-110. 張嘉鳳, 앞의 글, p.757에서 재인용.

동생행을 설립하여 그가 병사한 1825년까지 경영하였다.[112] 즉, 유씨 형제는 영국동인도회사에 협조하여 영국의 우두접종법이 도입될 수 있도록(실패하기는 했지만) 기여한 최초의 중국 행상이다. 아직 우두법의 안전성에 대한 확신이 없었을 당시에 행상이 자신의 조카를 실험대상으로 참여시킨 것은 결코 쉬운 일이 아니었을 것이다. 1811년에 세워진 「문란서원비기(文瀾書院碑記)」에는 서원 건립이나 운영기금을 제공한 12명의 양상(洋商)[113] 명단이 적혀 있고 선두에 적힌 노광리(盧廣利, 즉 盧觀恒의 廣利行)를 이어서 다섯 번째에 유동생(劉東生)이란 이름이 보인다.[114] 이는 동생행 유덕장을 말하는 것이다. 1785년 의풍행상(義豊行商) 채소복(蔡昭復)이 서양상인에 대한 채무로 파산하였을 때[115] 채무를 갚기 위해 관부에서는 그의 저택을 몰수하였고 그것을 양상들이 11,820냥에 공동으로 사들여 광주서관수호공소(廣州西關修濠公所)[116]로 삼았다. 호수(濠水)

---

112) 楊國楨, 「洋商與大班－廣東十三行文書初探」, 『近代史研究』 1996-3; 梁嘉彬, 『廣東十三行考』, 廣州: 廣東人民出版社, 1999, pp.301-302; 朴基水, 「葛藤·協力·隸屬－清代 廣東對外貿易中의 行商과 東印度會社의 關係를 중심으로－」, 『명청사연구』 제36집, 2011, p.275, <표 1> 참고.

113) 廣州에서는 1686년 대외무역을 직접 수행하는 상인조직 洋貨行이 건립되었고 1760년에는 서양상인과의 무역을 독점하는 外洋行이 조직되었다. 이들 洋貨行 商人, 外洋行 商人을 줄여 洋商으로 불렀고, 바로 이들이 소위 廣東13行이었다. 13行에 속한 商人이라는 의미에서 行商(영어로는 the Hong merchants)이라고도 불렀다. 따라서 洋商은 아편전쟁 이전에는 行商을 가리켰다. 彭澤益, 「清代廣東洋行制度의 起源」, 『歷史研究』 1957-1; 陳國棟, 「潘有度(潘啓官二世): 一位成功的洋行商人」, 廣州歷史文化名城研究會·廣州市荔灣區地方志編纂委員會, 『廣州十三行滄桑』, 廣州: 廣東省地圖出版社, 2001, p.185 참고.

114) 廣州西關下九甫 「文瀾書院碑記」, 嘉慶16年(梁嘉彬, 앞의 책, pp.391-393에 수록).

115) 義豊行 蔡昭復이 파산한 것은 1784년이지만(朴基水, 앞의 글, p.273 <표 1> 참고) 그의 재산을 몰수하여 외국상인에 대한 부채(夷欠)를 처리하는 과정은 1785년까지 이어졌기에 「文瀾書院碑記」는 乾隆50年(1785)이라 한 것이다. 梁廷枏 等纂, 『粤海關志』 卷25 「行商」 6쪽 뒤(『近代中國史料叢刊』 續編 第19輯, 臺北: 文海出版社, p.1808)에 의하면 그의 夷欠은 16.6萬餘 兩이었다.

의 준설 기구인 수호공소(修濠公所) 옆에는 문란서원(文瀾書院)을 건립하고 사대부들이 모여 학문을 담론하는 장소로 삼아 광동의 문운이 진흥되는 터전이 되도록 하였다. 이것은 유덕장이 강물의 준설 기구와 학문을 담론하는 서원 건립에 기금을 출연하는 등 사회적 기부활동에 적극적으로 참여하고 있음을 보여준다. 유덕장은 평소 사회적 기부활동에 참여하고 있었으므로, 많은 아동을 천연두라는 병마로부터 구제하기 위해 기꺼이 자신의 조카를 실험대상으로 제공하였다고 생각된다.

유덕장의 협조에도 불구하고 우두 접종 실험은 무위로 끝났지만 회륭행(會隆行) 정숭겸(鄭崇謙)의 경우는 소기의 성과를 거두었다. 우두법의 도입과 관련하여 정숭겸이 기여한 바는 두 가지로 정리할 수 있다. 하나는 피어슨이 저술하고 스턴튼이 중국문으로 번역한 『영길리국신출종두기서』의 간행에 명의를 빌려줌으로써 이 서적의 출판을 순조롭게 하였다. 다른 하나는 구희 등 우두법을 배우려는 사람들을 모집하여 피어슨에게서 새로운 종두기술을 전수받게 하였다는 점이다.

먼저 저서 간행 부분을 보자. 모스에 의하면 이 서적의 출간은 정숭겸에 의해 후원받았다고 한다. 정숭겸은 "공교롭게도 현재 마카오에 있고 그는 번역을 돕겠다고 약속했으며 그의 행상명의를 빌려주기

---

116) 廣州西關修濠公所는 廣州省城 太平門 밖 下九甫 繡衣坊에 위치하는데 濠水가 막혀 水患이 발생하는 것을 막기 위해 행상들이 조직한 濠水 준설 기구였다. 廣州 濠水는 東西水關으로부터 물길이 흘러들어와 廣州城南을 구불구불 감돌아 지나며 歸德門 밖까지 이어졌다. 濠水 양안은 百貨를 판매하는 점포가 즐비하고, 五都의 시장이 설치되어 천하 商賈가 모이는 장소였다. 朴基水, 「淸代 行商의 紳商的 성격－潘氏家族의 사례를 중심으로－」, 『大東文化硏究』 제80집, 2012, p.158.

로 하였다." 이렇게 행상 명의를 빌리는 까닭은 "중국에서 출판되는 서적은 반드시 공공의 사회적 지위가 있는 그 지방 인사에 의해서 출판되거나 승인되어야 하기"[117] 때문이라 한다. "공공의 사회적 지위가 있다"는 것은 무엇을 의미할까. 광서『광주부지』에는 "사마 관직을 지닌 행상 정숭겸은 종두기서 1권을 간행하였다(洋商鄭崇謙司馬, 刊種痘奇書一卷)"[118]라는 어귀가 보인다. 피어슨을 도와 우두 접종 서적을 간행했을 때 정숭겸은 사마(司馬)라는 관함을 지니고 있었다. 사마는 명청시기 동지(同知)나 통판(通判)의 별칭으로도 사용되었다.[119]『청대외교사료(清代外交史料)』에는 "가경9년(1804) 정숭겸은 정지무(鄭芝茂)라는 이름으로, 주동(州同)이라는 관직을 연납하였고, 추가로 제거(提擧) 직함(職銜)을 연납하였다"[120]라는 기사가 보인다. 주동은 주동지(州同知)인데, 지주(知州)의 좌이관(佐貳官, 즉 副職)이며, 종6품관이다.[121]『광주부지』가 말하는 사마는 바로 이 주동지를 말하는 것이다. 물론 이는 실직(實職)이 아니고 연납(捐納, 매관매작)에 의한 허함(虛銜, 명예관직)일 뿐이다. 그렇지만 어엿한 관직이므로 정숭겸은 공공의 사회적 지위가 있는 상인임에는 틀림없다.

정숭겸의 저술간행 문제와 관련해서 짚고 넘어가야할 문제는 표절

---

117) H. B. Morse, 앞의 책, Vol. Ⅲ, pp.16-17.

118) 光緒『廣州府志』卷163「雜錄4」, 40쪽 앞(『中國地方志集成: 廣東府縣志輯』3, p.846).

119) 鄭天挺・吳澤・楊志玖 主編, 『中國歷史大辭典』上卷, 上海辭書出版社, 2000, p.890.

120) 故宮博物院,「清嘉慶朝外交史料三」, 32쪽 앞,「兩廣總督百齡等奏審擬負欠關餉夷賬及串同夷商私頂行名代定貨物之案犯摺」 嘉慶十五年十一月初三日(『清代外交史料: 嘉慶朝』, 臺北: 成文出版社, 1968影印, p.301).

121) 劉子揚,『清代地方官制考』, 北京: 紫禁城出版社, 1994, p.106.

시비 문제이다. 도광『남해현지』에는 정숭겸의 저술로『종두기서(種痘奇書)』를 꼽으면서 다음과 같은 표현을 하고 있다. "정숭겸이 죽은 후, 후사가 쇠미해졌다. 드디어 그 책(『種痘奇書』)을 훔치고는 이를 증익(增益)하여 출판하는 자가 있었다. 다시는 정숭겸의 성명을 들지 않으니 진실로 개탄스런 일이다."[122] 이에 대해 중국학자 팽택익(彭澤益)은 우두법의 중국 도입에서 정숭겸의 역할과 공헌을 강조하는 입장을 취하고, 정숭겸 저서의 표절자로서 구희에게 혐의를 둔다.[123] 장가봉은 구희가『종두기서』(즉,『영길리국신출종두기서』)를 표절한 것을 확신한다. 그러나 정숭겸은 저술출간에 협조(번역 윤색)하였을 뿐 원저자는 피어슨이다. 그러므로 정숭겸과 구희 사이에는 표절문제가 존재하지 않는다. 19세기 우두의 중국도입에서 양자는 모두 공헌하였다고 하여 양자를 모두 인정하는 태도를 취한다.[124] 전통시대에 지금과 같은 표절 개념이나 시비는 없었다고 생각된다. 학자들이 남의 학설을 마치 자기의 주장인양 서술하는 일이 비일비재하였다. 지금의 잣대로 표절을 논하기는 어려울 것이다. 게다가 구희는 제3장 제2절에서 보았듯이『인두략』은 중국 전통의학 이론의 입장에 서서 중국인이 이해하기 쉽도록 우두법의 내용을 크게 변환시키지 않았던가.

게다가『인두략』은 앞에서도 보았듯이 매우 많은 독자를 확보하고 여러 차례 간행되거나 증보, 개작되어 우두법을 중국에 보급하고 확대하는 데 커다란 공헌을 하였다. 이에 비해 최초의 우두법 안내서

---

122) 道光『南海縣志』卷25「藝文略」一, 55쪽 앞.

123) 彭澤益, 앞의 글(1991), pp79-80.

124) 張嘉鳳, 앞의 글, pp.795-796 그리고 pp.764-765.

인 이른바 정숭겸의 『종두기서』는 그렇지 못하였다. 앞에서 이미 그 원인을 지적하였지만 행상 정숭겸의 파산, 투옥 등과 관련한 부분을 조금 더 설명하고자 한다. 회륭행은 정숭겸의 부친 정상건(鄭尙乾: 본적 廣東 南海)에 의해서 1793년 창업되었다. 1795년 정상건이 병사하자, 정숭겸은 회륭행을 승계하였다.[125] 1809년에 이르러 정숭겸은 경영부실로 많은 채무를 지게 되었다.

"정숭겸은 구매한 화물을 팔기 어려워 이익을 얻을 수 없었기 때문에, 외국상인이 채무변제를 요구할 때마다 친우나 여러 행상에게서 돈을 빌려 상환하곤 하였으나 그럴수록 이자가 추가되어 결국에는 본전을 결손하게 되었다. 종전에는 그래도 다른 사람에게서 돈을 빌려 외국상인에의 채무[夷賬]를 갚아나갈 수 있었다. 그러나 가경14년(1809) 겨울에 이르러, 계산해 보니 향은(餉銀, 청조에의 세금) 미납이 89,000여 냥이었고, 또한 영국동인도회사에 연체한 번은(番銀)이 45만여 냥이었으며, 항각(港脚)[126]상인, 화기(花旗, 미국상인), 남기(藍旗[127]夷人, 스웨덴상인) 등에게 연체한 번은이 52만 9천여 냥으로, 그 액수가 많아서, 융통하여 상환할 방도가 없었다."[128]

---

125) 故宮博物院, 「淸嘉慶朝外交史料三」, 32쪽 앞, 「兩廣總督百齡等奏…摺」.

126) 阿片戰爭이전 광주의 대외무역에서 중국과 영국 양국의 특허 상인이외의 자유로이 무역을 경영하는 상인을 말한다. 외국 散商은 東印度會社 이외 각국에서 廣州에 와서 무역하는 상인이다. 소위 자유상인으로 그 중 주로 17세기 말엽에서 19세기 30년대까지 동인도회사의 허가를 얻어 廣州에 와서 무역을 행하는 영국상인, 인도상인을 가리키는데 영문으로는 Country merchant, Parsees(대대로 인도에 거주하며 무역하는 페르시아 후예로 배화교도이다)라 한다. 당시 중국인은 이들을 港脚이라 불렀고 그들의 배를 港脚船이라 하였다. 이들 散商은 유럽 각 소국의 비호 하에 광주에 와서 밀무역 주로 아편무역을 행하였다. 1831년 廣州 거류 외국상인은 동인도회사 직원을 제외하고 영국 散商 26명, Parsees 散商 26명, 미국 散商 21인이 있었다. 陳旭麓 等主編, 『中國近代史詞典』, 上海辭書出版社, 1982. p.668.

127) 章文欽, 「淸代前期廣州中西貿易中的商欠問題」, 『中國經濟史硏究』 1990-1, p.123에서는 藍旗를 스웨덴으로 파악하고 있다.

128) 故宮博物院, 「淸嘉慶朝外交史料三」, 32쪽 앞, 「兩廣總督百齡等奏…摺」(『淸代外交史料: 嘉慶朝』, p.301).

정숭겸이 연체한 모든 채무의 합은 무려 106.8만여 냥에 달하였다. 결국 파산지경에 이른 회륭행에 대해 동인도회사 측은 채무를 변제받기 위하여 대반(大班) J. W. Roberts의 계획을 실행하고자 하였다. 일찍이 통역[通事]에 충임된 오사경(吳士瓊, Ashing)을 외국상인의 대리인으로 하여 그로 하여금 회륭행 명의를 사칭케 하고 행무를 경리하게 하였다. 이로써 얻은 이윤으로 상흠(商欠, 행상의 채무)을 상환하고자 한 것이었다.[129) 그러나 이러한 사실은 청 당국에 적발되어 1810년 6월 정숭겸과 오사경은 체포되었고, 7월에는 남해현(南海縣) 감옥에 투옥되었다.[130) 양광총독 백령(百齡)의 주청에 의해 오사경을 서쪽 변방인 이리(伊犁)로 유배시키고 고역에 임하게 하였다. 정숭겸 역시 이리에 유배되어 충군(充軍)되었다가 다음해 그곳에서 죽었다.[131) 이처럼 정숭겸은 행상으로서 경영실패 끝에 파산하였고, 감옥에 갇혔으며, 변방에 유배되어 사망하였다. 사람들은 그의 이야기를 쉬쉬하면서 덮어두려고 하였을 것이다. 이러한 분위기는 그의 참여하에 간행한 서적에도 좋지 않은 영향을 미쳤을 것이다.

둘째, 정숭겸이 사람을 모집하여 우두법을 학습시킨 점이다. 그들 중 구희에 대해서는 앞장에서 자세히 논했기에 더 이상 췌언이 필요 없을 것이다. 광서 『광주부지』에는 "초모하여 우두법을 익힌 자는 반우(番禺) 양휘, 향산(香山) 장요, 남해 구희, 담국 네 사람이다. 그

---

129) 章文欽, 앞의 글, p.123.

130) H. B. Morse, 앞의 책, Vol.Ⅲ, p.148-149.

131) 章文欽, 앞의 글, p.123. 정숭겸의 사망연도는 1813년으로 보아야 할 것이다. H. B. Morse, 앞의 책, Vol.Ⅲ, p.192에는 1813년 2월에 정숭겸 사망했다는 소문을 전하고 있다. 彭澤益, 앞의 글(1991), p.80에서도 嘉慶18년(1813) 정숭겸이 사망했다고 한다.

후 양휘는 황포(黃埔)로 돌아갔고, 장요는 취미(翠微, 香山縣 소
재)[132]로 돌아갔다. 구희, 담국 두 사람은 드디어 종두법 기술에 정
통하게 되었다"[133]고 하였다. 구희, 담국 두 사람이 종두법 기술에
정통해서인지 도광 『남해현지』에는 1810년 양행상인 오돈원 등이
거금을 지원하여 양행회관에서 우두를 접종하게 했을 때 구희, 담국
두 사람을 초청하여 종두하게 하였다고 쓰고 있다.[134] 그중 담국의
그 후 활동상황에 대해서는 알려진 바가 없다. 다만 황포로 돌아갔
다고 하는 양휘(본명 國熾, 1763~1819)[135]에 대해서는 지방지 열
전에 기록이 전한다.

> "양국치(梁國熾)는 자가 휘(輝)이고, 상황포인(上黃埔人)이다. ……
> 감생(監生)으로서 여러 차례 (향시에) 응시하였으나 불합격하였다.
> 이에 과거시험을 포기하고 상업에 종사하였는데 선행을 좋아하고
> 사람을 곧잘 구제하였다. 천연두가 유행하여 죽은 사람이 많았다.
> 국치가 이를 불쌍히 여겨 좋은 방법을 구했으나 얻을 수 없었다.
> 서양인에게 우두접종법이 있다는 말을 듣고, 우두에 걸린 소의 두
> 장(痘漿)을 얻어, 사람의 팔뚝에 찔러 넣고, 마마(痘)가 나오도록
> 하면, 며칠 만에 딱지가 생기고, 고통이 없었다. 국치가 이에 많은
> 비용으로 그 방법을 구하여 익혔다. 두장은 반드시 서양으로부터
> 차례차례 전하여 이르니 그 비용이 헤아릴 수 없이 많이 들었다.

---

132) 翠微村은 광동성 中山縣 동남 115리에 소재한다. 藏勵和 編, 『中國古今地名大
辭典』, 商務印書館, 1931, p.1119. 光緒『廣州府志』卷80「前事略6」, 25쪽 뒤
(『中國地方志集成: 廣東府縣志輯』2, p.385)에 "是年, 海賊襲. 香山翠微鄕人
韋元懿禦之(香山志)"라 한다.

133) 光緒『廣州府志』卷163「雜錄4」, 40쪽 앞뒤(『中國地方志集成: 廣東府縣志輯』
3, p.846).

134) 道光『南海縣志』卷44「雜錄 二」, 30쪽 뒤.

135) 梁輝는 乾隆28(1763년)에 태어나 嘉慶24년(1819)에 죽었으니 향년 57세이다. 彭
澤益, 앞의 글(1991), p.80.

국치는 아까와 하는 바 없이, 매년 그 방법을 써서 사람들을 치료하고, 푼돈으로 사례하는 것을 아까와 하지 않았다(不吝分文謝). 오늘날에 이르러 사람마다 종두를 알게 되어, 중국에서는 천연두의 피해를 면할 수 있게 된 것은 국치가 이를 창도한 때부터이다(據梁同新撰家傳, 采訪冊參修)."[136]

동치 『반우현지』에 수록된 양국치의 열전은 광서 『광주부지』에 거의 그대로 전재(轉載)된다.[137] 이 내용을 그대로 인정해야 할 것인가? 『반우현지』 양국치전의 근거는 주로 일족인 양동신(梁同新, 1800~1860)이 저술한 가전(家傳)이다. 양동신은 양행의 하나인 천보행(天寶行)의 설립자 양경국(梁經國, 1761~1837)의 넷째아들이다. 1818년 무인과(戊寅科) 거인(擧人)이고 1836년 진사(進士)다. 한림원서길사(翰林院庶吉士), 전시미봉관(殿試彌封官), 제독호남학정(提督湖南學政), 산동도감찰어사(山東道監察御史), 탁통정사부사(擢通政司副使), 순천부윤(順天府尹)을 역임했다.[138] 양동신이 가전에서 양국치를 기술할 때 동족의 아버지 연배의 인물이므로 미화하거나 과장하였을 수도 있다.[139] 일부 연구자는 양국치가 과거에 응시하여 뜻을 이루지 못하자 상업에 종사하게 되었는데 이때 천보행(天保行, 天寶行?)의 고동(股東, 출자자)이 되었다고 한다.[140] 어떤

---

136) 同治『番禺縣志』卷47 列傳16「梁國熾傳」, 10쪽 앞(『中國地方志集成: 廣東府縣志輯』 6, p.568).

137) 光緒『廣州府志』卷131「列傳20」國朝 番禺,「梁國熾條」 28쪽 앞뒤(『中國地方志集成: 廣東府縣志輯』 3, p.318).

138) 魏雅麗,「淸代廣東行商家族與番禺學宮」,『嶺南文史』 2007年 第1期, p.16.

139) 董少新, 앞의 글, p.135에서는 梁同新의 家傳, 즉 『冕亭梁公家傳』에서는 梁國熾에 대해 과분한 칭찬의 표현을 했다고 지적한다.

140) 冷東・劉桂奇,「十三行與淸代中後期廣州現代醫療衛生體系的初建」,『西南大學學報(社會科學版)』 제36권 제5기, 2010, p.185.

근거자료도 제시하지 않고 있으므로 이를 그대로 믿기는 곤란하다. 그러나 그럴 가능성이 있기는 하다. 천보행(天寶行) 창업자 양경국은 어려서 아버지를 여의고 힘든 나날을 보냈다.[141] 13행의 하나인 풍씨(馮氏) 양행에서 28년 동안 일했는데 주인 풍 씨의 신임을 얻어 그가 1808년 천보행을 설립할 때 풍 씨의 도움을 받았다[142]고 한다. 그렇다면 천보행 설립 시 부족한 자금 마련을 위해 동족의 투자를 요청하였을 수도 있다. 그중의 한 명이 양국치일 것인가. 하여간 양국치는 감생 출신인 데다가, 일족인 양동신 같은 관료의 배려하에 지방지에 입전될 수 있었던 것 같다. 그리고 양동신은 부친 세대 일족의 활동을 현창하기 위해 사실을 과대포장하였던 것 같다.

2) 우두법의 정착

1805년 봄, 피어슨이 처음으로 중국에 우두법을 도입한 이래 1806년, 1808년 두 차례에 걸쳐 우두백신의 공급이 단절되어 우두 접종이 중단되었다는 점은 이미 기술하였다. 전통적인 인두법이 우두법보다 위험성도 높고 시술할 때 의료비를 요구하였기 때문에, 우두를 무료로 접종하였던 점은 우두법 보급의 강력한 동인으로 작용할 수 있었다. 그러나 종두의사에 대한 고의적인 나쁜 소문이나 우두 접종 자체에 대한 미신, 전통 인두(人痘) 종두사의 결사적인 반대 등에 의해 점차 우두를 접종하러 오는 사람이 줄어들게 되었다. 당시의 과

---

141) 하오옌핑 지음, 이화승 옮김, 『중국의 상업혁명-19세기 중·서 상업 자본주의의 전개-』, 소나무, 2007, p.287.

142) 李國榮 편저, 이화승 옮김, 『제국의 상점』, 서울: 소나무, 2008, pp.115-118.

학기술 수준상 우두백신의 보관과 유지를 위해서는 언제나 접종자가 이어지지 않으면 안 되었다. 구희가 『인두략』에서 말하고 있듯이 "대개 성하(盛夏)의 무더위 시절이 되면, 평소 (우두법의 효과를) 깊이 믿는 자조차 대개 날씨에 구애를 받아 오려 하지 않는다. 우두를 접종하지 않으면 두장을 얻을 곳이 없어지고 두장을 얻지 못하면 우두백신은 이어갈 방법이 없다."143) 여름이나 가을144)의 무더운 계절 동안에는 "모든 질병이 보통 때보다 더욱 위험하고 심각하게 공격"145)한다고 하는 생각이 중국인들 사이에 퍼져 있었다. 따라서 무더운 계절에는 우두접종자가 격감하거나 심지어 중단되었다. 다른 계절에는 영국동인도회사의 경비지원에 의해 무료로 우두를 접종할 수 있었지만 결국 무더운 여름과 가을이 문제였다. 시술이 무료임에도 아예 우두를 접종하러 오지 않았기 때문이었다. 이러한 곤란상황에서 돌파구를 마련한 것은 행상들의 우두 접종 기금의 쾌척이었다.

먼저 도광 『남해현지』의 내용을 보자.

"가경15년(1810)에 이르러 … 양행상인인 오돈원, 반유도, 노관항이 함께 수천금을 기부하고, 구희, 담국 두 사람에게 위촉하여 양행회관(種洋痘局)에서 우두를 접종하게 하였다. 추위와 더위가 바뀌는 환절기에 접종하기를 원하는 자가 없으면, 오히려 금전을 주어(접종하러 오게 하니), 영아를 살린 것이 헤아릴 수 없을 정도였다."146)

---

143) 邱熺, 『引痘略』「首在留養苗漿」, 5쪽 앞(『續修四庫全書』第1012冊, p.408).

144) 음력에서는 4,5,6월이 여름이고 7, 8, 9월이 가을이다. 음력 7, 8, 9월은 대체로 양력 8, 9, 10월인데, 남방지역은 아직도 무더웠다.

145) *The Chinese Repository*, Vol. Ⅱ, May, 1833, No.1, Vaccination, p.38.

146) 道光『南海縣志』, 卷44「雜錄 二」, 30쪽 뒤.

광서 『광주부지』에는 보다 구체적 기부금 액수가 나온다. "가경신미(辛未)년(1811년, 즉 嘉慶16년), …… 양상 반유도, 노관항 두 사람은 모두 방백(方伯) 오병감(伍秉鑑)에게 전교(轉交)하여, 모두 은 삼천냥(銀三千兩)을 희사하였고, 이를 상인에게 대부하여 이식을 얻도록 함[發商生息.]으로써, 영구히 지속하도록 하였다."[147] 두 자료에는 양행상인들의 기금 조성시기가 1810년, 1811년 차이가 있는데 앞에서도 지적한 것처럼 도광시기의 『남해현지』가 보다 근접한 시기의 기록이므로 이를 따르도록 한다. 세 사람의 양상 중 오돈원(즉, 伍秉鑑)이 첫 번째로 거명된다거나 방백이란 명예관직(虛銜)이 기록된 것으로 보아 셋 중에서도 중심적 역할을 하였다고 생각된다.

오병감(伍浩官Ⅲ, HowquaⅢ[148], 1769~1843)은 이화행(怡和行)을 창업한 오국영(伍國瑩, 伍浩官Ⅰ, HowquaⅠ, 1731~1800)의 셋째아들로 1801년 형 오병균(伍秉鈞, 伍浩官Ⅱ, HowquaⅡ, 1766~1801)이 죽자 그를 이어 이화행을 경영하였다. 이미 오병균 경영시기인 1800년에 이화행은 신속한 발전을 이루어 행상 중의 서열 3위에 올랐다.[149] 오병감이 경영하면서 이화행은 발전가도를 달렸다. 1807년에 이미 행상 중의 서열 2위에 달하였고 1809년에는 총상(總商, 당시 商總이라 불림)이 되었다.[150] 아마도 동문행 반유도의 은

147) 光緒『廣州府志』卷163「雜錄4」, 40쪽 앞뒤(『中國地方志集成: 廣東府縣志輯』 3, p.846).

148) 모스나 梁嘉彬은 伍秉鑑을 HowquaⅡ라고 하나 章文欽은 이를 부정하고 Howqua Ⅱ는 伍秉鑑의 형 伍秉鈞이라 한다. 그리고 伍秉鑑을 HowquaⅢ라고 하였다. 章文欽, 「從封建官商到買辦商人－淸代廣東行商伍怡和家族剖析(上)」, 『近代史研究』 1984-3, p.170.

149) 梁嘉彬, 앞의 책, pp.283-284 ; 章文欽, 위의 글, pp.169-170.

150) 梁嘉彬, 앞의 책, p.285. 이 때 행상 중의 최고 洋商은 商總으로 불렸다. 1813년

퇴에 따라 행상계의 최고실력자가 되었기 때문일 것이다. 그는 1826
년 아들 오수창(伍受昌)에게 이화행의 행무를 계승시켰지만 원상(原
商)으로서 사실상 이화행을 이끌었다. 그는 죽기까지 수십 년간 행상
중의 영도적 지위를 향유하였다. 미국상인 헌터(W. C. Hunter)는
1834년 오병감이 2,600만 달러의 재산을 소유하였다고 하여 당시
세계 최대의 부호로 평가한 이야기[151]는 유명하다. 오병감은 청조에
대한 기부나 연납으로 명예 관직을 얻었다. 동치『남해현지』오숭요
(伍崇曜) 열전 부분에는 아버지인 오병감이 포정사함(布政使銜)을
받았다[152]고 되어 있다. 포정사는 청대에는 종이품으로 방백(方伯),
번사(藩司)[153]라고도 한다. 광서『광주부지』에서 방백 오병감이라
표현한 것은 그가 포정사함을 받았기 때문이다.

　　반유도(潘啓官Ⅱ, PuankhequaⅡ, 1755～1820)는 동문행을 창업
한 반진승(潘振承, 潘啓官Ⅰ, PuankhequaⅠ, 1714～1788)의 넷째
아들로 반진승이 죽자 1788년부터 동문행의 경영을 담당하였다. 반
진승은 1760년경부터 두각을 나타내어 그가 죽을 때까지 광주 양상
의 수령(首任商總)이었고, 외국상인과의 무역량이 최대였다. 반유도

　　鹽商의 예에 따라 總商으로 불렀다. 章文欽은 伍秉鑒이 1813년 總商이 되었다
　　고 했는데 이 같은 명칭 변화를 그렇게 설명한 듯하다. 商總과 總商 명칭에 대해
　　서는 陳國棟, 「潘有度(潘啓官二世): 一位成功的洋行商人」, 廣州歷史文化名城
　　研究會·廣州市荔灣區地方志編纂委員會, 『廣州十三行滄桑』, 廣州: 廣東省
　　地圖出版社, 2001, p.151과 p.186의 각주 11) 참고.

151) W. C. Hunter, *The Fankwae at Canton*, Shanghai, 1911: 馮樹鐵 譯, 『廣州"番鬼"
　　錄 1825-1844－締約前"番鬼"在廣州的情形』(廣州: 廣東人民出版社, 1993),
　　p.36.

152) 同治『南海縣志』卷14「列傳」, 伍崇曜條, 49쪽 뒤(『中國方志叢書』華南地方,
　　第50號, p.277).

153) 鄭天挺·吳澤·楊志玖 主編, 『中國歷史大辭典』上卷, p.688.

가 승계한 시기에도 부친 시기의 번영을 이어받아 여러 행상 중에서
도 재력상·영업상 가장 우월한 양상이었다. 1808년 관방의 허가를
얻어 동문행의 문을 닫고 은퇴하였다가, 청조와 광동당국의 촉구하
에 1815년 다시 양상으로 복귀하였다. 이때 새로운 양행 명칭을 사
용하여 동부행(同孚行)이라 하였다. 이미 1808년 은퇴하면서 동문행
의 재산을 6명의 형제가 나누었기 때문에 동부행의 재력은 동문행과
같을 수 없었다. 반유도는 청조에 기부금을 납부하거나 연납 등의
방식으로 여러 명예 관직을 얻었다. 종6품의 이문(理問), 종5품의 후
선원외랑(候選員外郞), 정5품의 후선낭중(候選郞中)을 거쳐 최후에
는 종삼품에 해당하는 염운사사함(鹽運使司銜)을 받았다.[154]

　노관항(盧茂官, Mowqua I, ?~1812)은 1792년 광리행(廣利行)을
창설하였고, 월해관은 그에게 정식으로 무관(茂官)이라는 관명을 주
었다. 따라서 보통 노무관(盧茂官)으로 불린다. 광리행은 조금씩 성
장하여 1796년에는 행상 중의 서열 3위, 1797년에는 행상 중의 서
열 2위가 되어 노관항은 반유도에 버금가는 행상이 되었다.[155] 1808
년 반유도가 은퇴하자 오병감과 더불어 행상들을 이끌었다. 그의 성
공에는 경영을 잘한 것 말고도 그의 아들 노문금(盧文錦)이 오병감
의 조카딸과 결혼해 사돈을 맺은 것도 상점을 발전시키는 데 큰 도
움이 되었다. 1812년 노관항이 세상을 떠나자 그의 아들 노문금과
노계광(盧繼光)이 가업을 이어 광리행을 운영했다.[156] 노관항은 연

---

154) 朴基水, 「清代 行商의 紳商的 성격－潘氏家族의 사례를 중심으로－」, 『大東文
　　 化研究』 제80집, 2012, pp.134-138, pp.146-147.

155) 『粤海關志』 卷25 「行商」, 13쪽 뒤~14쪽앞(『近代中國史料叢刊』 續編 第19輯,
　　 pp.1822-1823)에는 嘉慶5년(1800)부터 本港行事務를 外洋行이 처리하기로 하였
　　 는데 첫 번째 연도(즉, 1800년) 당번 행상으로 同文行과 廣利行이 함께 위임되었다.

납이나 청조에 대한 기부 등을 통해 정4품의 후보도(候補道)라는 명예 관직을 얻었다.[157]

따라서 오병감의 이화행, 반유도 동문행, 노관항의 광리행은 1810년 당시 양상을 대표하는 세 행상이었다.[158] 그중에서도 오병감의 이름을 앞자리에 둔 것은 그가 당시 상총(商總)으로서 행상을 대표하는 인물이었고, 명예관직도 가장 고위였기 때문일 것이다.

이들이 왜 이러한 거금을 쾌척했을까. 이들이 행상 중의 선도적 지위에 있었기 때문일 것이다. 청대 상인집단 중에서 가장 부유한 세력의 하나가 행상이고 보면, 그들에게 쏠린 이목과 사회에 대한 책임감 등도 작용했으리라 생각된다. 동시에 그들은 조정에 대한 기부나 연납을 통해 고위 관직을 명예직으로 얻었으므로 일종의 신사(紳士)였다. 그들이 신사임을 자임하려면 당시 신사가 사회에 대해 지니고 있던 책임의식, 공의식을 이런 방식으로 표출하여야 했을 것이다. 또는 영국동인도회사와 무역거래를 전담하던 광동의 행상이 동인도회사와의 관계를 긴밀히 함으로써[159] 무역에서 더 많은 이익을 얻으려 했던 상업적 목적이 기부행위 내면에 숨어 있었다[160]고

---

156) 李國榮 편저, 이화승 옮김, 『제국의 상점』, 서울: 소나무, 2008, pp.113-115 ; 梁嘉彬, 앞의 책, pp.293-294.

157) 道光『廣東通志』卷138「建置略14 : 學校2」(『續修四庫全書』第672册, p.173.) 그런데 道光『新會縣志』卷14「事略下」, 6쪽 앞(『廣東府縣志輯』 33, p.470)에는 候選道로 표기되어 있다. 候選이나 候補나 같은 의미이다.

158) 梁嘉彬, 앞의 책, p.296에서는 "나는 潘, 盧, 伍 3家는 모두 행상 중에서 걸출한 자라고 생각한다"고 하였다.

159) 앞에서 언급했듯이 영국동인도회사는 우두법을 중국에 도입함으로써 중국인의 호감을 얻어 무역을 확대하려는 상업적 목적이 있었다. 우두법 도입을 적극 지원하는 행상은 영국동인도회사와 긴밀한 관계를 형성할 수 있고 회사와의 교역량을 확대시킬 수 있었을 것이다. 무역량의 확대는 행상의 경제적 이익의 확대로 이어질 것이기 때문이다.

볼 수도 있다. 그러나 세 사람 중 반유도는 이미 1808년 행상에서 은퇴[161]하여 상업적 목적 때문에 기부했다고 말하기 곤란하다. 다른 한편 그들은 개인적으로 여러 가지 사회에 대한 기여활동을 하곤 하였다. 예컨대 오병감은 지방지에 선량한 상인(善賈)으로 표현되거나 그의 "성정(性情)이 남에게 시여(施子)하기를 좋아한다"고 서술되어 있다. 그래서 도광초년(1821년) 사위인 노문금(노관항의 아들)과 함께 10만 냥을 기부하여 상원위(桑園圍)의 석축을 쌓는 데 도움을 주었다.[162] 앞에서도 언급했던 호수(濠水)의 준설 기구인 광주서관수호공소와 교육기관인 문란서원의 건립에도 기금을 제공하여 「문란서원비기」(1811년)에 세 번째로 이름을 올리고 있다. 또한 1835년 미국 의사 겸 선교사 피터 파커가 광주에서 안과병원을 창설할 때도 오병감의 지원이 있었다. 오병감은 13행가 내 신두란가(新豆蘭街)에서 일부 가옥을 무료로 제공하여 신두란의국(新豆蘭醫局)이라는 안과병원 개업을 도왔던 것이다.[163]

반유도는 행상을 은퇴한 처지지만 사회적 기부활동을 그치지 않았다. 1811년 지방의 경제와 교육사업의 발전을 위해 광주서관수호공

---

160) 梁其姿, 앞의 책, pp.86-91. 이러한 관점에 대해서는 익명의 심사위원들의 지적에 힘입었다. 우두법에 재정지원을 한 대표적 행상은 伍秉鑒, 伍紹榮 등 伍怡和行이다. 필자는 서양의과의 관계가 돈독했던 광동행상 伍怡和行을 다루는 글을 준비 중이므로 이러한 점은 그 글에서 고찰하려고 한다.

161) 반유도는 1808년에서 1815년 3월 사이 행상을 퇴임하고 있었다. 朴基水, 앞의 글 (2012), pp.136-138 참고.

162) 同治 『南海縣志』 卷14 「列傳」, 伍崇曜條, 48쪽 앞~48쪽 뒤(『中國方志叢書』 華南地方, 第50號, p.276). 光緒『廣州府志』 卷129 「列傳18」 國朝 南海, 25쪽 뒤(『廣東府縣志輯』 3, p.282)에도 유사한 기록이 있다.

163) 冷東·劉桂奇, 「十三行與清代中後期廣州現代醫療衛生體系的初建」, 『西南大學學報(社會科學版)』 제36권 제5기, 2010, p.186. 조너선 스펜스 지음, 김우영 옮김, 앞의 책, pp.65-66에도 유사한 내용이 서술되어 있다.

소와 문란서원의 건립에 기금을 제공했는데 기부자 명단에는 두 번째로 이름이 올라가 있다. 1793년에는 반우학궁(番禺學宮) 중수(重修)에도 기금을 내고 있는데, 얼마나 기부하였는지는 알 수 없으나 진사 구선덕(邱先德), 거인 왕사기(王士琦), 사성주(謝聖輈), 하회상(何會祥), 능대(凌坮), 발공생(拔貢生) 장사영(莊士瀛), 증공생(增貢生) 소기(蘇驥), 감생(監生) 진학시(陳學詩), 이지□(李之□), 생원(生員) 왕구(王球) 등 반우현 신사들과 함께 모두 은(銀) 7,800냥을 모금하였다. 1806년에는 광주의 미가가 급등하자 미가 안정을 위해 인도로부터 미곡을 수입하는데 협조하고 있었다.[164]

　노관항의 경우 앞의 오병감, 반유도와 마찬가지로 광주서관수호공소와 문란서원의 건립에 기금을 제공했는데 기부자 명단에는 첫 번째로 이름이 올라가 있다. 그렇다면 이 사업은 노관항이 가장 주도적으로 진행한 지역공익사업이었다고 할 수 있다. 이외에도 신회현(新會縣) 천하위(天河圍)가 자주 수해로 둑이 터져 심각한 피해를 입혔는데(1784, 1794, 1811, 1817년) 이에 이를 복구하기 위해 신사 진조계(陳兆桂), 소월양(蕭鉞揚) 등과 함께 2만 냥의 기금을 모아 갑문을 건설하고 제방을 수리하여 수해를 막는 데 진력하고 있다.[165] 한편 노관항이 사망한 후 그의 유촉(遺囑)으로 아들 노문거(盧文擧) 등은 1814년 3경 20무의 토지를 종자돈으로 하여 신회현에 의창(義倉)을 창설한다.[166] 신회현민의 구황비용(救荒費用)으로 사용코자 함이었다. 아울러 노관항의 유촉으로 아들 노문거가 의창의 바로 옆

---

164) 박기수, 앞의 글(2012), pp.158-159.
165) 道光『新會縣志』 卷二 「輿地: 水利」, 47쪽 앞뒤(『廣東府縣志輯』 33, p.122).
166) 道光『新會縣志』 卷三 「建置上: 公署」 12쪽 뒤(『廣東府縣志輯』 33, p.142).

에 1814년 자수의학(紫水義學)을 설립하였다. 의학 경비를 위해 토지 2경 20무를 기금으로 하였는데, 이것에서의 수입으로 교사봉급과 학생학비(掌敎脩脯生童膏火)로 사용하였다.[167] 이러한 노관항의 지역사회 공헌 활동은 지역사회의 공인을 받아 노관항 사후인 1815년(嘉慶20年) "군학(郡學, 즉, 廣州府學) 鄕賢祠(향현사)"에 입사(入祠)되어 배향되기도 하였다.[168]

이들의 개인적 사회기여 활동의 사례를 볼 때 우두법 보급을 위한 기금 쾌척은 그들의 일상적 사회기여활동의 일환이라 여겨진다. 이러한 행상들의 자금지원은 우두법 보급에 어떤 기여를 한 것일까. 피어슨의 우두 접종은 무료로 진행되었다. 단순한 무료접종은 영국 동인도회사의 지원으로 가능했을 것이다. 그러나 여름 가을 무더운 계절에 접종하러 오는 아동이 없어져 우두백신의 보관과 유지가 불가능하게 되어 피어슨은 두 차례나 우두 접종 중단 경험을 겪기도 했다. 1810년 행상들의 지원으로 양행회관에 설치한 종양두국에서 우두를 접종하게 된 구희는 무더운 계절에도 아동들이 접종하러 오도록 하나의 방안을 시행한다. 과금(菓金)이라 불리는 사례금을 접종자들에게 제공하는 것이다. 구희의 설명을 들어보자.

---

167) 道光『新會縣志』卷三「建置上: 學校」39쪽 뒤(『廣東府縣志輯』33, p.155).

168) 光緖『廣州府志』卷131「列傳20」, 5쪽앞~뒤(『廣東府縣志輯』3, pp.306-307); 道光『新會縣志』卷14「事略下」, 6쪽 앞뒤(『廣東府縣志輯』33, p.470). 그러나 1816년 자신의 從兄이 盧觀恒과 토지재산 분쟁을 겪었던 番禺學人 劉華東 等 廣州府 신사들의 반대운동으로 결국에는 鄕賢祠에서 신위가 축출되었다. 자세한 경과는 桂文燦 撰, 『經學博采錄』卷4, 1쪽 뒤~2쪽 앞(『續修四庫全書』經部 群經總義類, 179, p.29); 同治『番禺縣志』卷46「列傳 15」, 4쪽 앞~5쪽 앞(『廣東府縣志輯』6, pp.557-558) 참고.

"우두법은 전적으로 (그 중요성이) 백신의 양성에 있다. 이 백신은 처음 서양에서 전래되었고, 이후에는 사람에게서 사람으로 전해져 연면하여 끊이지 않는 것을 귀하게 여겼다. 나는 이미 양행회관에 종양두국을 설립하여, 여름에는 8일을 한 주기로 하였고, 봄, 가을, 겨울 세 계절에는 9일을 한 주기로 하여, 일주하면 다시 시작하였다. 접종하러 오는 사람은 비바람이 불어도 마음을 바꾸지 않고 찾아왔다. 게다가 양행의 선행을 베푸는 여러 분이 다시 돈을 갹출하여 이식을 얻게 하였다. 4월에서 9월까지 접종하러 오는 경우 두장을 제공하는 사람에게는 과금(菓金)을 주었다. 과금을 설정해 둔 까닭은 대개 성하의 무더위 시절이 되면, 평소 (우두법의 효과를) 깊이 믿는 자조차 대개 날씨에 구애를 받아 오려 하지 않는다. 우두를 접종하지 않으면 두장을 얻을 곳이 없어지고 두장을 얻지 못하면 우두백신은 이어갈 방법이 없기 때문이다. 지금 이미 과금을 제공하면 접종하러 오는 사람은, 어린이에게는 안전을 보장할 수 있고, 가난한 사람에게도 조금의 보탬이 없지 않다. 이에 우두를 접종하는 자가 끊이지 않았고, 좋은 우두백신(佳苗)도 면면히 이어져 끊어지지 않았다. 이를 오랫동안 행하여 사람들은 모두 우두법(의 효험)을 알게 되었다. 비록 무더운 여름이라 하더라도 의심하지 않게 되었다."[169]

과금이라는 사례금을 하나의 유인책으로 하여 무더운 계절에도 다수의 우두 접종 지원자를 불러 모았고 이것이 항상적으로 우두백신을 확보하는 방안이 된 것이다. 이는 당연히 많은 비용이 들었을 것이다. 그 비용은 바로 행상들이 제공한 기금으로서 가능하게 된 것이다. 피어슨처럼 우두 접종술을 직접 도입한 사람도 중요하고, 구희처럼 중국의 실정에 맞게 우두법 서적을 간행하고 중국인에게 직접

---

169) 邱熺, 『引痘新法全書』 咸豊丁巳年重鐫 善成堂藏板, 「引痘略」, 31쪽 뒤~32쪽 앞, pp.70-71.

접종하는 종두사도 중요하지만, 행상들의 자금 지원이 없었다면 우두 접종이 계속될 수 있었을까. 여기서 행상의 자금 지원이 갖는 중요성이 두드러지는 것이다.

이후의 우두 접종 전개상황에 대해 광서『광주부지』와 동치『남해현지』에서는 각기 다음과 같이 기술하고 있다.

"처음에는 종양두국을 양행회관에 설치하였는데, 후에 총계리(叢桂里) 삼계묘(三界廟) 서편으로 옮겼다. 도광 임인년(1842)에 이르러 당사자에 의해 경비의 결손을 보아, 방백(方伯) 오숭요(伍崇曜)가 드디어 혼자 힘으로 종양두국을 지탱한 것이 10년이나 되었다. 동치임술(1862)에 이르러, 양광총독 문의공(文毅公) 노숭광(勞崇光)이 혜제의창(惠濟義倉)에 편지를 써서 매년 은 150냥 정도를 갹출하여 운용하도록 분부하였다. 당사자의 후인(後人)으로 하여금 이를 나누어 관장하게 하고 우두 접종을 영구히 전하게 하였다."170)

"양행이 과거에는 회관에 종양두국을 설치했는데, 후에는 총계리 삼계조묘(三界祖廟)로 옮겼다. 이어서 당사자에 의해 경비의 결손을 보았는데, 처음에는 그래도 억지로 버텼으나, 후에는 이어갈 수 없었다. 오자원(伍紫垣) 방백이 드디어 홀로 이를 맡았다. 동치임술년(1862)에 양광총독 문의공 노숭광이 혜제의창에 편지를 써서, 매년 은 150냥 정도를 갹출하여 운용하도록 분부하였다. 여전히 당사자의 후인으로 하여금 나누어 관장하게 하고 우두 접종을 널리 전파하게 하였다."171)

1810년경에 행상의 재정지원으로 순조롭게 진행되던 우두 접종이 1842년경 당사자, 즉 구희, 담국 등에 의한 재정의 결손으로 곤경에

---

170) 光緒『廣州府志』卷163「雜錄4」, 40쪽 뒤(『廣東府縣志輯』 3, p.846).
171) 同治『南海縣志』卷26「雜錄下」, 25쪽 뒤(『中國方志叢書』 華南地方, 第50號, p.444).

처하게 되었다. 이러한 표현만으로는 정확히 어떤 일이 발생했는지 알 수 없다. 하여간 종양두국을 직접 운영하던 구희 등이 재정적 손실을 보게 한 것은 분명한 것 같다. 이에 대해 일부 학자는 구희가 금전상의 추문에 휘말렸다고 보고 있다.[172] 구희가 관료나 신사의 우두 접종 요청을 받으면 먼 곳이라 하더라도 출장 가서 시술을 하고 그들의 시문을 구하려고 하였으므로 비용의 낭비가 있었을 수도 있다. 아니면 세 행상이 마련한 은 3천 냥을 상인에게 대여하고 이식을 취하여 종양두국 비용으로 삼았던 것인데, 기금을 대출받은 상인이 원금이나 이자를 주지 못하는 상황이 발생했거나 어떤 사정이 있었을 것이다. 하여간 다시 어려워진 우두 접종 사업에서 이를 끝까지 후원한 것은 오병감의 다섯째아들로 이화행을 경영하던 오숭요(伍崇曜, Howqua Ⅴ, 商名 伍紹榮, 1810~1863)였다. 오숭요는 형 오수창(伍受昌, Howqua Ⅳ, 商名 伍元華, 1800~1833)이 사망한 1833년 이후 이화행 경영에 참여하였다. 다만 이때도(1842년 행상의 독점이 폐지될 때까지) 아버지 오병감이 형 오수창 시기와 마찬가지로 이화행 경영에 개입하여, 오숭요를 지도하고 있었다고 보인다.[173]

오숭요가 우두 접종 사업을 후원한 것이 1842년 경비에 결손이 생긴 시점부터인지는 불명확하다. 동치 『남해현지』를 보면 1842년 이후에도 구희 등이 힘겹게 버티고 있었던 듯하다. 그러다가 구희가 1851년에 사망하니 더 이상 이어나가기 힘들었을 것이다. 아마 이 무렵 오숭요가 우두 접종을 혼자서 후원하기 시작한 것이 아닐까.

---

172) 張嘉鳳, 앞의 글, p.797.
173) 章文欽, 앞의 글, p.171.

10년가량 지원하다 1863년 오숭요도 사망하니 더 이상 우두 접종 사업의 추진자가 사라지게 되었다. 오숭요의 사망 직전시기(1862)[174] 양광총독 노숭광이 개입하여 우두 접종 사업을 지원하게 되었다고 본다면 전후 맥락이 이어지는 것 같다.

하여간 남경조약으로 행상제도가 폐지되어 오숭요는 더 이상 행상이 아니었다. 그러나 조부 이래로 오랜 기간에 걸쳐 대외무역에 종사하여 축적한 재산이 있었기에 독자적인 힘만으로 우두 접종사업을 후원할 수 있었다. 오숭요의 열전을 실은 동치『남해현지』는 다음과 같이 오숭요의 국가와 사회에 대한 공헌과 기여를 서술하고 있다.

> "(伍)숭요는 부조(父祖)의 유지를 받들어 국가에 급한 일이 있으면, 반드시 어깨를 걷어붙이고 앞장을 섰다. 도광20년(1840) 이후 지방에는 일이 많았으나 재정이 부족하여 부득이하게 상인에게서 자금을 빌렸다. 여러 상인이 또한 오씨를 우두머리로 추천하였다. 숭요는 국가의 위급을 먼저 생각하여 조정의 뜻을 받들었다. 모든 백성진휼기부나 국방비용의 기부는 상인들에게 할당하여 빌리곤 했는데 전후하여 오숭요가 협조한 것이 수천, 수만에 달하였고 손가락을 이루다 꼽을 수 없었다."[175] "국가의 위급한 사정을 먼저 고려하는 것은 아버지와 같은 풍모였다. 오씨 부자가 국가를 도운 것을 헤아리면 천만을 밑돌지 않으니 그 연수(捐輸)는 중국에서 으뜸이었다."[176]

1810년 오병감, 반유도, 노관항 등 행상이 자금을 쾌척하여 우두

---

174) 章文欽,「從封建官商到買辦商人 −清代廣東行商伍怡和家族剖析(下)」,『近代史研究』1984-4, p.242에 의하면 伍崇曜는 1863년 병사하였다 하므로 이미 1862년경 정상적인 활동을 하지 못하였을 수 있다. 이러한 상황에서 양광총독 勞崇光은 우두 접종 지속을 지원하기 위한 조치를 취했을 것이다.

175) 同治『南海縣志』卷14「列傳」, 伍崇曜條, 48쪽 뒤(『中國方志叢書』第50號, p.276).

176) 光緖『廣州府志』卷129「列傳18」國朝 南海, 26쪽 앞(『廣東府縣志輯』3, p.283).

접종사업이 재개될 수 있었고 후에는 오병감의 아들 오숭요가 홀로 10년 동안 자금을 지원하여 명맥을 이어나갔다. 결국 행상의 재정적 지원이 없었다면 중국 광동에서 우두 접종사업은 더 이상 이어지지 않았을지도 모른다.

3) 북경으로의 우두법 전파

1805년 피어슨에 의한 우두 접종 이후 우두법은 중국 각지로 퍼져나갔다. 최초로 우두가 접종된 곳은 마카오였지만 피어슨은 영국 동인도회사의 의사로서 마카오와 광주를 번갈아 오가며 근무했기 때문에 곧바로 광주에서 우두 접종이 시작되었다. 피어슨은 구희 등 여러 제자를 양성하였기에 그들에 의해서도 우두법은 확산될 수 있었다. 아무래도 1817년 구희의 『인두략』 출간 이후 그 전파가 더욱 용이했을 것이다.

요육군(廖育群)의 연구에 따르면 1822년 이미 우두법이 호남의 가화(嘉禾)에 전해졌고, 1823년 호남의 형양(衡陽), 강서의 청강(清江)에서 시행되었다. 1827년에는 호남의 의장(宜章)에서, 1828년에는 호남의 상담(湘潭)에서도 종두가 시행되었다. 1828년에는 멀리 북경에서도 종두가 시행되었다. 광동출신 경관(京官) 증망안(曾望顔, 1790~1870)이 도성에서 천연두 피해가 심각한 것을 보고 우두법을 북경에 전달하고자 하였는데 길이 멀고 험해 제군(制軍, 즉 양광총독) 이록평(李鹿坪, 즉 李鴻賓, 1767~1846)에게 서찰을 보내 우두 백신을 북경에 전달해 줄 것을 요청하였다. 북경의 미시호동(米市胡

同)에 있는 남해회관(南海會館)에 공국(公局)을 설치하여 우두를 접종하니 접종 희망자가 줄을 이었다고 한다.177) 증망안은 광동에서 시행되는 방법에 따라 사례금(菓金)을 설정하고 주로 광동인에게 시술하였다고 한다.178)

중국학자 황계신(黃啓臣)은 "도광8년(1828) 반우인 반사성(潘仕成)이 북경에 가서 남해회관(宣武區 米市胡同路西)에 우두국을 개설하고 광동인 여심곡(余心谷)이 우두 접종 공작을 책임졌다. 북경의 의사들은 다투어 와서 우두 접종 의술을 학습하였다. 이 이후 우두를 접종하여 천연두를 예방하는 의술이 드디어 중국 각지로 전파되었다"179)고 한다. 그러나 근거 자료를 제시하지 않고 있다. 게다가 광동 행상 반사성이 북경 소재 자신의 주택을 합읍회관(閭邑會館, 즉 番禺會館)으로 기증한 것은 1843년180)이어서 연도도 맞지 않는다.181) 구희의 아들 구창(邱昶)이 기록한 『우두신법전서(牛痘新法全書)』의 동치원년(1862) 서문에

"선군(先君, 돌아가신 부친, 즉 구희를 의미)께서 …… 직접 가실 수 없는 경우는, 모두 창(昶)으로 하여금 법식대로 우두 접종을 펴게 하였다. 경사(京師)에 천연두[痘患]가 발생하자, 반덕여(潘德畬, 德畬는 潘仕成의 호) 방백은 창이 우두법을 전파할 수 있음을 잘

---

177) 廖育群, 「牛痘法在近代中國的傳播」, 『中國科技史料』, 第9卷(1988年)第2期. pp.36-37.

178) 陳朝暉·鄭洪, 「嶺南醫家邱熺與牛痘術」, 『中華醫史雜志』, 第29卷第3期, 1999, p.160.

179) 黃啓臣, 「人痘的西傳與牛痘的東漸」, 廣東炎黃文化研究會 編, 『嶺嶠春秋: 嶺南文化論集(二)』, 北京: 中國社會科學出版社, 1995, p.613.

180) 同治『番禺縣志』卷16, 「建置略三」, 學校, 52쪽 앞(『廣東府縣志輯』6, p.183).

181) 같은 제목으로 1999년에 발표한 논문에는 潘仕成이 牛痘局을 개설했다는 내용이 삭제되어 있다. 黃啓臣, 「人痘的西傳與牛痘的東漸」, 『海交史研究』 1999-1.

알아 드디어 서신을 보내 초빙코자 하였다. 당시 선군은 고희를 넘겨 (昶이) 감히 멀리 여행할 수 없어 그 요청을 거절하려 하였더니, 선군께서 그 소식을 들으시고는 훈계하여 말씀하셨다. '우두를 접종하여 사람을 살리는 일은 바로 내가 평소에 원하던 일이다. 경사의 천연두는 우리 광동의 천연두와 차이가 없다. 어찌하여 내 한 사람 부양을 받는 일로 다른 사람에 선행을 베푸는 좋은 일을 거절해서야 되겠는가? 너는 내가 전수한 간묘법(干苗法)에 의거해 즉시 행장을 꾸려 떠나도록 하라.' 창은 삼가 공손히 선군의 명에 따라, 경사에 이르러 우두국을 설치하고 10개월 동안 영아 수백 명에게 접종하였다. 제자 5명에게 (우두법을) 전수하여 경사에 전파하였다. …… 얼마 되지 않아 광서(廣西) 손다운사마(孫茶云司馬)가 사람을 보내 요청하니 또한 전처럼 (廣西 지방에) 나아가 약속에 부응하였다. 양년 동안 북쪽으로 가고 서쪽으로 가서, 이르는 곳마다 모두 우두법을 보급하였다. 선군께서는 함풍원년(1851) 임종하시던 날, 오직 우두법 전파 한 가지 일을 간곡하게 말씀하시면서 창으로 하여금 그 전파를 계속하도록 하셨다."[182]

구희는 앞에서도 보았듯이 1774년생으로 추정되고 있다. 그렇다면 고희를 맞았을 때는 전통시대 나이 계산법에 따라 1843년이 되니 바로 반사성이 북경의 저택을 반우회관으로 기증한 해와 부합한다. 따라서 반사성의 요청에 따라 구창이 북경에 우두법을 전한 것은 1843~1844년 무렵이라 생각된다. 1828년 증망안에 의해 북경에 우두법이 전파되었지만 중간에 우두백신의 지속이 어려워 중단된 것으로 보인다. 피어슨의 1832년 보고서에 "종두법은 북경에까지 이르렀는데 불운하게도 거기서 실전되었다"[183]라는 기록이 보이기 때문이다. 그

---

182) 『牛痘新法全書』 邱昶同治元年序, 光緒乙未宏道堂木刻本. 廖育群, 앞의 글, p.38에서 재인용.

183) *The Chinese Repository*, Vol. Ⅱ, May, 1833, No.1, p.40.

후 반사성의 경제적 지원에 의해 재차 북경에 우두법이 전파되고 있는 것이다.

반사성(1804~1873)은 반진승의 증손자뻘(반진승 동생의 증손자. 촌수로는 5촌)이 된다. 반유도의 아들 반정위(潘正煒, 潘啓官Ⅲ, PuankhequaⅢ, 1791~1850)가 1822년에서 1842년까지 동부행(同孚行)을 책임지고 경영한 시기에 반정위(潘正煒)를 도와 행무에 참여한 반정위(潘正威, 潘正煒의 6촌형, 1769~1838)의 아들이다. 반사성은 아버지가 죽기 이전부터 동부행 경영에 참여했으리라 여겨진다.[184] 공식적 동부행 대표자 반정위(潘正煒)는 동부행 경영보다는 저술과 서화 감상에 몰두하였기[185]에 반사성의 아버지 반정위(潘正威)가 실질적으로 동부행의 경영을 주도했으리라 여겨진다. 따라서 반정위(潘正威), 반사성은 행상업무로 상당한 재산을 축적한 것으로 생각된다. 반사성은 1832년 순천향시(順天鄉試)에서 부방(副榜)[186]이 되었다. 마침 경사일대에 기근이 발생하였는데 반사성이 거금을 내어 이들을 진휼하고 많은 인명을 구제할 수 있었다. 이 사실이 조정에 알려져 도광제(道光帝)는 반사성을 거인(舉人)으로 승급시켰다. 그 후 반사성은 연납을 통해 정오품의 낭중(郎中)이 되어 형부(刑部)에서 재직하였다. 그 후 조정에 대한 공헌이나 연납에 의해 후선도(候選道, 正4品), 포정사함(布政使銜, 從2品) 등의 명예 관직을 얻

---

184) 박기수, 앞의 글(2012), p.144.

185) 박기수, 앞의 글(2012), pp.166-171.

186) 副榜은 鄉試에서 正榜(정식 합격자 즉 舉人)으로 뽑히지는 못했으나 正榜 다음으로 성적이 우수한 약간 명에게 준 명칭이다. 이들의 지위나 자격은 貢生에 준하였고 이를 副貢이라고도 불렀다. 淸에서는 다만 鄉試에 한하여 副榜이 있었고 國子監에 들어가 수업할 수 있었다.

었다. 실직(實職)으로서 감숙평경경도(甘肅平慶涇道, 正4品), 광서계평오울도(廣西桂平梧鬱道), 양광염운사(兩廣鹽運使, 從3品), 절강염운사(浙江鹽運使), 후보염운사(候補鹽運使) 등도 제수받았으나 취임하지 않았다.[187] 위의 구창 서문에서 반사성을 방백이라 호칭한 것은 그가 포정사함의 명예관직을 얻었기 때문이다.

　위의 구창의 서문에서는 반사성이 어느 정도의 물적 지원을 했는지 알 수 없다. 그러나 반사성의 활발하고 적극적인 민간사회에 대한 기부 활동을 보면 북경에서의 우두법 전파에 상당한 공헌을 했으리라 여겨진다. 우선 이미 거론한 것만 보아도 자신의 저택을 광동인을 위한 회관으로 기부하였다거나 향시를 보기위해 북경에 왔을 때 기근을 목도하고 은 12,000 냥의 거금[188]을 내기도 하였다. 이외에도 광동지역 과거응시자들을 위해 거금을 들여 1842년의 공원(貢院, 鄕試를 보는 장소) 호사(號舍)를 증건(增建)하고, 1843년 제독학원서(提督學院署, 童試 중의 院試를 보는 장소)를 보수하였다. 특히 영국군의 주둔으로 피폐해진 공원의 호사를 보수하고 증건하기 위해 반사성은 무려 은 13,000냥을 사용하였다. 또한 광주 소북문(小北門) 밖에서 백운산(白雲山)에 이르는 길을 돌로 포장하여 행인들의 편의를 제공하는 선행도 하였다. 반사성의 사회적 기부나 공헌 사례는 남다른 바가 있었다. 따라서 우두법 북경전파를 위해 상당한 물질적 · 정신적 지원을 했음에 틀림없다. 반사성의 활동은 우두법의 북경 보급에 있어서도 행상의 공헌이 다대했음을 보여주는 또 하나

---

187) 박기수, 앞의 글(2012), pp.148-150.

188) 梁紹壬, 『兩般秋雨盦隨筆』 卷4 「朱侍御奏疏」, 49쪽 뒤(『續修四庫全書』, 子部 小說家類, 1263, p.141); 陳慶鏞, 『籀經堂類稿』 卷2 奏疏, 「請停捐軍功擧人疏」, 31쪽 앞(『續修四庫全書』 集部 別集類, 1522, p.508); 史夢蘭 撰, 『止園筆談』 卷2, 7쪽 앞뒤(『續修四庫全書』, 子部 雜家類, 1141, p.138).

의 사례라 할 것이다.

5. 결론

1798년 제너의 우두법이 공개된 후 새로운 천연두 예방법은 빠른 속도로 전 세계로 전파되었다. 우두법 전파에 공을 세운 것은 스페인 국왕이 1803년 파견한 발미스 의료대였다. 이들은 남미를 경유해 1805년 4월 15일 우두백신을 필리핀에 가져왔고, 필리핀과 무역하던 마카오의 포르투갈 상인 페드로 후에는 발미스가 필리핀에 가져온 백신을 5월 17일 마카오에 전달하였다. 영국동인도회사 소속 의사이던 피어슨은 이 우두백신을 이용하여 마카오의 중국인에게 우두 접종을 시작하였다. 결국 1805년 5월 중국에서 우두법이 처음으로 시술된 것이다. 피어슨은 새로운 우두 접종법을 중국에 소개하기 위해 안내책자를 저술하고 이를 회사의 중문 통역 스턴튼에 부탁해 중국어로 번역하였다(『영길리국신출종두기서㖷咭唎國新出種痘奇書』). 처음 1년간 피어슨은 중국인 제자들의 협력으로 광동의 중국인 수천 명에게 우두를 접종할 수 있었지만, 우두백신의 안정적 공급에 실패하여 1806년과 1808년 두 차례 우두 접종을 중단해야 했다. 그때마다 다시 필리핀에서 우두백신을 구해왔지만 백신의 안정적 공급은 우두 접종을 지속하기 위해 해결해야 할 난제였다. 당시의 과학기술 수준에서는 우두백신을 안정적으로 보관, 유지할 수단이 없어 인체에 보균하여야만 우두균이 활성을 유지하였다. 지속적으로 접종자가 나타나면 그로부터 백신을 확보할 수 있었지만 접종자가 끊어지면 백신도 확보할 수 없게 되었다. 종두의사에 대한 고의적인 나쁜 소문이나 우두 접종 자체에 대한 미신이 접종자를 줄어들게 하였다. 특히 우두법의 성행으로 일거리를 잃게 된 중국의 전통 인두 접종의사들은 결사적으로 우두법을 반대하였다.

이러한 상황에서 우두법의 보급과 확대에 노력한 것은 피어슨에게서 우두접종술을 배운 구희라는 인물이다. 그는 광동성 남해 사람으로 마카오에서 피어슨의 제자가 되었다. 1806년부터 우두 접종을 시작한 구희는 광동의 고위 관료나 저명인사의 자제에게 우두를 무료로 접종해주고 그들로부터 이를 감사히 여기는 시문이나 편액을 받았으며 이를 책(『인두제영(引痘題咏)』)으로 펴내 광동인들의 우두에 대한 관념을 바꾸는 데 기여하였다. 이는 우두 접종을 선전하는 강력한 도구가 될 수 있었고 우두법을 수용할 수 있는 사회적 분위기를 형성시켜 주었다. 아울러 구희는 『인두략(引痘略)』이라는 저술을 통해 전통 인두법(人痘法)의 지식과 신식의 우두법 이론을 조화시키는 방식으로 우두법의 장점과 우월성을 설파했다. 전통적인 인두법의 용어를 차용한다거나 전통적인 경맥학설(經脈學說)과 남좌여우(男左女右)이론, 태독(胎毒)이론을 사용하여 우두법을 설명함으로써 중국인들이 용이하게 우두법을 수용하도록 하였다. 소의 고름을 사람의 몸에 넣는다는 일반인의 부정적 인식을 불식시키기 위해 소와 사람의 비장이 같은 토행(土行)이며 동기(同氣)라는 오행사상을 동원하였다. 결국 토에 속하는 우두(牛痘)가 비장에 있는 (천연두의) 병독(病毒)을 끄집어내는 데 유효하다는 것이다. 이러한 이론적 설명의 결과 중국의 사대부나 관료, 상인들은 구희의 『인두략』에 공감을 표시하고 『인두략』에 기반한 우두법 해설서가 무려 62종이나 간행되는 유행을 불러왔다. 구희의 저술은 우두법을 중국에 보급하는 데 이론적으로 기여했음을 보여주고 있다.

행상들은 우두법을 도입하는 과정에서, 또는 우두법을 광동지역에 정착시키는 단계에서, 그리고 북경 등 다른 지역으로 우두법을 전파하는 과정에서 각종의 공헌을 하였다. 실패로 끝났지만 1803년 영국 동인도회사가 우두법을 중국에 도입하려고 시도했을 때 행상의 일원인 동생행(東生行) 유덕장(劉德章)은 접종대상아동을 제공함으로써 일정한 기여를 하였다. 1805년 행상인 회륭행(會隆行) 정숭겸(鄭崇謙)은 명의를 빌려줌으로써 피어슨이 우두법을 소개하는 책자를 간행하도록 협력하였고, 피어슨에게 우두법을 배워 우두 접종에 참여할 중국인 제자를 물색해주었다. 그러나 행상의 우두법에 대한 공헌은 우두백신을 안정적으로 공급하여 우두 접종을 지속시키고 다른 지역으로 전파할 수 있게 한 데서 잘 드러난다. 1810년 대표적 양상인 오병감(伍秉鑒), 반유도(潘有度), 노관항(盧觀恒)은 은(銀) 3천 냥을 희사하여 우두법 시행 기금으로 제공하였다. 이 기금을 이용하여 우두 접종을 무료로 시술했을 뿐만 아니라 접종자에게 사례금(菓金)을 제공하여 접종자가 지속적으로 우두국을 찾도록 하였다. 전통적 인두법을 시행하는 종두의사는 시술비용을 요구하였음에 비해, 광동의 우두 접종에서는 무료로 시술하였는데 이 점이 우두 접종을 수용하게 하는 강력한 흡인책이 되었다. 게다가 일정한 사례금을 제공한다는 점은 빈곤한 민중의 우두 접종 참가를 촉진하는 보다 더 큰 동인이 되었음은 분명하다. 이러한 사례금을 통하여 우두 접종자가 끊이지 않았고, 따라서 우두백신도 안정적으로 확보될 수 있었다.

이들 행상들은 왜 기부행위를 했을까. 행상이 신사의 일원으로 자임할 경우 신사들이 가지고 있는 사회에 대한 책임의식이나 공의식을 대외적으로 입증해야 할 필요에서 기부행위를 했다고 생각된다. 또는 영국동인도회사와 무역거래를 전담하던 광동의 행상이 동인도회사와의 관계를 긴밀히 함으로써(동인도회사가 추진하던 우두 접종 사업에 협력함으로써) 무역에서 더 많은 이익을 얻으려 했던 상업적 목적이 기부행위 내면에 숨어 있었다고 볼 수도 있다. 그러나 기부행위를 한 행상 중 반유도는 행상에서 퇴임한 상황이었고, 앞에서도 보았듯이 그들은 평소 사회에 대한 기여활동과 공익활동을 활발히 벌이던 인물들이었다. 오병감의 아들 오숭요 역시 우두국의 지속적 운영을 위해 많은 금액을 희사하였고, 동부행(同孚行) 행상의 일원이었던 반사성(潘仕成)은 북경으로 우두를 전파하기 위해 많은 노력을 기울였다. 오숭요나 반사성의 우두법과 관련된 행위는 모두 영국동인도회사의 대중국 무역독점권이 취소되고, 행상제도가 폐지된 이후의 일이었다. 특히 반사성은 자기의 저택을 회관으로 기부하여 우두국을 설치하는가 하면 광동에서 우두 종두사를 초빙하여 북경의 아동에게 종두하게 하였다. 오숭요나 반사성 모두 평소 사회에 대한 기여활동을 활발히 하던 양상 출신이었다. 이상의 사례를 통해 광동의 행상이 우두법 도입과 정착, 그리고 확산에 기여한 점을 입증할 수 있다.[189]

---

189) 중국의 기타 지역에서 인두법이 오랫동안 지속되었던 반면 광동에서는 우두법이 빠르게 도입되고, 보급될 수 있었던 이유에 대해서 본고에서 제시한 이유 이외에 광동의 전반적인 사회경제적 배경이나 특성이라는 요인을 제시할 수도 있을 것이다. 화중이나 화북과 달리 광동은 대외무역을 통해 서구문화와 일찍부터 접촉하여 서구문화에 익숙하였던 점, 서양 선교사나 서양의사가 운영하는 학교·병원이 19세기 중엽에 다량으로 수립되었다는 점, 광동 지식인이나 의료인이 서양 의술을 별다른 거부감 없이 수용할 수 있었다는 개방적 분위기, 이에 따라 광주에는 중의학과 서구의학이 서로 소통하고 영향을 미칠 수 있는 조건을 갖추었다는 점 등을 꼽을 수 있을 것이다. 중국의 북방과 강남지역의 우두법의 보급과 어떠한 차이를 나타냈는지를 비교함으로써 광동지역의 특이한 조건과 요인을 제시할 수도 있을 것이다. 그러나 그러한 문제 자체가 하나의 논문으로 다룰 만한 주제이므로 다음의 기회로 미룬다.

3

20세기 廣東 화교자본의 환류와
대중국 투자

강진아

1. 시작하면서

올해 동양사학회 동계 워크숍의 주제는 "동아시아의 바다, 그 열린 공간과 교류"였다. 일국사의 틀을 넘어서 지역사로 볼 때 더 잘 보이는 주제에 관심이 높아지면서, 국가의 경계를 뛰어넘는 상징으로서 "바다", 또 한편으로는 一國의 힘이 제국주의적으로 팽창하는 힘의 상징으로서 "바다"가 새롭게 주목받고 있는 듯하다. 이처럼 역사 연구에서 "바다"로 연계되는 跨國的 현상에 대한 관심이 환기되면서 활발히 논의되는 분야가 또한 移住史, 華僑史이다.[1] 바다를 건너 온 異

---

[1] 한국 화교에 관한 연구 성과만 열거해도 대단히 풍성하다. 김승욱(2013), "20세기 전반 한반도에서 일제의 노동시장 관리", 『중국사연구』 85; 김승욱(2013), "20세기 전반 한반도에서 일제의 도항 관리정책－중국인 노동자를 중심으로", 『중국근현대사연구』 58; 山脇啓造(1994), 『近代日本と外國人勞働者』, 明石書店; 石川亮太(2007), "開港期漢城における朝鮮人・中國人間の商取引と紛爭－「駐韓使館檔案」を通じて

國人들이 현지사회에 일으킨 문화적 충돌과 융합, 경제적 시너지와 모순은 최근 연구자들의 많은 주목을 받아왔고, 필자도 그러한 연장선 상에서 조선의 화교자본, 민족갈등에 관해 글을 써왔다.2) 하지만 중국 廣東省 경제연구가 주전공인 만큼, 가장 큰 관심은 중국사의 입장에서 바다를 건너간 광동 상인들이 어떻게 네트워크를 확장해나갔는가에 있었으며, 韓末 최대의 화교자본이었던 廣東商人 同順泰號의 연구 역시 그 연장선상에서 나온 것이다.3) 최근에 발표한 바다를 건너간 화교가 어떻게 中日戰爭 시기에 다시 중국으로 환류하는가에 대한 글은 이러한 연구 관심의 "환류"에서 나왔다고 할 수 있다.4)

　一", 『年報朝鮮學』 10; 강진아(2007), "移住와 流通으로 본 근현대 동아시아 경제사", 『역사비평』 79; 강진아(2011), 『동순태호－동아시아 화교자본과 근대조선』, 경북대학교출판부; 손승회(2009), "1931년 식민지 조선의 배화폭동과 화교", 『중국근현대사연구』 41; 손승회(2009), "1931년 植民地朝鮮의 排華暴動과 華僑", 『중국근현대사연구』 41; 손승회(2003), "만보산사건과 중국공산당", 『동양사학연구』 83; 손승회(2007), "만보산사건과 중국의 언론", 『역사문화연구』 28; 손정목(1996), 『일제 강점기 도시화과정 연구』, 일지사; 安井三吉(2005), 『帝國日本と華僑－日本, 臺灣, 朝鮮』, 青木書店; 楊昭全, 孫玉梅(1991), 『朝鮮華僑史』, 中國華僑出版公司; 楊昭全(1988), 『中朝關係史論文集』, 世界知識出版社; 楊韻平(2006), 『汪政權與朝鮮華僑(1940-1945)－以領事館爲中心的觀察』 臺灣中央研究院碩士學位論文; 이상경(2011), "1931년의 '排華' 사건과 민족주의 담론", 『만주연구』 11; 이옥련(2008), 『인천 화교사회의 형성과 전개』, 인천문화재단; 이은자(2008), "清末 駐韓 商務署 組織과 그 位相", 『명청사연구』 30; 이재령(2004), "남경 국민정부 시기 중국의 한국인식－만보산사건에 관한 여론동향을 중심으로－", 『중국사연구』 31; 李正熙(2012), 『朝鮮華僑と近代東アジア』, 京都大學學術出版會; 이준식(2012), "만보산사건과 중국인의 조선인식", 『한국사연구』 156; 장세윤(2003), "만보산사건 전후 시기 인천 시민과 화교의 동향", 『인천학연구』 2(1); 최병도(2012), "만보산 사건 직후 화교배척사건에 대한 일제의 대응", 『한국사연구』 156 이외에도 많은 글들이 있다.

2) 대표적인 것으로 강진아(2012), "中日무역마찰의 전개와 朝中관계의 변화", 『근대전환기 동아시아속의 한국』, 성균관대학교출판부; 강진아(2012), "滿洲事變 전후 조선 화교 문제의 양상－조선총독부 外事課와 在韓中国領事館 간 往復 文書를 중심으로－", 『동양사학연구』 120; 강진아(2013), "朝鮮總督府의 華僑 勞動者 入國 管理와 中國 言論", 『중국근현대사연구』 59 등이 있다.

3) 강진아(2011), 『同順泰號－동아시아 화교자본과 근대 조선』, 경북대학교출판부.

4) 강진아(2013), "戰時期 동아시아 광동상인 자본의 환류, 1931-1949", 『중국근현대사

廣東省은 1930년대 인구가 2천만 명 남짓이었지만, 같은 시기에 7백만 명 이상이 동남아시아를 위시하여 세계 각국에서 생계 활동에 종사하고 있는 특이한 지역이었다. 따라서 광동성의 무역수지는 1930년대까지 늘 적자에 시달렸지만, 이를 상쇄하고도 남는 화교송금이 있었기 때문에 생활수준이 높은 소비지역으로 분류되었다. 중국 근현대사에서 광동성이라는 한 지역 경제를 연구하더라도, 바다를 건너간 이들의 경제활동을 이해하지 않으면 온전히 설명할 수 없는 것이다. 전근대에도 바다는 중요했겠지만, 근대에서 "바다"는 이처럼 불가결한 변수가 되었다.[5]

이 글에서는 廣東 화교자본의 대중국 투자가 중국 내부와 국제 환경의 변화에 따라 어떻게 달라졌으며, 투자 성격이 어떻게 변동하게 되었는가를 『廣東省志 華僑志』(廣東省地方史志 編纂委員會 編, 廣東人民出版社, 1996), 『近代華僑投資國內企業史資料選輯 (廣東卷)』(林金枝, 庄爲璣 編, 福建人民出版社, 1989)을 주요 자료로 이용하여 개관하고, 화교자본과 모국 中國經濟가 어떤 방식으로 연계되어 있는지 확인해보도록 하겠다.[6]

연구』 58.

5) 최근에 일본에 출판된 저작 중에 京都大学 村上衛 교수가 쓴 『바다의 근대중국(海の近代中國)』(名古屋大學出版會, 2013)이라는 책이 있다. 이 책의 부제는 "福建人의 활동과 영국, 淸朝"이다. 이 책의 광고 문고는 "중국을 새로운 시대로 밀어붙인 것"이 바로 무역, 해적, 이민 등 청말 중국의 "바다의 역사"라고 쓰고 있다. 청말 해외인구의 25%를 차지했던 복건에 대해 이렇게 말할 수 있다면, 75%를 차지했던 광동에 대해서는 더더욱 그러할 것이다.

6) 『廣東省志 華僑志』는 관방 편찬이지만 광동성 화교에 대한 가장 망라적인 서술이며, 『近代華僑投資國內企業史資料選輯(廣東卷)』은 출판된 지 25년이나 되지만, 오늘날까지도 1949년 이전 화교 연구는 거의 전적으로 이 자료집의 수치에 의존하고 있을 정도로 완성도가 높고, 현재까지 이를 대체할 자료집은 나오지 않았다.

이러한 접근은 탈국적 현상으로서 네트워크 연구에 치우쳐 본국 중국과의 관계 및 정치적 문제가 소략하게 다뤄지는 일본의 연구 경향을 보정할 수 있을 것이다.[7] 미국학계에는 1905년 반미보이콧운동이 화교 문제와 긴밀히 연관이 있었기 때문에 일찍이 화교와 국내 정치, 내셔널리즘과의 관계에 대해 학문적 관심이 높았다. 또한 최근에는 중국 국민혁명에서 분출된 내셔널리즘의 에너지가 어떻게 동남아시아 화교 사회의 내부적 요구와 호응하면서 화교들의 아이덴티티를 바꿔나가는가에 대해 수준 높은 연구가 출판되기도 하였다.[8] 그렇지만 미국의 연구들은 화교가 중국 본국을 어떻게 바꾸었는가라는 적극적 담론으로까지는 나가지 않는다. 오히려 이 주제에 대해서는 중국 대륙에서 활발한 연구가 이뤄지고 있다. 주로 "祖國" 중국에 대한 화교의 헌신과 공헌이라는 "애국주의적" 관점에서 접근하는 중국 대륙의 연구는 연구목록만으로도 여러 권이 출간될 정도로 축적되어 있으며, "華僑華人學"이라는 새로운 학문적 범주까지 논의되고 있을 정도이다.[9] 중국의 이러한 화교 연구에 대한 뜨거운 관심은,

---

7) 古田和子(1992), "上海ネットワークの中の神戸", 『年報近代日本研究』 14; 古田和子(1994), "アジアにおける交易交流のネットワーク"平野健一郎編, 『地域システムと國際関係』(講座現代アジア4), 東京大學出版會; 籠谷直人(1990), "1880年代のアジアからの'衝擊'と日本の反應", 『歷史學研究』 608; 籠谷直人(1991), "アジアからの"衝擊"と日本の近代", 『日本史研究』 344; 籠谷直人(2000), 『アジア國際通商秩序と近代日本』, 名古屋大學出版會. 최근에 나온 濱下武志(2013), 『華僑・華人と中華網-移民・交易・送金ネットワークの構造と展開』, 岩波書店의 종장 "中華網 의 역사적 사이클"은 기존의 네트워크 연구에서 나아가 지역주의, 민족주의 문제를 본격적으로 제기한다는 면에서 주목할 만하다.

8) Philip Kuhn(2008), "Chinese Among Others: Emigration in Modern Times", *Chinese Nationalism and the Chinese overseas*, Singpore NUS Press.

9) 중국의 화교연구는 廈門大學 南洋研究所와 曁南大學 華僑華人研究院이 선도하고 있는데, 남양연구소에서 출판한 목록집만 7권이다(http://nanyang2.xmu.edu.cn/Article/ShowArticle.asp?ArticleID=4869 2014년 4월 2일 검색). 근년의 화교 일반에

모든 "해외와의 관계"를 비판하는 문혁이 끝나고 개혁개방 시기에 화교 자본 유치가 중요해지면서 정치적 이유로 활성화된 측면도 없지 않다. 그러다 보니 시기별 통계표와 개설, 잡다한 사실의 정리에는 굳이 외국 연구자의 수고가 필요 없을 정도로 많은 인력이 투여되었으면서도, "애국적 화교자본이 중국 현대화에 크게 기여하였다"는 결론에서는 크게 나아가지 못하고 있다. 그러므로 이 글에서는 중국 대륙의 기존 연구 성과를 참조하면서 20세기 광동화교자본의 중국 투자를 필자의 시각으로 다시 설명해보고, 그 속에서 향후 이 분야 연구의 심화를 위한 과제를 제시해보고자 한다.

2. 광동 화교자본의 형성과 1949년 이전의 본국 투자

중국에서 화교를 가장 많이 배출한 성은 남부의 福建省과 廣東省이다. 그중에서도 廣東省은 明清 시대 이래로 유일한 대외개항장인 廣州가 있어 海外와의 관계가 깊었다. 광동 상인들은 일찍부터 동남아시아로 이주를 시작하였고, 서구 상사의 對中貿易을 돕는 買辦을 독점적으로 담당했다. 1842년 南京條約이 체결되자 중국의 개항장은 5개 항구로 늘어났고, 廣州는 양자강 유역의 부유한 배후지를 끼고 빠르게 발전하던 上海에 점차 밀리게 되었다. 하지만 서양

대한 연구사 정리는 庄國土(2009), "回顧與展望: 中國大陸華僑華人研究述評", 『世界民族』 第1期를 보라. 그 외에 趙文亮(2005), 常縣賓, "20餘年來大陸學者關於華僑華人與抗日戰爭研究述評", 『東南亞研究』 第6期 및 潮龍起, 鄧玉柱 (2009), "廣東僑鄉研究三十年: 1978-2008", 『華僑華人歷史研究』 第2期도 참조. 중국 내부의 "화교화인학"에 대한 학문적 관심은 李安山 主編(2005), 『中國華僑華人學－學科定位與研究展望』, 北京大學出版社, 2005 참조.

상인들의 현지 파트너로서 광동 상인들은, 洋行이 상해 및 중국 연해로 다시 일본으로 진출하자, 그들을 따라 廣東省을 벗어나 상해와 연해 개항장으로, 동아시아 각 지역으로 활동영역을 넓혀가게 되었다.[10] 그리고 상해는 광동 상인들의 새로운 교두보가 되었다.

후루타 카즈코(古田和子)는 동서교역을 잇는 물류센터인 상해를 중심으로 동아시아에 방사선과 같은 네트워크가 형성되었다면서, 이를 "上海네트워크"로 명명했다. 그녀는 이 네트워크를 華人들이 동향관계를 매개로 이주와 사업을 확장시키는 客幇 네트워크의 국내외적 확대로 파악하였다.[11] 광동인들은 바로 이 객방네트워크의 대표적 사례로, 상해 경제에 기여하고 또 편승하여 성장하였다. 개항 후 廣東商人集團은 상해 및 해외로 세력을 확장해 나가 하나의 강대한 경제적 세력을 형성했다. "旅滬廣幇"은 청말부터 중화민국 초기까지 상해에 거류하던 廣州府와 肇慶府 籍貫의 상인들을 가리키는 말로, 이들은 廣肇公所를 중심으로 단결하면서 상해경제에 큰 영향력을 행사하였다. 1853년에 상해에 거류하고 있는 광동 인구는 이미 8만 명에 달했다.[12]

대만학자 林滿紅은 1914년 파나마운하가 개통되면서 전통적인 런던 - 수에즈운하 - 홍콩 - 상해 루트를 대신해 런던 - 파나마운하 - 고

---

10) 이상 광동 상인자본의 국내외로의 확대 과정에 관해서는 강진아(2013), "戰時期 동아시아 광동상인 자본의 환류, 1931-1949", 『중국근현대사연구』 58이 본격적으로 다루고 있다.

11) 古田和子(2000), 『上海ネットワークと近代東アジア』, 東京大學出版會.

12) 정식 등록인구로는 1885년에 21,013명, 1905년에는 54,559명으로 상해에 거류하고 있는 타성 인구 중 15~20%를 점하였는데, 이 수는 광동인 활동이 가장 왕성한 서양인 주거지, 공장, 소농가, 선상 노동자 등을 포함하지 않은 수이므로 실제 거류자 수는 등록수보다 훨씬 많았다[劉正剛(2006), 『廣東會館論稿』上海古籍出版社, pp.80-81].

베/요코하마 노선이 동서교역로로 부상했고, 그 결과 일본의 개항장들이 상해의 지위를 상당히 잠식했다고 주장했다.[13] 하지만 일본면업자본주의는 원료인 면화와 면사, 면포 시장을 중국에 의존했기 때문에 아시아 역내 물류는 더욱 늘어났고, 상해가 처리하는 대외무역량은 지속적으로 증가했다. 나아가 상해는 산업도시로 진화하였는데, 청말부터 들어서기 시작한 근대적 공장들은 제1차 세계대전을 전후해서는 폭발적인 증가를 보여 상해는 "민족자본의 황금기"를 구가했다. 일본 면방직공업의 중국현지투자인 在華紡의 숫자도 크게 늘어나, 일본자본 역시 상해의 산업시설에 집중적으로 투자하였다.

20세기에 들어서 상해가 성공적으로 산업도시로 전환되는 가운데, 상해에서 현지 浙江 상인의 대두와 廣東 상인의 상대적 퇴조가 지적된다. 제조업 부분에서 민족자본의 성장은 주로 "寧波幇"으로 불리는 浙江省 寧波 출신의 상인들이 주도했으며, 유통 위주의 광동상인들의 세력은 상해에서 점차 쇠퇴했다는 것이다. 예를 들어 "廣東 買辦資本"과 "寧波 民族資本"의 대비가 그것이다. 淸 洋務派는 근대화된 공장과 기업을 중국에 도입하는 과정에서, 개항 초기 상해에서 서양자본의 매판으로 세력이 대단했던 광동상인들에게 주목하였다. 李鴻章이 처음 근대식 기업과 공장을 설립할 때 자본과 노하우를 빌려준 것이 바로 洋行의 매판으로 자본을 축적한 광동출신 자본가들이다. 이들은 관과 유착함으로써 새로운 투자의 기회를 얻을 수 있었고, 관료의 직위를 받아 사회적 명망을 높일 수 있었다. 가장 대표적인 양무기업인 輪船招商局에 자본을 투자하고 경영을

---

13) 林滿紅(2001), "日本殖民時期臺灣與香港經濟關係的變化: 亞洲與世界關係調動中之一發展", 『中央研究院近代史研究所集刊』 第36期, pp.23-24.

맡은 徐潤, 唐廷樞, 鄭觀應 등은 모두 매판 출신이며 廣東省 香山縣 출신이다. 초기의 광동 출신 매판자본은 양무파 관료를 도와 중국 최초의 근대적 산업 건설에 일조하였다. 그렇지만 관과의 유착을 통해 사회적 지위의 향상과 투자 기회를 추구하는 행동양식은 구태의연한 것이었다. 그런데 청일전쟁 이후 외국기업이 중국 현지에 공장을 세울 수 있게 되자, 그에 대한 위기감으로 '공장을 세워 나라를 구하자[設廠救國]'는 슬로건이 등장하고 민영공장 설립이 상해에서 늘어났다. 새로운 환경이 펼쳐지면서 광동 출신의 매판 자본가들과 행동을 달리하는 "민족자본가"들이 생겨났다. 대표적인 인물이 "영파방"의 지도자였던 虞洽卿이다. 虞는 절강성 영파 출신으로, 초기에는 그도 외국 상사의 매판으로 입신했지만, 1909년 이래 순수 민간자본의 三北公司를 설립하여, 외국 기선회사 및 관영의 윤선초상국과 경쟁했다. 이들은 이른바 "민족자본"으로 "외화배척"에 앞장서서 정치적으로 孫文의 국민혁명과 蔣介石의 남경국민정부를 후원했으며, 1920년대와 30년대를 통해 은행설립을 주도하여 금융자본으로 성장했다.[14] 1930년대에 이르기까지 "浙江財閥" 대 "廣東財閥"이라는 대립 구도가 재계와 언론계의 일반적인 인식이었을 정도로 광동인들의 세력은 여전히 대단했지만,[15] 淸末과 비교했을 때 상해에

---

14) 高橋孝助·古厩忠夫 編(1997), 『上海史: 巨大都市の形成と人々の営み』, 東方書店, 1995, p.179 및 日本上海史研究會, 『上海人物誌』, 東方書店의 "虞洽卿" 편 참조.

15) "支那地方各派政權と勢力分野"(1935), 『東亞』 第8卷 第12號, pp.34-35; 강진아(2005), 『1930년대 중국의 중앙, 지방, 상인: 광동성의 재정과 국가건설』, 서울대학교출판부, p.348의 각주 103 참조. 그러나 "절강재벌"의 금융적 우세를 강조하는 이러한 시각 역시 향후 교정될 필요가 있다. 막대한 화교송금과 그 업무를 독점했던 화교은행을 시야에 넣으면 "광동재벌"의 금융 역량은 오히려 남경국민정부와 연계한 절강재벌을 능가했다. 1930년대 홍콩의 廣東系와 福建系의 華資銀行이 "華

서 광동 자본의 상대적 쇠퇴는 인정할 만하다.

그러나 조금만 시야를 넓혀보면 "광동상인 열세"라는 통설과는 다른 역사상을 쉽게 알 수 있다. 먼저, 상해와 중국에 뿌리를 내리고 있었던 "영파방"과 달리 광동 상인들은 상해를 거쳐 해외 다른 지역으로 쉽게 이주하여 더욱 이윤이 높은 지역으로 투자를 넓혀갔다. 광동 상인들은 일찍부터 일본에 진출하였으며, 그 영향력은 매우 컸다. 1871년 橫濱中華會館에서 광동 화교가 다수를 차지했고, 1874년 고베 화상 457명 중에 광동인이 323명으로 70%를 점했다. 일본에서 광동 화상의 주도적 지위는 19세기 중반부터 20세기 초까지 개항장을 막론하고 뚜렷했는데, 龔伯洪에 따르면 1920년대까지 臺灣人과 福建人이 일본으로 대거 진출하면서 수적으로는 광동 화상보다 더 많아지지만, 상업계의 영향력은 광동 화상이 여전히 가장 컸다고 한다.[16] 조선의 대표적 화상인 同順泰號 역시 광동성 출신으로, 僑鄕인 광동성에서 다시 상업 기회를 찾아 상해를 거쳐 조선으로 진출하여 鄭觀應, 唐廷樞 등 廣東 香山縣 출신의 동향 관료들의 지원을 받아 성장한 경우이다.[17] 따라서 상해와 본국에서의 약세

南財團"으로 불리며, 복건, 광동 및 동남아 일대에 활약하면서 화교금융의 중추가 되었고, 이들이 해외 화교경제와 중국 본국경제를 연결했다는 지적은 참고할 필요가 있다[張曉輝(1997), "從香港華商的興起看海內外華人經濟的交融(1840~1949)", 『近代史研究』第6期, p.87], 이 "華南財團"의 주요 인물로 東亞銀行 董事長, 남양형제연초공사 동사장을 역임한 이가 원세개 주한 시기 인천영사를 지냈던 周壽臣이다[張曉輝(2006), "略論近代中國民族金融資本中的華南財團", 『中國經濟史研究』第1期, p.51].

16) 龔伯洪(2003), 『廣府華僑華人史』, 廣東高等教育出版社, p.166. 1949년을 전후하여 일본에 체재하는 화교 수는 45,191명인데 그중 광동적 화교는 16,268명으로 36% 정도였다.

17) 강진아(2011), 『동순태호』의 제3장 참조.

만으로 광동상인의 퇴조를 단언하기는 어렵다.

더욱 중요한 것은 해외로 나간 廣東人이 '화교' 자본의 형태로 본국에 재등장하기 때문이다. 사실 서양 상인과 청 관료의 지원을 업은 광동상인들의 해외진출에 훨씬 앞서서, 일반 광동인의 해외 도항은 일찌감치 시작되었다. 아편전쟁 이전에 이미 해외로 나간 중국인의 수는 약 100만 명이었다고 하며, 1884년 남양 시찰을 했던 鄭觀應은 동남아시아의 화교가 200만을 헤아린다고 보고하고 있다. 1893년에 공식적으로 해금이 폐지된 후,[18] 해외로 도항하는 중국인의 수는 비약적으로 늘었다. 1869년과 1939년 사이에 厦門, 汕頭, 홍콩을 통해 동남아시아로 이주한 인구는 대략 1,470만을 헤아린다.[19]

화교의 중국 투자는 1860~70년대부터 시작되었는데, 출신지인 廣東, 福建 두 省과 중국 상공업 중심지인 上海 세 곳에 집중되었다. 上海, 廣東省의 廣州, 汕頭, 江門, 海口(현재는 海南省), 福建省의 厦門 6곳에 대한 화교 투자가 전국 화교 투자 회사의 68%, 투자자본의 70%를 차지했다. 개항 이래 1949년까지 광동·복건·상해에 투자한 화교 자본 총액은 6억 3,271만 원가량이었는데, 화교 투자 기업 수와 투자 자본에서 광동성이 21,268개, 3억 8,617만 원으로 61%를 차지하였고, 복건성이 4,055개, 1억 3,918만 원으로 22%, 상해가 187개,

---

18) 『大淸歷朝實錄』, 光緖朝, 3271b.

19) 戴鞍鋼(1995), "淸末新政與華僑對國內的投資", 『安徽史學』 第2期. 1805년 영국은 페낭에 중국인 노동자를 모집하는 기구를 세웠다. 이른바 쿨리무역은 19세기 초부터 시작되었으나 아편전쟁 이후 본격화되었다. 초기의 쿨리무역은 도항조건이 대단히 열악하여, 1847년~73년의 경우 출국할 때 사망률이 보통 200‰였고, 높을 때는 600‰도 됐다고 한다. 도항자의 69%가 경제적 압박을 출국 이유로 답하고 있어, 상인 이외에 생활고에 따른 빈민 이주가 주류였음은 부인할 수 없다(朱國宏(1989), "中國人口的國際遷移之歷史考察", 『歷史硏究』 第6期, p.171, p.173).

1억 734만 원(1955년 인민폐 환산 기준)으로 약 17%를 점하고 있다. 상해의 경우 기업 숫자에 비해 자본 규모가 큰 투자가 이뤄졌음을 알 수 있는데, 기업 평균투자액 규모가 57만 원이나 되어 복건의 16배, 광동의 30배나 된다.[20] 사실상 화교 중에 대자본가는 거의 상해에 집중 투자하였다. 투자항목을 보면, 광동·복건은 화교 투자 중 부동산이 45~50% 내외를 차지했고 공업은 15%에 불과했다. 이에 반해 상해는 공업투자가 수위로, 다음이 상업, 금융업이었고, 부동산 투자는 거의 없었다. 상해에서 화교의 공업투자는 50개 공장, 5,100만 원으로 화교 상해 총투자의 47.43%로 거의 절반을 차지한다.[21]

상해는 대자본의 화교 기업이 가장 선호한 투자 지역이었다. 상해의 화교기업 중에 특히 유명한 것은 남양형제연초공사(南洋兄弟烟草公司)이다. 이 회사는 광동성 출신으로 홍콩과 일본에서 사업을 하던 簡照南, 簡玉階 형제가 1905년에 설립하였다(휴업 후 1909년 재개업). 당시 중국의 담배 시장은 英美煙草公司(BAT, British American Tobacco)가 장악하고 있었다. 1905년 반미보이콧운동 이래 국산품 애호 열풍이 불자, 이 회사는 '민족자본'의 대명사로 영미연초공사와 경쟁을 펼쳤다. 처음에는 홍콩에 본사를 두었으나 이후 상해로 옮기고 자본을 1,500만 원으로 늘리고 주식회사로 개조하였다. 남양형제연초공사는 제국주의 자본에 맞선 대표적인 민족자본으로 칭송되고 있으나 엄밀히 말하면 화교자본이다. 경쟁자인 BAT의 중국 판매를

20) 林金枝(1984), "近代華僑在上海企業投資歷史的若干問題", 『厦門大學學報(哲學社會科學版)』第1期, p.74.

21) 林金枝(1987), "華僑投資對沿海城市的興起和中國近代化的作用", 『華僑大學學報』 2.

10년간 독점했던 鄭伯昭 역시 廣東省 香山縣 출신으로, 同順泰號 經理 譚傑生과 사돈 관계를 맺고 1924년 파산의 위기에서 譚을 구했던 인물이다. 민족자본의 대표로 싸우던 측이나 제국주의 자본의 대표주자로 대응하던 측이나 모두 廣東省 출신이라는 점도 흥미롭다.

실은 20세기 초반 경쟁력을 지녔던 이른바 '민족자본'의 회사들 중에는 화교 회사가 많았다. 역시 일본 在華紡과 경쟁한 대표적인 '민족자본'으로 중국면방공업 규모 제2위였던 上海永安紡織公司는 1921년 오스트레일리아 화교 郭東, 郭順 형제가 자본 600만 원으로 창설한 기업이다(1930년까지 1,200만 원으로 증자). 근대 상해의 도시 소비문화를 대표하는 상징이었던 上海永安百貨公司 역시 곽씨 형제가 세웠다. 역시 廣東省 香山縣 출신이다. 20세기 초에는 다중국적 소지가 가능했기 때문에 화교들은 상업적 리스크를 최소화하기 위해 두세 개 이상의 국적을 획득했고[22] 활동 지역 역시 跨國的이었기 때문에 딱히 어느 나라, 지역 상인이라고 구분하기가 힘들다.

그렇기 때문에 香港史 연구자인 張曉輝는 이들 대표적인 상해의 '민족자본'들을 "홍콩기업의 내지 진출" 내지 "화교자본의 홍콩을 경유한 내지 진출"로 파악하고 있다. 張은 상점의 聯號網 및 이들 기업의 支店網 확대 과정을 분석하여, 民國 시기에 상해와 홍콩 간 기업관계는 대부분 모두 廣東商人이 링크시키고 있어, 어느 정도 규모 있는 기업들은 上海, 홍콩, 廣州의 삼변에 걸쳐 있었다며, 이러한 국내외의 다국적 聯號網으로 연결된 기업을 "多邊聯合企業"

---

22) Man-houng Lin(2001), "Overseas Chinese Merchants and Multiple Nationality: A Means for Reducing Commercial Risk(1895-1935)", *Modern Asian Studies, Vol.35 Part 4*, Cambridge University Press, Oct. pp.991-996.

이라고 지칭하였다.[23] 예를 들어, 南洋兄弟煙草公司는 원래 홍콩이 總公司였으나 상해에 설립한 分公司가 발전을 거듭하자 후에 상해가 총공사가 되고, 홍콩이 분공사가 되었다. 반면, 廣東捷和鋼鐵製造廠은 원래 廣州에 總廠이 있었으나, 중일전쟁이 발발하자 홍콩에 分廠을 세웠는데, 전후에는 홍콩이 總廠이 되고, 廣州가 分廠이 되었다.[24] 따라서 이들 민족자본으로 분류되는 화교자본이 사실상 跨國的 광동상인이었다는 점을 고려하면, "廣東 買辦資本"과 "寧波 民族資本"이란 대결 구도나 상해에서 광동자본의 퇴조라는 통설은 재고할 여지가 많다.

한편, 화교투자 중에 중국의 경제적 근대화에서 큰 의미를 가지는 것은 많은 화교자본들이 중국에 처음 기계화된 근대적 공장을 도입했다는 점이다. 화교들의 근대적 공업에 대한 선도적인 투자는 중국 내 민간 투자를 활성화시키는 역할을 하였다. 陳啓源(혹은 陳啓沅)은 廣東省 南海縣 사람으로 1854년에 동남아시아로 이주했는데, 1872년에 고향인 남해현에 계창융제사공장[繼昌隆繅絲廠]을 건설하였다. 외자를 제외하고 중국 최초의 민간 기계 제사공장이다. 宣統 연간에 출판된 『南海縣志』를 보면, 진계원의 기계 제사공장이 가동한 후, "3~4년 사이에 南海와 順德 두 곳에 연이어 설립된 기계제사공장이 많을 때는 수백 개에 이르렀으며", 1901년에 이르면 "省 전체가 제사에 기계를 사용하게 되었고, 부녀 중에 이에 고용되어

23) 張曉輝(1997), "從香港華商的興起看海內外華人經濟的交融(1840-1949)", 『近代史研究』 第6期, p.95, 99.

24) 張曉輝(1997), "從香港華商的興起看海內外華人經濟的交融(1840-1949)", 『近代史研究』 第6期, p.95; 張曉輝, "近代香港與內地的華資聯號企業", 『暨南史學』 第5輯, 2007, p.314.

생계를 꾸리는 자가 십수만 명이었다"고 한다. 대만학자 陳慈玉의 연구에 따르면 1880년대 후반부터 광동 기계사의 수출은 수제사 수출을 초과하였으며, 1906년에 광동성 전역에는 176개의 기계 제사공장이 있었다.[25]

최초의 중국 자본의 성냥공장은 1879년 일본화교 衛省軒이 광동성 佛山에 세운 교명성냥공장[巧明火柴廠]이다. 일본인 자본이 포함되었기 때문에 중일합작기업이라고도 하지만, 조계에서 외국인이 세운 성냥공장을 제외하고는 중국인에 의해 처음 만들어진 성냥공장이다. 또 1919년에 미국과 영국에서 유학한 陳達初 등이 세운 廣州東山火柴廠은 광동 성냥제조업을 선도하며, 중화인민공화국 이후까지 존속하였다. 1917년 말레이시아화교 陳玉波가 廣州에 설립하여 1919년부터 생산 가동에 들어간 광동형제고무공사[廣東兄弟橡膠公司]는 중국에 세워진 첫 고무공장이다.[26] 광저우에서 고무공업이 가능했던 것은 1906년에 중국 최초로 해남도(海南島, 당시 廣東省 瓊崖縣)에서 고무나무 재배가 시작되었기 때문이었다. 화교 何麟書는 瓊安公司를 세워 동남아시아에서 고무나무 종자를 수입해 해남도에 3,200그루를 조영했다. 당시 국내에는 고무공장이 없어서 싱가포르로 수출했는데 이 사업이 이익이 많이 남자, 유사한 고무농장이 해남도에 연이어 들어서 국내 고무 산업이 일어날 수 있는 기초가 닦였다.[27]

화교 투자는 교통운수, 도시개발 등 경제 인프라 방면까지 이어졌

---

25) 陳慈玉(1989), 『近代中國的機械繅絲工業 1860~1945』, 臺灣: 中央研究院近代史研究所.

26) 劉婷婷(2009), "廣東僑資企業社會主義改造述評", 暨南大學, 碩士學位論文, p.11.

27) 林金枝(1982), "舊中國的廣東華僑投資及其作用", 『南洋問題研究』 第2期, p.141. 1934년에 海南島의 고무농장은 94곳에 이르렀다.

다. 인프라 투자는 주로 화교의 고향인 광동성, 복건성에 집중되었다. 화교가 광동 교통운수업에 투자한 최초의 사례는 1902년 廣東省 江門에서 개업한 기선회사인 四邑輪船公司이다. 신해혁명 후의 도로와 자동차운수, 전차회사 등도 대부분 화교 자본이었다. 특히 주목할 만한 것은 철도부문이다. 1945년까지 광동성에 부설된 철도는 粤漢鐵路, 廣九鐵路, 新寧鐵路, 潮汕鐵路 4개에 불과했다. 이 중 월한철로와 광구철로는 정부 관영기업이었고, 신녕철로과 조산철로는 청말 화교가 세운 민간철로이다. 조산철로공사와 신녕철로공사는 각각 1903년, 1905년에 조직되었는데, 바로 외국 자본의 중국의 경제침략에 반발하여 한창 철도와 광산 등 이권 회수운동이 벌어지고 있던 시기였다. 조산철로공사는 1903년 '實業救國'의 영향하에 1903년 광동성 梅縣 출신의 인도네시아 화교 張煜南, 張鴻南 형제가 조직 경영한 중국 최초의 화교투자 상업 철도이다. 300만 량 정도가 투자되었고, 1905년에 공사가 시작되어 1906년 11월에 36㎞가 전장 개통되었다. 신녕철로는 미국화교 陳宜禧가 이권 회수운동에 공감하여 1904년 청조의 허가를 얻어 이듬해 미국과 캐나다의 화교 자본을 초모하여 세웠다. 초기 자본은 275만 원가량으로 1909년 3월에 부분 개통되어 차량 운행이 시작되었고, 1920년까지 61㎞가 전장 개통되었다.[28]

그 밖에 근대적 도시 공공시설의 초기 도입에서도 화교 투자는 독보적이었다. 1890년 미국화교 黃秉常이 廣州에서 電燈 회사를 설립한 것을 시작으로 1900년대와 1910년대에 광동성의 주요 화교 배출 도시에 전기·전화·전등·상수도회사가 설립되었다. 대다수가

---

28) 向軍(2007), "晚淸華僑與中國經濟現代化硏究", 暨南大學, 博士學位論文, pp.135-137.

화교 투자였다. 조계에서는 외국인들이 자신들을 위해 공공서비스를 설립했지만, 중국 내지에서는 해외에서 근대적 공공서비스 영업을 경험하고 경영지식이 있는 화교들에 의해 본격적으로 도시 공공서비스가 도입되었던 것이다.[29]

이상을 살펴보면 화교 투자의 시작은 1860~70년대이지만, 1900년 이후 급격히 증가했음을 알 수 있다. 그 배경은 청조의 화교와 상공업에 대한 달라진 태도에서 찾을 수 있다. 1870년대 양무운동 시기부터 동남아시아 화교들을 대상으로 기업 투자 자금 초모는 시작되었다. 하지만 청조의 상공업에 대한 태도가 근본적인 변화를 보이고, 화교자본 유치를 절박한 현실의 요구로 인식하게 된 것은 1900년대 新政이 시작되면서부터라고 할 수 있다. 청조는 1903년 3월에 商部를 설립하고, 『公司例』, 『獎勵公司章程』, 『公司注冊試辦章程』을 반포하여 근대적 기업의 설립과 등록을 장려하였으며, 해외 화교자본의 국내 유치에 깊은 관심을 쏟았다.[30] 이러한 태도 변화는 해외화교자본의 성장과 무관하지 않는데 1903년에는 廣東 화교 黃亞福이 싱가포르에서 세계 최초의 화교은행인 廣益銀行을 창설하였으며, 앞서의 潮汕鐵路 등 민영철도가 화교자본으로 중국 내에 세워진 것도 이즈음이다. 청조 역시 해외화교들에 대한 적극적인 관심의 제스처를 표했는데, 1906년 4월에 샌프란시스코에 대지진이 발생했을 때, 청 정부는 화교 구제기금으로 10만 량을 보내기도 하였다.[31]

---

29) 강진아(2008), 『문명제국에서 국민국가로』, 창비, p.200.

30) 강진아(2008), 『문명제국에서 국민국가로』, 창비, p.201; 黃小用(2003), "晚清華僑政策研究", 湖南師範大學, 博士學位論文, pp.281-284.

31) 『廣東省志 華僑志』, p.21.

광동화교는 孫文과 興中會의 주요한 조력자이기도 했기 때문에, 신해혁명 이후 중화민국 시기에 들어서서도 국민당 정부에 적지 않은 인적, 물적 조력을 지속했음은 잘 알려진 사실이다. 1923년에 국민당을 위해 중국 최초의 비행기 제조공장을 만들고 최초의 비행대대를 조직해 준 것은 미국에서 귀국한 화교로 항공기 전문가였던 楊仙逸이다. 그는 손문과 같은 광동성 향산현 출신이었다. 1926년 10월에 국민정부는 廣州에서 僑務委員會를 설립하였으며, 이들의 활동으로 해외화교들로부터 북벌경비 100만 元을 모금하기도 하였다.[32]

남경국민정부 성립 이후 1930년대 광동성은 군벌 陳濟棠의 사실상 半독립적 지배에 놓여 있었는데, 1933년 진제당은 <關于扶植商務以吸引僑商投資實業提案>을 西南政務委員會에서 통과시키고 적극적으로 광동 도시건설 및 상공업건설에 화교자본을 동원하였다. 특히 1930년대는 민족자본의 황금기였던 1920년대와 달리 세계대공황의 여파가 동남아시아에 미치면서 해외화교들이 큰 곤란을 겪던 시기였다. 동남아시아의 불황은 1930년부터 시작되었는데, 경기 악화로 많은 화교 노동자들이 실직을 하고 귀국하였고, 동남아시아에서 장기간 거류하던 화교자본가들도 국내 귀환을 모색하고 있었다. 따라서 진제당은 이러한 귀국화교의 자본을 적극적으로 유치함으로써 광동성 건설을 기획했던 것이다.[33] 이러한 자세는 1935년 말에 진제당을 축출하고 광동성을 재차 장악한 남경국민정부에도 이어져,

---

32) 『廣東省志 華僑志』, pp.23-24.

33) 1949년 이전 광동성의 도로 건설의 절정기는 바로 1930년대 진제당 통치 시기였다. 이 시기의 도로 건설 및 경제 건설에 관해서는, 강진아(2005), 『1930년대 중국의 중앙, 지방, 상인 - 광동성의 재정과 국가건설』, 서울대출판부 참조.

1936년 6월 남경국민정부는 진제당이 세운 廣東省僑務委員會를 없애고 中央僑務委員會 산하조직으로 廣州, 江門, 汕頭, 海口市에 僑務局을 설립하고, 이어 <廣東省獎勵歸國華僑投資興辦實業暫行辦法>을 공포하였다. 그러나 1937년 중일전쟁의 전면적 발발은 중국정부의 이러한 드라이브에, 중국 본토에 이미 투자한 화교자본에, 그리고 투자예비군으로서 화교자본 전체에 커다란 타격과 단절을 가져오게 된다.[34]

고향인 광동성에서 새로운 신흥 무역도시로 떠오르는 상해로, 다시 아시아로 뻗어가던 광동상인들은 1930년대 세계대공황을 겪으며 본국 및 중화권 지역으로의 환류를 모색하게 되었는데, 특히 동아시아 지역에 거류하던 광동화교들에게는 중일전쟁이 그 본격화의 계기가 되었다. 조선 화상인 동순태호가 철수한 것도 중일전쟁이 전면화한 직후인 1937년 9월 10일이었다. 동순태호를 이끌던 담씨 일족의 경우, 일부는 상해로, 일부는 僑鄕인 광동성으로 철수했는데, 그 후손들의 족적을 추적하다 보면 다시 홍콩과 싱가포르, 대만으로 이주하고 있다. 1970년대 아시아 인구의 미국 이주 붐 때 상당수는 미국으로 재차 이주하기도 하였지만, 20세기 중반기에는 대체로 중국 및 중화권 지역으로 환류하고 있음을 알 수 있다. 중일전쟁과 내전기를 좌우한 광동자본의 홍콩으로의 수렴에 관해서는 이미 별고에서 검토한 바이므로 여기에서는 상론하지 않겠다.[35]

---

34) 『廣東省志 華僑志』, p.6, pp.25-26.
35) 강진아(2013), "戰時期 동아시아 광동상인 자본의 환류, 1931-1949", 『중국근현대사연구』 58.

3. 1949년 이전 화교투자의 추세와 특징

이 장에서는 1949년 이전 중국경제에서 광동화교 투자의 규모, 투자의 지역별·분야별 경향성을 주로 거시통계자료를 통해 살펴보도록 하겠다.

먼저 광동성 화교의 주요 투자처였던 상해와 광동성의 화교 투자 건수와 액수의 추이를 시대별로 정리해보면 다음과 같다.

〈표 1〉 1949년 이전 상해 및 광동성의 화교 투자 추이(단위: 인민폐 환산 元)

	시기	투자호수	투자총액	연평균 투자액	전체 백분율
上海	1900~1919	13	39,284,500	1,964,225	36.58
	1919~1927	23	39,163,000	4,895,575	36.50
	1927~1937	47	21,674,100	2,167,410	21.19
	1937~1945	72	4,072,100	500,911	3.80
	1945~1949	32	3,153,000	788,250	2.93
	합계	187	**107,346,700	2,146,940	100.00
廣東省	1862~1919	1,303	66,039,984	1,158,596	17.98
	1919~1927	5,398	104,844,475	13,110,559	28.50
	1927~1937	9,919	159,581,242	15,958,124	58.52
	1937~1945	923	11,877,050	1,484,631	3.09
	1945~1949	3,745	43,836,824	10,959, 206	11.91
	합계	21,288	**386,179,575*	4,438,845	100.00

출처: 林金枝(1984), "近代華僑在上海企業投資歷史的若干問題", 『廈門大學學報』(哲學社會科學版), 1期, p.70; 林金枝(1988年 第1期), "論近代華僑在廣州的投資(1862~1949)", 『暨南學報』(哲學社會科學, p.45

* 林金枝는 시계열적 통계를 완성하기 위해, 1949년 이전 화폐 단위를 1955년 인민폐 元으로 환산하였다. 1937년 항전 이전 銀元(國幣)1元=인민폐 2.45元이며, 항전 이후는 인플레이션을 반영해 항전 이전 은원 1원으로 일단 환산한 뒤 다시 인민폐로 환산하였다. 현재 거의 모든 화교투자 연구는 林金枝의 통계를 따라 이 방식을 따르고 있다.

** 각 표의 투자총액 숫자가 실제 합산수와 다소 틀리다. 광동성의 경우 합산하면 386,179,575원이나 원출전에는 386,195,575로 되어 있고, 상해의 경우 합산하면 107,346,7000이나 107,347,000으로 되어 있음. 여기에서는 합산액으로 수정하여 기재하였다.

전체적으로 1920년대와 1930년대에 투자가 가장 많았던 것은 동일하다. 하지만 상해의 경우 민족자본 흥성기라고 할 수 있는 1920년대가 연평균 투자액과 투자총액에서 확연히 앞섰던 반면, 광동성은 1930년대 陳濟棠 통치시기에 투자총액과 연평균 투자액 모두 절정을 이루었음을 알 수 있다. 1920년대 민족자본 흥성기가 상해를 주무대로 진행되었고, 이때 상해의 "민족자본"은 상당수가 홍콩을 경유하여 진출한 광동 화교자본이라는 점은 이미 지적한 바와 같다. 반면, 1930년대는 남경국민정부와 관계가 깊었던 절강재벌이 상해경제를 주도하던 시기이고, 광동성의 경우 半독립적 할거를 유지하던 진제당 정권이 앞장서서 경제재건과 화교자본 유치에 주력하던 시기였던 만큼, 광동성의 경우 1930년대가 화교자본 유입에서 앞섰던 것으로 보인다. 마찬가지로 1945년 전쟁이 끝난 뒤, 상해는 여전히 내전과 정국 혼란으로 경제전망이 어두웠기 때문에, 전쟁특수로 "孤島"로 불리며 호황을 누리던 戰時期 보다 자본 유입이 줄어들었는데, 광동성은 동남아시아의 排華政策 등으로 僑鄕으로 철수하려던 자본 유입이 있었기에 다소나마 戰時期보다는 투자가 늘었다고 볼 수 있다. 그렇지만 투자 유입이 戰前 수준을 훨씬 못 미쳤던 것은 여전히 정국의 전망이 어두웠기 때문이다. 실제로 이 기간에는 내전을 피해 홍콩과 마카오 등 외지로 광동에서 자본이 유출되었다.[36)]

하지만 본국경제에 미친 영향은 이러한 직접 투자액만으로 가늠할 수 없다. 왜냐하면 화교자본이 중국의 근대경제 형성에 결정적으로 중요했음을 앞에서 살펴보았지만, 직접투자 액수는 화교송금액에 비

---

36) 홍콩으로의 자본 유출에 관해서는 강진아(2013), "戰時期 동아시아 광동상인 자본의 환류, 1931-1949", 『중국근현대사연구』 58, pp.204-206 참조.

하면 미미한 수준이기 때문이다.

다음은 1931~1940년 전국 화교의 송금액과 광동화교 송금액을 추계한 것이다.

〈표 2〉 1931~1940년 전국 화교 송금액 및 광동 화교 송금액의 추계표(단위: 銀元/國幣)

연도	全國僑滙總額	廣東僑滙總額	연도	全國僑滙總額	廣東僑滙總額
1931	4억 2,000만	3억 4,520만	1936	3억 2,000만	2억 7,200만
1932	3억 2,200만	2억 7,170만	1937	4억 5,000만	3억 8,200만
1933	3억 500만	2억 5,380만	1938	6억	5억 1,000만
1934	2억 3,200만	1억 8,500만	1939	12억	10억 2,000만
1935	3억 1,600만	2억 6,800만	1940	12억	10억 2,000만

출처: 『廣東省志: 華僑志』, p.142

이 통계는 銀元 단위이고 인플레이션을 반영하지 않은 것이다. 따라서 1938년 이후의 화교송금은 인플레이션 효과로 과장된 것으로 보인다. 전쟁 전에는 매년 거의 3억가량이 송금되었는데 이를 <표 1>의 인민폐 元으로 환산하면 7억 3,500만 元이다. 아편전쟁 이후부터 1949년까지 중국에 투자된 화교투자 총액이 7억 元(인민폐)가량이라고 하는데, 한 해 화교송금액이 이보다 더 많다. <표 2>를 보면 전체 화교송금 총액의 약 70~80%가 광동화교의 송금인 것을 알 수 있다. 1937년 중일전쟁 발발 이전, 남경국민정부하의 중국경제는 비록 정치적 안정기로 각종 재건사업이 펼쳐져 "황금의 10년"이라고 부르기도 하지만, 무역수지에서는 심각한 적자로 10년 동안 매년 入超額이 약 6억 원을 오르내렸다. 그런데 광동화교의 송금액만으로 거의 3억이니, 절반을 상쇄할 정도이다. 광동성 자체도 식량 자급이 되지 않아 미곡을 수입하는 심각한 입초 지역으로, 1930년부터 1936년까지 무역적자액은 연간 1억여 元에 달했으나, 광동화교 송금액은 이를 충분히 메우고도 남았던 것이다.[37] 이처럼 화교송금은 중국의 무역수지 적자를 상쇄하고, 국내 화교가족의 생계와 소비수준을 유지할 수 있게 했다.

그렇다면 광동화교의 막대한 송금액은 주로 어디에서 오는 것일까? 전체 송금액의 추계가 앞의 표와 약간 차이가 나지만 추계의 불완전함을 감안하고, 다음의 표를 살펴보자.

〈표 3〉 1930~1936년 美洲 지역에서 보내 온 화교 송금액[僑滙] 및
전국 송금액 비교표(단위: 國幣)

연도	전국 화교송금액	미국화교 송금액	%
1930	3억1,630만	1억6, 184만	52.2
1931	4억2,020만	2억5, 137만	59.8
1932	3억2,350만	2억 508만	63.4
1933	3억 570만	1억3,832만	45.2
1934	2억3, 280만	1억2,030만	51.7
1935	3억1,600만	9,900만	31.3
1936	3억2,000만	1억4,700만	45.9

출처: 『廣東省志: 華僑志』, p.148

<표 3>에서 알 수 있듯이 이미 1937년 이전에 화교 송금의 절반이 미주 지역에서 오고 있음을 알 수 있다. 일반적으로 화교의 최대 集住 지역은 동남아시아로 알려져 있고, 자본이 큰 화교 기업이 많은 곳도 동남아시아라고 알려져 있으므로, 이러한 결과는 다소 의아할 수 있다. 이러한 의문은 다음 광동화교의 지역적 분포를 살펴

---

37) 강진아(2005), 『1930년대 중국의 중앙, 지방, 상인-광동성의 재정과 국가건설』, 서울대출판부, pp.61-62, p.96.

보면 실마리를 찾을 수 있다.

〈표 4〉 1949년 전후 세계 각지의 화교 분포와 廣東華僑 분포 상황

지역	화교 총수	廣東 화교 수	廣東 화교 점유율
아시아	11,667,624	7,850, 157	68.28%
유럽	37,062	3,881	—
아프리카	37,747	36,957	—
美洲	256, 281	254,040	99.12%
大洋洲	98,711	86, 246	87.37%
전체 합계	12,097,425	8, 231, 281	68%

출전: 林金枝(1982), "舊中國的廣東華僑投資及其作用",『南洋問題硏究』, 第2期, p.137

인명수에서 볼 때 광동화교가 가장 많이 거류하는 지역은 아시아 특히 동남아시아로, 광동화교의 90% 가까이가 이 지역에 거류했다. 미주 지역의 거류는 약 25만 명 정도이며, 이 중에서 미국이 11만 7,629명, 캐나다가 약 4만 명이었다. 그런데 아시아의 경우 화교 전체에서 광동화교의 점유율은 약 70%가량이나, 미주 지역은 99.12%로 대단히 높다. 특히 위 통계의 細目을 보면 미국과 캐나다는 100% 광동화교로 명시되어 있다. 여기에서 주목할 것은 아시아 지역의 광동 화교와 미주의 광동 화교의 구성에 차이가 있다는 점이다.

<表 5> 동남아시아 각 지역의 籍貫別 화교 구성

국가	福建	廣府籍	潮州籍	客家籍	海南籍	기타
태국	10	8	60	10	11	12
말레이시아	30	26	11	22	9.5	5.5
싱가포르	40	18	23	1	–	18
인도네시아	55	15	10	20	–	–
필리핀	80	20	–	–	–	–
베트남	8	41	37	11	3	–
캄보디아	6	15	67	5	7	–
미얀마	50	–	–	–	–	50

출전: 朱國宏(1989. 6期), "中國人口的國際遷移之歷史考察", 『歷史研究』. p.176

<표 4>를 보면 아시아 화교의 약 70%가 광동성 출신의 화교이지만, 이는 행정구역으로서 광동성 출신자를 뜻하는 것으로 언어와 풍속에서 독자적인 동향공동체를 영위하고 있는 廣府籍, 潮州籍, 客家籍, 海南籍을 다 합한 통계이다. 필자는 근대 동아시아 교역에서 "광동인 네트워크(Cantonese Network)"를 제기하면서, 이때의 광동인은 廣東語(Cantonese)를 구사하고 지역적으로 珠江 델타 유역의 廣州府와 肇慶府를 핵심으로 하는 廣幇, 즉 廣府籍 출신자를 가리키며, 자본의 성격 및 변화에 대한 추적은 籍貫別로 따로 이뤄져야 한다고 주장한 바 있다.38) 다만 이용 가능한 통계가 대부분 籍貫別 통계를 제공하고 있지 않아 분석이 어렵다. 이를 감안하고 아쉬운 대로 <표 5>를 보면, 실제 20세기 동남아시아의 화교에서 복건과 조주적 화교가 이미 다수를 차지하고 있고, 19세기에 압도적이었던 廣府籍, 廣幇은 확연이 줄어있음을 알 수 있다. 반면, 미국과 캐나다의 화교는 1945년까지

---

38) 이 개념의 최초 정의 및 변화에 관해서는 강진아(2007), "광동네트워크와 조선화상 동순태", 『사학연구』 88, p.780의 각주10 및 강진아(2013년 6월) "戰時期 동아시아 廣東商人 자본의 환류, 1931-1949", 『중국근현대연구』 58, pp.184-185의 각주 9 참조

거의 100%가 광동 화교였을 뿐 아니라, 대부분 廣幇이었다.

　미국이 1882년 이래의 排華法을 철폐한 것은 1943년 이후이다. 이때부터 부분적으로 또 단계적으로 중국 이민을 받아들였고 대폭 이민 정원을 확대한 것은 중국 공산화 이후 1965년부터였다. 그 때 문에 1850년대 초기 이주자였던 광동화교, 특히 廣幇의 압도적 인 구구성비가 그대로 온존되었던 것이다. 캐나다 역시 1947년 이후에 야 排華法을 철폐하였다.[39] 이를 통해 보자면, 첫째로 1930년대부 터 이미 동남아시아로부터의 화교 송금보다 숫자는 적어도 미국 화 교의 송금이 훨씬 중요했다는 것, 둘째로 미국 화교가 거의 전부 광 동화교, 특히 廣幇이었기 때문에, 전체 화교송금에서 광동화교의 송 금이 인구비중 이상으로 컸다는 점, 셋째 거꾸로 동남아시아로부터 의 송금은 광동화교의 송금이 같은 지역 복건화교의 송금에 비해 인 구비중 이하였다는 점을 유추할 수 있다. 필자는 그 이유를 초기 광 동 상인의 주력이었던 廣幇이 동남아시아를 떠나 미국으로 수렴, 집 중되었고, 줄곧 직접투자보다 생계형 송금의 주력이 이들 廣幇이었 기 때문이라는 가설을 세우고 있는데, 이 점에 대해서는 결론에서 다시 정리하도록 하겠다.

　위의 전체 통계에서 이른바 광동 화교송금은 廣幇뿐만 아니라 潮 州幇, 客家幇, 海南幇의 송금도 포함한 것인데, 1949년 이전 미국 화교의 대부분은 광방이었다. 행정구역으로 같은 광동성에 속해 있 지만, 廣幇과 달리 광동어가 아닌 閩南語 계통의 潮州語를 구사하 는 조주방의 송금액을 다음의 표에서 따로 확인해보자.

---

39) 『廣東省志 華僑志』, p.58.

〈표 6〉 1930-1934 동남아시아 潮州籍 화교의 汕頭 경유 중국내지 송금액(단위: 銀元 萬元)

연도	합계	타이	싱가포르	베트남	기타
1930	10,000	4,000	3,000	1,000	2,000
1931	9,000	3,500	2,800	1,000	1,700
1932	7,500	3,200	2,500	600	1,200
1933	7,000	2,700	2,500	600	1,200
1934	5,000	2,000	1,800	400	800

출처: 『廣東省志: 華僑志』, p.165.

<표 6>의 통계에서 알 수 있듯이 같은 광동성이라도 조주방의 송금은 거의 대부분 동남아시아에서 왔으며, 송금 규모도 상당히 큰 것을 알 수 있다. 이를 정합적으로 살피면, 정규 통계에서 다루지 않는 광동성 내의 실제 화교 동향그룹의 송금 동향과 추세를 확인할 수 있다. 즉, 廣幇은 1949년 이전에 이미 미국을 최종 이주선으로 수렴해나갔으며, 미주 송금의 대부분을 책임지고 있었다. 광방이 떠난 동남아시아 지역은 潮州幇, 客家幇, 海南幇(이상 廣東省), 福建幇이 점유율을 넓혀갔고, 1949년 이전 광동을 제외한 이들 집단이 僑鄕으로 보낸 송금 역시 대부분 동남아시아로부터 왔다고 할 수 있다. 그러므로 1930년대 광동성의 경제 지도에서 광방의 출신지인 廣州 및 주강 삼각주 일대보다 조주방의 출신지인 潮州, 汕頭, 揭陽 지역의 불황이 훨씬 심각했던 것은 세계대공황의 충격을 동남아시아 지역이 더 크게 받았기 때문이었던 것이다.[40)]

다음으로 1949년 이전 광동성에서 이뤄진 화교 투자의 양적 추세와 그 투자 지역 및 분야별 특성을 살펴보도록 하자.

---

40) 강진아(2005), 『1930년대 중국의 중앙, 지방, 상인 - 광동성의 재정과 국가건설』, 서울대출판부, pp.310-311.

<표 7> 광동적 화교의 투자 분야 통계표(1862~1949년)(단위: 인민폐 元으로 환산)

구분	투자 戶數	투자액	1호 평균투자액	점유율(%)
공업	332	25,063,170	75,491	6.51
농광업	12	7,511,172	62,076	1.95
교통운수업	242	43,469,944	179,628	11.30
상업	1,473	47,551,390	32,282	12.36
금융업	1,005	40,299,969	40,099	10.47
서비스업	305	18,352,242	60,171	4.77
부동산업	17,790	202,574,086	11,387	52.64
합계		*384,821,973	18,094	100

출전: 『廣東省志: 華僑志』, p.304.
* 이 통계는 <표 1>의 林金枝의 투자액 386,179,575원과 약간 차이가 있으나 그대로 인용한다.

통계에 잡히는 1862년부터 1949년 이전까지 90여 년간, 광동 화교가 광동성 각지에 투자한 금액의 총액은 인민폐 환산 3억 8,482만 1,973元인데, 중일전쟁 이전 銀元(國幣)으로 환산하면 1억 5,707만 193元가량이다. 이 금액은 사실상 1930년대 광동화교의 1년 송금액보다도 적은 수준이다. 따라서 중국 상공업의 미미한 발전 수준을 감안할 때 이 정도의 투자총액은 결코 적은 숫자가 아니지만, 僑鄕의 가족들을 위한 송금액에 비하면 매우 적으며, 생계형을 넘어선 적극적 투자는 총량에서 볼 때 그렇게 크지 않다고 볼 수 있다.

이러한 소극적인 투자 경향은 화교 투자의 지역별 분포 및 분야별 분포에서도 확인된다.

구분	투자 호수	투자액	점유율
廣州市	9125	144,365,612	37.52
汕頭地區	4062	79,767,058	20.73
江門地區	5255	108,384,076	28.16
佛山地區	1013	23,314,826	6.06
海南行政區	1813	28,990,401	7.53
합계		384,821,973	100

〈표 9〉 광동화교 투자의 광동성내 지역 및 분야별 분포(1862~1949년)(단위: 인민폐 元)

구분	광주시	산두시	강문시	불산시	해남구	투자건수(투자총액)
1862~1919년	15.61	33.01	34.25	10.96	5.16	1,303개(66,039,984)
1919~1927년	38.03	14.77	29.95	5.13	12.12	5,378개(104, 244,025)
1927~1937년	49.48	16.05	23.87	4.34	6.26	9,919개(159,571, 242)
1937~1945년	20.53	30.38	32.71	15.44	0.93	923개(11,877,040)
1945~1949년	28.69	30.99	29.19	4.53	6.59	3,745개(43,089,682)

	공업	상업	농광업	서비스	교통업	금융업	부동산
1862~1919년	6.96	10.05	2.94	4.65	9.44	13.00	52.95
1919~1927년	3.86	7.11	0.82	6.37	8.24	7.32	66.27
1927~1937년	5.17	15.09	0.19	2.81	6.52	7.88	62.33
1937~1945년	2.17	18.81	0.97	6.11	0.66	16.05	55.23
1945~1949년	5.17	15.09	0.19	2.81	6.52	7.88	62.33

출처: 林金枝(1989), 庄爲璣『近代華僑投資國內企業史資料選輯(廣東卷)』福建人民出版社의 pp.49-
50, p.55, p.60, pp.63~64의 표2-3, 표2-5, 표2-7, 표2-8 재구

대체적으로 전 시기를 통틀어 절반 이상의 투자는 부동산업, 즉
건물 및 대지의 구입에 투여되었다. 위의 통계는 自家用 주택 및 대
지 구입이 아니라 부동산회사를 설립하여 투자한 금액을 정리한 것
이므로, 대체로 건물 임대업을 겨냥한 투자라고 볼 수 있다. 상해 지
역의 화교 투자가 상공업 투자가 높았던 것과 달리, 僑鄕인 광동성

에서 공업 투자는 내내 5% 남짓에 불과했다. 지역별로는 1862～1919년은 汕頭, 江門의 투자가 廣州보다 컸던 것이 1919-1937년은 광주의 투자가 더욱 커짐을 알 수 있다. 필자의 이전 논문에서 1862～1919년은 廣幇의 상해 및 연안 개항장 진출이 가장 활발하던 시기로 이주 지역에서의 부동산 투자가 활발했다고 지적한 바 있는데, 상대적으로 그러한 영향으로 광주의 투자는 적지 않은가 생각한다.[41] 이 시기 산두와 강문의 투자비중이 높은 것은 두 지역 모두 유명한 僑鄕인 만큼 출생지에 대한 일반적 투자라고 볼 수 있다.[42] 반면, 1919년 이후 제1차 대전 전시호황이 끝나고 본격적으로 1920년대 생존 자본의 민족자본화 과정이 진전되었을 때, 상대적으로 상해에서 절강자본의 활약이 컸던 만큼, 이 시기에는 광방의 언어권이면서도 대도시인 광주에 대한 투자적 관심이 환기되었을 가능성이 있다.[43] 1937～45년, 1945～49년처럼 중일전쟁과 내전으로 경제적 투

---

41) 청말 민초에서 1949년까지 화교가 광주에 투자한 부동산은 모두 7,206개로 광주시 전체 민간 부동산 숫자의 25%를 차지했다. 또한 투자금액으로 보면 1.08억 원(인민폐)으로 화교의 광주시 전체 투자총액의 74.48%가 부동산에 투여되었다(胡樂偉(2011), "近代廣東僑鄕房地産業與城鎭發展硏究(1862-1494)", 暨南大學, 碩士學位論文, p.74).

42) 화교의 부동산 투자에 대한 강문 지역에 대한 개별 연구를 참조하면 이 지역도 점차 상업적 투자가 나타났다고 지적하고 있는데(吳宏岐, 胡樂偉(2010), "近代江門的僑資房地産業及其對城市建築景觀的影響(1862-1949)", 『華僑華人歷史硏究』第2期, p.71) 상대적으로 보아 광주 지역이 더욱 농후했다고 할 수 있다. 일반적으로 광동 화교의 부동산 투자의 영세성과 自家用의 성격을 지적한 논문도 이를 방증한다[李楊(1986), "本世紀二, 三十年代廣州華僑爲何聚資於房地産", 『學術硏究』第1期, p.72].

43) 광주시에 대한 부동산 투자의 특색은 교향으로 부동산 투자가 많은 강문 지구나 산두지구와 다르게, 주로 부동산회사(房地産置業公司)를 설립하여 기획 투자가 이뤄졌다는 점에 주목할 필요가 있다. 또한 1957년에 광주시에 아직 남아 있던 22개 부동산투자회사 중에 21곳이 모두 화교 회사였는데[胡樂偉(2011), "近代廣東僑鄕房地産業與城鎭發展硏究(1862-1494)", 暨南大學, 碩士學位論文, p.77], 이러한 점을 통해 볼 때 광주의 부동산 투자는 탈생계형 기업적 성격이었으며, 그 투자자본의

자 환경이 열악한 시기에는 광주에 대한 투자가 줄어들고, 교향인 산두와 강문의 투자 비중이 늘어난 점도 같은 현상의 반영으로 보인다.

이 점은 광주의 부동산 투자에서도 확인된다. 1959년 광주 부동산 중에 해외 거주 화교 소유의 부동산은 모두 3,108개 건물인데, 그중 미국 화교 소유의 33.91%를 비롯하여 56.94%가 美洲 거주의 화교 소유로 화교인구가 가장 많은 동남아시아를 포함한 아시아 거주 화교 소유의 36.61%보다 더 많았다. 또 이 부동산 보유자 267개 業主 중에 원래 광주가 출신지인 사례는 1명에 불과했고, 台山縣 출신자가 72명(28%), 開平縣과 南海縣 출신자가 각각 36명과 32명으로 뒤를 따르는 등, 四邑 및 廣府 즉 광의의 廣幫 계열이 대부분이었다.[44] 그러므로 같은 부동산 투자라도 광주의 경우, 광방이 같은 언어권의 중심 도시로서 투자적 가치를 내다보고 자금을 묶어두는 곳임을 알 수 있다. 1949년 이전 광주시의 부동산 중 4분의 1 이상이 화교 소유였다.

그렇다고 부동산 투자와 같은 보수적이면서도 투기적 투자 경향이 광방만의 것은 아니다.

대부분이 화교자본이었음을 알 수 있다.

44) 林金枝, 庄爲璣(1989), 『近代華僑投資國內企業史資料選輯(廣東卷)』, 福建人民出版社, p.75의 표3-3 <광주시 화교투자 부동산의 僑居國別 분포> 통계 참조.

<표 10> 汕頭市에 대한 화교 투자의 분야별 투자액(1889~1949년)(단위: 인민폐 元)

구분	투자	투자금액	총투자 대비 점유율
부동산업	1,426	2,111만 6천 원	39.73%
상업	216	1,011만 9,100원	19.03%
금융업	178	808만 5,300원	15.21%
교통운수업	26	754 만9천원	14.20%
공업	20	332만 4,300원	6.25%
서비스업	44	296만 1,300원	5.58%
합계	1,910	5,315만5천원	100%

출처: 『廣東省志: 華僑志』, p.173

조주방의 중심도시인 산두시의 화교 투자도 광주시보다는 상공업 및 교통업 투자가 높지만 그래도 40%가량이 부동산 투자였다. 이러한 경향은 출신지인 僑鄕의 경우 더욱 두드러지는데, 조주 지역 중 대표적 화교배출지역인 梅縣을 보면, 1862~1949년 梅縣의 화교 투자는 총 1,596건 14,869,000원(1955년 인민폐 기준)인데, 그중 부동산 투자가 1,298건 6,288,000원으로, 건수의 81.3% 금액의 42.3%를 차지했으며, 금융(20건 2,037,000원)이 뒤를 이었고, 공업(14건 952,000원), 광업(5건 340,000원)은 교통운수업(32건 939,000원)과 비교해도 미미했다. 1958년 통계를 보면 매현 산하의 梅城鎭에 있는 크고 작은 점포 3천여 개 중에 공용 부동산(公産)을 제외한 1,252개 임대용 개인건물 중에 54.3%인 698개가 화교 소유의 건물이었다고 한다. 곧 귀국할 예정인 화교의 부동산까지 합하면 1949년 이전 매성진에 화교가 투자한 부동산은 85~90%에 달했다.[45)

---

45) 『廣東省志: 華僑志』, p.180.

4. 1949년 이후 廣東省의 화교 투자 유치 노력과 한계

중일전쟁과 내전을 포함하여 오랜 전쟁을 끝내고 정권을 수립한 중국공산당에게 경제 재건은 다른 무엇보다 절실한 과제였다. 그러한 면에서 해외 1,100만 화교, 그중 780만이나 되는 광동 화교의 경제력에 기대하는 바가 컸던 것은 청조나 국민당 정부와 다르지 않았다.46) 그렇지만 사회주의를 전면에 내세우고 자본주의적 노선에 대한 끊임없는 내부적 견제가 제기되었기 때문에, 신민주주의를 내세웠던 건국 초기라도 공산당 중앙의 화교정책은 기복이 있을 수밖에 없었다. 중화인민공화국 시기 화교정책을 연구하는 대표적 학자인 張賽群은 1950~57년을 건국 초기로 규정하고 이를 <1단계> 1950~1952년, <2단계> 1953~1956년, <3단계>1957년으로 삼분하였다.47)

1단계는 1951년 6월 中央人民政府 산하에 華僑事務委員會(이른바 中僑委)가 설치되고 何香凝이 경제개발을 위해 적극적으로 화교자본 유치 자세를 보였던 시기로, 이때는 투자기업의 경영형태도 私營 혹은 公私合營 방식을 용인하면서, 투자분야에도 제한을 두지 않았다. 마침 1952년 1월부터 동남아에 화교 배척운동이 거세게 일

---

46) 1957년 통계로는 화교 총수는 1,200만 명, 그중 광동화교가 820만 명으로 약 68%를 차지했다[林金枝(1982), "舊中國的廣東華僑投資及其作用", 『南洋問題研究』第2期, p.130].

47) 張賽群(2011), "1950~1957年我國華僑投資政策分析", 『華僑華人歷史研究』第3期, p.33. 高遠戎, 張樹新의 논문은 1951년부터 1966년까지의 기간을 정책 초기로 보고, 1951~1955년, 1956~1966년으로 크게 두 단계로 나누었다. 그러나 기본적으로 1953년 "과도기의 총노선" 공포 이후 투자방식에 생긴 변화를 인정하고 있어[高遠戎, 張樹新(2009), "20世紀五六十年代國家鼓勵華僑回國投資的政策", 『當代中國史研究』第2期, p.143], 두 분류법은 크게 다르지 않다.

어나며 이른바 '難僑'의 엑소더스가 발생하자, 중공 중앙은 <海外 僑民工作的指示>에서 국외 화교가 자발적으로 재산을 국내로 옮 기도록 고무하라고 지시하였다. 그러나 이러한 조치는 1952년 상반 기에 五反運動이 시작되어 자본가 전반에 대한 정치적 공격으로 이 어지자 소기의 성과를 거두지 못했다. 오반운동이 진정국면에 들어 서면서 1953년 1월 중교위 부주임 廖承志는 화교투자 유치의 중요 성을 역설했다. 그리고 화교 공업투자를 유치하기 위해 전폭적 지원 을 통해 투자모델을 제시해야 하며, 화교가 투자를 꺼리는 공업 이 외에 상업투자와 귀농도 적극 받아들이자고 건의하였다.

이 시기 화교투자는 公私合營의 投資公司 및 國家銀行을 통해 진행되었으며, 주로는 경공업 중 방직업에 투자되었다. 1951년부터 1952년 10월까지 북경·천진·광주 등지에 총 7개의 다양한 이름의 投資公司가 설립되어 화교자본 유치에 나섰다. 1950~1952년 화교 (홍콩과 마카오 투자 포함)의 개인투자기업은 모두 2,131개, 자본 총 액 1,954만 원에 달했고, 1951년 1월~1952년 8월 화교투자저축 총 액은 1,368억 원으로 간접 투자가 압도적으로 많았다.[48]

2단계는 1953년 6월에 "과도기의 총노선"이 공포된 이후의 국면 이다. "생산재의 사회주의적 소유제"를 "유일한 경제기초"로 삼기로 선언하면서, 비록 화교의 귀국 투자를 독려하긴 해도 투자방식에는

---

48) 張賽群(2011), "1950~1957年我國華僑投資政策分析", 『華僑華人歷史研究』 第 3期, p.35 이후 1955년에 전국의 상급 조직으로 華僑投資總公司가 세워지고 각 지방의 투자공사를 통합, 정리하였다. 1957년에는 광동, 복건의 2개 화교투자공사 이외에, 광서 운남 산동 요녕 상해 천진 무한 남경 온주 등 성시에 연이어 9개 화교 투자공사가 신설되었다[高遠戎, 張樹新(2009), "20世紀五六十年代國家鼓勵華僑 回國投資的政策", 『當代中國史研究』 第2期, p.151].

규제가 생겨났고 국가자본주의기업의 경향이 농후해졌다. 1953년 11월 中僑委는 귀국화교의 공상업자본 중 가장 좋은 경영방식은 국가자본주의적 기업 방향이라고 밝혔다. 1955년 2월 國務院은 <關于貫徹保護僑滙政策的法令>을 반포하여 화교 송금을 적극 유치하여 생산에 투입하거나 "國營"의 投資公司 주식을 구입하라고 독려하였다. 1955년 초의 규정에 따르면, 국영의 화교투자공사에 투자한 화교는 그 투자를 이유로 원래의 계급성분이 변하지 않으며, 국영 화교투자공사에 투자한 화교 주식[股金]은 사회주의 사회 건설이 완성된 후에도 투자자의 소유라고 되어 있다. 이때 화교투자공사에 투자한 화교자본의 이율은 연 8리였다. 또 투자자가 만약 회사의 운영에 참여하고자 하면, 유관 부문 및 기업이 실제 수요에 응하여 우선 배치해주도록 보장하였다. 그러나 화교들은 여전히 투자공사를 통한 간접투자나 이자수입보다는 직접 투자에 관심이 컸기 때문에 1956년 6월 중교위에서는 투자공사를 위주로 하되, 합작경영 혹은 공사합영 형식의 개별 사영경영도 허락하겠다고 하였다.[49] 또한 적어도 1954년까지도 中僑委는 경영실적과 관련 없이 무조건 연이율 8리를 보장해 주었을 뿐 아니라, 연말결산에서 이윤이 8리를 넘으면 초과분 역시 주주에게 배당하겠다고 약속하고 있었다[分紅]. 따라서 이 시점까지는 화교자금의 "투자"적 성격은 유지되고 있었다고 할 수 있다.[50]

1955년 8월 <華僑申請使用國有荒山荒地條例>가 발표되는데,

---

49) 張賽群(2011), "1950-1957年我國華僑投資政策分析", 『華僑華人歷史研究』 第3期, 2011, p.35.

50) 劉婷婷(2009), "廣東僑資企業社會主義改造述評", 暨南大學, 碩士學位論文, 2009, p.18.

이 조례는 중화인민공화국 성립 이래 전국인민대표대회 상임위원회가 반포한 첫 화교 관련 특별 법령이다. 이 조례는 화교가 국유의 황산, 황지 사용을 신청하여 농업, 임업, 목축업에 종사할 수 있고, 경영방식도 사영, 공사합영, 개체경영, 합작사경영 등 4종 경영방식을 선택할 수 있도록 하고 있다. 이러한 융통성 있는 자세는 이 시기 화교의 귀국 투자를 견인하는 데 상당히 도움이 되었다. 화교투자액의 추이를 보면, 광동·복건 두 성의 화교투자공사가 흡수한 자금은 1952년이 100이면, 1955년은 305로 늘어났고, 1956년은 상해 화교투자공사가 흡수한 자금까지 합해서 487로 거의 5배가 늘어났다. 직접투자의 경우, 1956년까지 광동성과 복건성 두 성에 화교가 세운 공장 및 기업은 44개였고, 1951년 화교투자액을 100으로 할 때, 1955년 717, 1956년 1,144로 10배 이상 늘었다. 역시 경영과 무관한 저축형식의 투자보다 직접투자에 대한 호응이 큰 것을 알 수 있다.[51]

건국 초기의 마지막 단계인 1957년은 1956년 말 사회주의 개조가 전국 범위에서 완성되면서, 사회주의 전면건설 시기로 진입한 시기이다. 이에 따라 투자액의 확보가 더욱 절실해졌고, 1957년 8월 국무원은 정식으로 <華僑投資于國營華僑投資公司的優待辦法>을 공포하여, 화교송금[僑滙]을 국영 화교투자공사에 투자하는 자에게 다음과 같은 우대를 보장했다. (1) 화교가 국영 화교투자공사에 투자한 돈은 사회주의 완성 후에도 투자인 소유를 인정하며, 투자한 지 12년이 되면 원금을 회수할 수 있고 인민폐로 지급한다. (2) 이율은 연리 8리, 인민폐로 지급한다. (3) 이식은 주관기관의 비준을 받아

---

51) 張賽群, "1950-1957年我國華僑投資政策分析", p.36.

해외로 송금할 수 있으나 그해 이식소득의 50%를 넘을 수 없다. (4) 투자자는 공사의 유관 기업에 우선 채용한다. 이 단계에는 화교투자는 국영 화교투자공사에 집중되었고, 배당이 사라짐에 따라 투자한 화교업주와 기업은 상관이 없어졌다. 사실상 투자가 아니라 저축 내지 "융자"가 된 것이다.[52]

그러나 이 방식에 대한 화교 투자자의 반응은 냉담했다. 화교 투자자들은 1957년의 <판법>이 공표되었을 때, 8리 이자의 보장 이외에 기업이윤에 대해서 계속 배당을 해달라고 요구했다. 하지만 중국정부는 기업의 이익, 손실에 투자자는 책임을 지지 않는다고 거부했는데, 사실상 자본주의로의 변질을 우려한 사전 차단이었던 것이다. 이 밖에도 화교들은 외환으로 투자한 자금은 그대로 외환으로 상환해주고, 인민폐로 투자한 자금도 환율에 따라 외환으로 지급해줄 것, 외환으로 투자한 주식은 해외의 中國銀行 支店에서 추가 대출을 위한 담보로 설정할 수 있도록 해줄 것 등을 요구했지만 모두 받아들여지지 않았다.[53] 화교의 투자 의욕이 떨어졌을 것임은 짐작하기 어렵지 않다. 실제 수치상으로 보아도, 國營華僑投資公司가 문혁으로 해산되기 전까지 18년간(1951~1969년) 유치한 투자금액 2억여 원은[54] 항일전쟁 전인 1927~1937년 10년 동안 복건성·광동성·상해에 투자한 화교투자액 2억 5천만 원보다 적었다(둘 다 인민폐 기준).

이상에서 살펴본 공산당 중앙의 동향에 맞추어, 廣東省政府의 화

---

52) 高遠戎·張樹新, "20世紀五六十年代國家鼓勵華僑回國投資的政策", 『當代中國史研究』 第2期, 2009, p.151.

53) 高遠戎·張樹新, "20世紀五六十年代國家鼓勵華僑回國投資的政策", pp.151-152.

54) 이 중 광동, 복건 두 성만으로 7000여만 원가량이었다.

교자본 유치와 현황도 거의 유사한 움직임을 보였다. 1957년 당시 광동성 114개 현 및 시 대부분에 화교 가족이나 귀국화교가 있었지만, 자료 파악이 가능한 것은 78개 현가량이다. 이 78개 현 중에, 총 인구수 중 귀국화교 및 화교 가족이 차지하는 비중이 30%가 넘는 현은 梅縣(31.1%, 436,436명 중에 138,396명), 瓊東 35.2%(122,037명 중에 42,914명) 文昌 33.8%(498,574명 중에 168,541명) 3곳이었고, 20%가 넘는 현은 普寧(644,697명 중에 180,761명 약 29.6%), 大埔 25.9%(244,912명 중에 63,634명), 樂會 29.3%(141,698명 중에 41,556명), 10%가 넘는 현은 11개에 달했다. 출국화교의 대부분이 미국 화교였던 台山은 19.94%(695,567명 중에 138,705명)였으며. 揭陽은 18.22%(1,004,466명 중에 183,009명)로 점유율로는 최고가 아니지만 절대수로는 최대였다. 통계 처리된 78개 縣市의 총인구는 27,738,999명인데 그 중 귀국화교 및 화교 가족 수는 2,143,124명이었으므로, 약 10%는 직접적으로 화교송금과 연계된 인구였던 것이다.[55]

중화인민공화국 성립 후 1954년까지 4년 동안 광동에서는 公私合營 형태의 투자공사 3곳이 신설되어, 화교자금 유치를 담당했다. 모두 예정 자본금 1천만 元에 정부 기관 주식[公股] 30%, 민간 주식[私股] 70% 배분이었다. 1951년 2월에 가장 먼저 성립한 華南企業股份有限公司는 1953년 말까지 445만 元만을 초모하는 데 그쳤다. 이 가운데 私股는 286만 원에 불과했고 105만 元이 화교자금이었는데, 인도네시아 화교자본이 73만 원으로 제일 많았다. 같은 해 8월

---

55) 원출전은 『廣東省僑務統計資料滙編』, 1957이며, 林金枝(1989), 庄爲璣, 『近代華僑投資國內企業史資料選輯(廣東卷)』福建人民出版社, pp.32-34 재인용.

에 설립 준비가 시작된 華僑工業建設公司는 1953년까지 575만 元을 모았고, 私股는 425만 원으로 앞의 기관보다는 성적이 나았다. 마찬가지로 인도네시아 화교투자가 90%로 높은 비율을 보였다.[56] 마지막으로 1953년 10월에 설립된 廣州投資股份有限公司가 초모한 私股는 140만 元가량이다. 그중 화교자금은 9만 元가량이고, 홍콩 및 마카오의 자금이 55만 元이었다. 광주시의 화교투자금액은 전국 화교투자금액의 62%에 달했다고 하지만, 금액 자체는 대단히 적다고 할 수 있다.[57]

이러한 부진을 씻기 위해, 1955년 3월에 公私合營으로 華僑投資股份有限公司가 설립되면서 위의 세 회사를 합병하고, 투자자금을 접수하여 주식을 추가 모집하게 되었다. 새 규정에는 사회주의 시기에도 여전히 사유권을 인정하고, 투자가 손해가 나든 이익이 나든 모두 연리 8리의 이율을 보장해주고 연말 결산에서 배당금이 8리를 넘으면 따로 배당을 해준다고 되어 있었다. 이러한 우대조건에 아홉 달만에 252만 元이나 모으는 성과를 거두었다. 그러나 앞서 설명한 1957년 국무원의 <華僑投資于國營華僑投資公司的優待辦法>이 발표됨에 따라, 公私合營인 華僑投資股份有限公司는 國營인 廣東省華僑投資公司로 바뀌게 되었으며, 배당이 사라지고 원금 상환도 인민폐로만 가능하게 되었다. 또 1963년에는 재투자를 강제하기 위해 재차 규정이 수정되어 원금의 상환이 까다로워지고 연리는 낮아졌으

---

56) 화교공업건설공사는 인도네시아 화교 黃潔 등이 주도하였기 때문에 인도네시아 화교 자본이 대다수였고 자금 모집도 순조로웠던 편이다[張麗紅(2013), 「建國初期海外僑胞投資工業的一面旗幟－華僑工業建設公司始末」, 『紅廣角』 第3期, pp.33-34].

57) 『廣東省志: 華僑志』, pp.314-315.

며 利息의 국외 송금도 힘들어졌다. 거기에 1969년부터 문화대혁명이 시작되면서 1월에 이 투자공사 기구 자체가 철폐되고 말았다.[58]

1957년 이후 화교투자에 제한이 많아진 것은 투자유치 금액의 감소로 그대로 드러났다. 아래 <표 11>을 보면, 廣東省華僑投資公司의 모금액은 1957년 이후 크게 줄어들었다.

〈표 11〉 1955~1967년 廣東省華僑投資公司가 유치한 투자액 통계(단위: 인민幣 元)

연도	투자액	연도	투자액
1955	*13,636,240	1961	2,188,950
1956	6,882,910	1962	3,454,650
1957	6,274,610	1963	6,718,500
1958	3,945,910	1964	8,779,400
1959	4,280,020	1965	6,102,000
1960	5,945,650	1966	268,300
1961	3,100,000	합계	71,577,140

출전: 『廣東省志: 華僑志』, p.317.
* 1951년부터 모금해 온 세 투자공사를 합병한 후 자본금의 이월액이다.

투자가 다시 늘어나는 것은 대약진운동의 반동으로 劉少奇의 수정주의적 경제정책이 대두하는 1963년, 1964년 이후라고 볼 수 있다. 다만 필자가 주목하고 싶은 점은, 이러한 화교투자를 간접투자 형식으로 하여 국가가 관장하는 것이 단순히 자본주의로의 변질을 우려했기 때문이거나, 사회주의 체제와 모순되지 않도록 하기 위한 것만은 아니었을 것이라는 것이다. 우리가 앞에서 살펴보았듯이 화교 자본은 부동산 투자 이외에는 주로 상업, 금융업 투자 등 유통

---

58) 『廣東省志: 華僑志』 pp.316-317.

방면에 치중하고, 자본회임기간이 길고 고정자본 투자가 많은 공업 투자는 기피하는 경향이 있었다. 그런데 중화인민공화국의 최대 과제는 신속한 공업화였으므로, 화교 투자의 유치도 중요하지만 재량에 맡겨서는 원하는 성과를 거둘 수가 없었을 것이다. 그러므로 투자의 중앙관리를 강화하는 중공 중앙의 정책이 화교 자본의 적극적 유치에는 걸림돌이 되었지만, 적어도 1955~1966년 사이에 유치한 약 7,157만 원의 화교 자금 중에서 6,050만 7천 원이 82개의 기업 설립에 투여되었으며, 그중 공업방면 투자가 전체의 79%, 농업 간척이 약 13%를 차지하여[59] 대부분의 자금을 생산 부문에 투여할 수 있었다.

화교와 화교자본을 이용한 생산력 제고에는 농업 분야에 이들을 이용한 화교농장 건설도 들 수 있다. 1949년 이전 화교자본의 농업 분야 투자는 거의 없는 것이나 마찬가지였다. 그렇지만 전후 동남아시아의 배화운동으로 유휴노동력으로서 귀국 화교수가 늘어나고, 이들의 소자본 역시 이용할 수 있게 됨에 따라 귀국 화교들을 농업 분야에 安置시켜 생산 활동에 종사시키는 정책이 추진되었다. 1986년까지 광동성에 존속하고 있던 화교농장을 살펴보면 모두 29개로, 소속 직공이 14만 932명, 이중 귀국화교 및 難僑 총수는 10만 558명으로 그 수가 적지 않다. 이 농장들의 주요 작물은 糧食, 고무, 차, 사탕수수였다. 이들 농장의 설립 연대를 보면 29개 중에 1950년대 조직된 농장이 13개, 1960년대가 12개, 1970년대가 3개(모두 1978년), 1982년이 1개였고, 5천명이 넘는 농장은 1950년대가 7개, 1960

---

59) 『廣東省志: 華僑志』, p.317.

년대는 1개, 1970년대 1개였다. 특히 이중 1만 명이 넘는 농장은 3개인데 모두 1950년대 초에 조직된 농장이다(1951년, 1952년, 1955년). 귀국화교를 이용한 농업투자 역시 건국 초기가 피크로 그 이후는 퇴조했음을 알 수 있다.[60]

중화인민공화국이 화교자본 유치에 크게 성공을 거두지 못한 원인은 첫째로는 대약진운동이나 문화대혁명과 같은 중국 내부의 정치적 요인 때문일 것이다. 하지만 또 하나 중요한 요소는 냉전 구도 속에서 서구가 이민정책을 완화한 것이었다. 1965년 이후 미주 및 유럽 국가들이 중국인과 아시아계 이주정책을 크게 완화하면서, 베트남의 배화운동, 베트남의 캄보디아 침략으로 대규모로 발생한 동남아시아 難僑는 굳이 중국으로 가지 않아도, 보트피플, 홍콩 및 싱가포르를 경유한 이주 등 다양한 경로로 미주와 유럽으로 이주할 수 있었다. 마지막으로 화교자금 유치 경쟁자로서 홍콩과 대만의 존재 역시 지적해야 할 것이다. "과도기의 총노선"이 시작되자 1954년부터 중국에 대한 화교송금은 전년 대비 줄어들기 시작했는데, 반면 시기를 같이 하여 동남아시아에서 홍콩으로 흘러들어가는 자금은 20억 홍콩 달러로 크게 늘었다. 이 자금의 대부분은 홍콩 주식시장이나 부동산 시장에 투입되었다. 이처럼 홍콩에서 자금을 묶어두고 관망하던 화교자본은 중국 본토가 본격적으로 극좌 사회주의화 노선을 걸으면서 다른 투자처를 찾아갔다.[61] 대륙의 실패와 대비하여, 臺灣의 國民黨

---

60) 『廣東省志: 華僑志』, pp.248-249.

61) 1954년 1~9월 기간 중국으로의 화교송금은 1953년 같은 기간의 77.1%로 줄었다 [高遠戎, 張樹新(2009), "20世紀五六十年代國家鼓勵華僑回國投資的政策", 『當代中國史研究』 第2期, p.148].

정부가 펼친 화교자금 유치는 상당히 성공적이었다.[62] 한 연구에 따르면, 1949년부터 1978년까지 화교의 중국 본국투자는 화교투자공사를 통해 유치한 5,700만 달러와 기타 투자를 합하여 약 1억 달러였다. 반면, 같은 기간 대만은 그 10배나 되는 11억 7,000만 달러의 화교 투자를 유치할 수 있었다.[63]

흥미로운 것은 투자의 추세가 화교송금의 추세와 일치하지는 않는다는 점이다.

〈표 12〉 광동성 1950~1987년 화교송금액 통계표(단위: 1,000 미 달러)

연도	금액	연도	금액	연도	금액
1950	47,888	1963	63,659	1976	300,657
1951	102,828	1964	87,413	1977	371,820
1952	91,322	1965	101,584	1978	446,184
1953	70,830	1966	93,676	1979	518,843
1954	63,146	1967	95,755	1980	466,037
1955	70,055	1968	98,713	1981	296,890
1956	66,962	1969	116,451	1982	333,740
1957	58,680	1970	130,955	1983	241,470

62) 대만으로 간 국민당은 1950년대부터 화교자본을 유치하기 위한 각종 정책을 내놓았다. 1952년 9월 2일 행정원이 <鼓勵華僑及旅居港澳人士來臺舉辦生産事業辦法>을 반포한 이래로, <華僑回國投資辦法>(1954년 7월), <華僑回國投資條例>(1955년 11월 19일 반포, 1960년 수정), <華僑或外國人投資輸入出售物質辦法>(1956년 1월), <獎勵投資條例>(1960년 9월) 등 일련의 조치를 통해, 화교의 투자 가능 영역을 확대하고 투자를 위한 외환관리를 완화했으며, 행정수속을 간소화하는 등 화교자본 유치에 노력하였다(嚴格飛(2011), "大陸僑務立法及其對華僑華人投資影向硏究 - 對比臺灣地區引進僑資立法", 暨南大學, 碩士學位論文, p.21).

63) 任貴祥(2008), "改革開放以來中國華僑投資政策及華僑投資硏究", 『中共黨史硏究』 第1期, pp.49-50. 任貴祥은 중화인민공화국 시기 화교의 본국투자를 1949~1966년, 1966~1978년, 1979~2000년으로 구획하여 3단계로 나누는데, 1단계의 투자총액을 1억 달러, 2단계는 사실상 없었다고 하였다. 3단계의 외국인 투자총액은 5000여억 미 달러, 그중 화교자금이 763억 미 달러였고, 여기에 홍콩, 마카오, 대만 투자까지 합하면 약 3천여억 달러로 본다.

1958	62,065	1971	157,222	1984	151,610
1959	48,058	1972	202,225	1985	74,514
1960	53,816	1973	256,102	1986	79,552
1961	38,555	1974	273,906	1987	52,940
1962	25,927	1975	279,834		

출처: 『廣東省志: 華僑志』, pp.226-227

<표 12>는 국가은행이 접수하여 태환한 화교송금액으로 1960년 대와 1970년대에 오히려 크게 증가하고, 1978년 이후는 송금액이 늘었다 줄었다 하다가, 1985년 이후 크게 떨어진다. 1985년 이후의 하락은 국가은행의 공식 환율이 개인에게 불리했기 때문에 물건으로 보내든가, 달러 현금을 인편에 맡겨서 송금하던가 했기 때문으로 국 가은행이 처리한 송금만 줄어든 것이다. 개혁개방 이후 지하은행의 등장이나 전통적 僑批業의 부분적 부활을 확인할 수 있다. 주목할 것은 1960년대와 70년대인데 국가은행 이외에는 송금의 방도가 없 는 폐쇄적 상황이었음을 감안하더라도, 줄곧 증가 경향을 보이는 점 이 이채롭다. 이는 투자와는 달리 화교송금은 원적지인 僑鄕에 남아 있는 가족 및 친지에 대한 생계비 송금이기 때문에, 문혁으로 중국 경제가 어려울수록 송금의 動機는 거꾸로 커지게 된다.[64] 또 앞에서

---

64) 화교송금의 생계형적 특성은 주요 僑鄕의 토지개혁 당시 계급 구성 분석에서도 드 러난다. 대표적인 교향인 台山縣의 경우, 화교 및 화교 가족은 50,999호, 총 282,126명(이 중 출국 상태에 있는 인구는 111,729명)이었는데, 이들 중 빈농계층이 83,403명으로 제일 많았다. 또 적지 않은 수의 화교가 토지를 세 주기는 했지만, 대 부분의 화교 가족은 토지임대료로는 생활을 유지하지 못했고, 태산현의 화교 가족 중 80%가 직간접적으로 송금에 의존해서 생활했다[莫宏偉(2013), "土地改革前廣 東華僑占有和經營土地情況的歷史考察", 『遵義師範學院學報』 第1期, p.30]. 1930년에 미국에서 오는 송금 총액 9500만 달러 중 3분의 1이 태산현으로 가는 송 금이었는데, 1941년 태평양전쟁으로 송금이 불가능해지자, 1943년 대기근이 광동성 에서 발생했을 때 台山縣에는 약 10만 명의 아사자가 발생하기도 했다. 태산뿐만

도 지적했지만 1965년 이래 1970년대까지는 미국, 캐나다로의 광동 인구 이주가 폭발적으로 늘어나는 시기였으므로, 송금자 측면에서도 공급원이 커졌기 때문으로 해석할 수 있다.

5. 개혁개방과 광동 화교자본의 환류

1949년 이후 중화인민공화국의 성립으로 해외 화교 사회는 대만의 국민정부 지지파와 중화인민공화국 지지파로 나뉘어 분열의 양상을 띠기 시작하는데, 1978년 개혁개방은 이러한 분열에 종지부를 찍고 새롭게 淸末 新政 시기와 1920년대 "民族資本 황금 시기"와 같은 화교 자본의 본국 투자 붐을 일으키게 되었다. 그 핵심 동력이된 것은 중화인민공화국의 화교자본 유치를 위한 정책적 노력이었다.

문화대혁명의 서막이 오르자 1968년 12월에 廣東省僑務委員會 소속의 간부들은 7.5간부학교로 하방당하고, 1969년 이후 광동성 화교투자공사는 폐쇄되었다. 1970년에는 광동성 혁명위원회가 "三洋", 즉 "해외를 지향하고, 숭모하고, 의지하는 경향(向洋, 慕洋, 靠洋)"을 비판하면서, <處理海外關係幹部六條規定>을 발표하여 귀국 화교, 화교 가족 및 간부들에게 해외와의 관계를 단절하도록 지시하였다. 중국 최초의 화교대학이자 화교연구 기관인 廣州의 暨南大學은 같은 해 폐쇄되었다. 개혁개방은 바로 이러한 문혁 시기의 정책을 뒤집어엎는 것에서 시작하였다. 1978년 1월 16일 광동성 僑務工

아니라 新會縣의 古井, 沙堆 지역과 같이 미국화교 가족이 집중된 僑鄕은 이때 거의 3분의 1이 아사했다고 한다(『廣東省志: 華僑志』, p.149).

作會議가 廣州에서 열리고, 6월에는 문혁에서 숙청되었다가 복권된 國務院 僑務辦公室 主任 寥承志가 재차 광동성에 와서 교무정책의 중요성을 강조하였다. 그리고 문혁 때 폐쇄했던 광주 귀국화교학생 보습학교, 화교신문인 중국신문사 광동지사가 복원되었으며, 暨南大學도 1978년 말에 다시 문을 열었던 것이다. 그리고 1979년 9월부터는 광동성 화교투자공사가 부활하여 업무를 재개하였다.[65]

그렇지만 화교들의 자금을 다시 끌어들이는 것은 쉽지 않았다. 1979년 11월에 부활시킨 화교투자공사를 대신해 새로운 투자 공사를 세우기로 하고 廣東信託投資公司가 1980년에 정식으로 성립했다. 이 기관은 1983년에 廣東國際信託投資公司로 이름을 바꾸고, 人民銀行으로부터 국영 금융기업으로 비준을 받고, 또 國家外滙管理局으로부터 외환관리업무를 비준 받게 되는데, 이에 따라 투자 유치를 위한 외환 업무를 독자적으로 처리할 수 있는 막강한 권한을 가지게 되었다. 그리고 1984년 휘하에 華僑投資部를 개설하여 적극적으로 화교자본 도입을 시도한다. 처음에는 1980년부터 10년 거치, 연리 8리로 하고, 건국 초부터 화교들이 원했듯이 외환 투자는 외환으로 원금을 상환하고, 만약 외국화폐를 인민폐로 바꾸어 투자하는 경우 이자는 50%를 외환으로 주기로 하여, 첫 外幣投資股票를 발행하였다. 그러나 거치 기간이 길고 이자가 낮아 호응이 저조했다. 1985년 3월까지 흡수한 투자금은 7만 9천 미 달러, 7만6천 홍콩 달러, 인민폐 투자 17만 4만 元에 불과했다. 이에 이 공사는 1985년 3월에 거치 기한을 단축하고 50%의 외환 이자 수령을 포기하면 우대

---

65) 『廣東省志: 華僑志』, pp.33-34, p.155.

이율을 제공하는 방식으로 제2기 3천만 미 달러의 投資股票를 발행하였다. 이 기획은 주효하였고, 1987년 6월까지 약 2년 만에 50만 2천 미 달러, 1억 8,202만 홍콩 달러를 모집하는 데 성공하였다. 거치기한 3년, 연리 11%의 1986년도 인민폐 채권은 더욱 인기를 끌어, 인민폐 4,640만 원을 모집하여 계획을 초과 달성하였다. 1979~1986년까지 이러한 방식으로 광동성이 실제 이용한 外資는 42억 6,600만 미 달러로, 이 가운데 화교 및 홍콩, 마카오 자본이 80% 이상이었다. 같은 기간 中外合作, 합작경영, 독자기업으로 건설한 회사는 4,196개에 달한다.[66]

이러한 투자가 광주 및 주강삼각주에 커다란 경제적 발전을 가지고 왔다는 일반적인 평가는 크게 틀린 것은 아니다. 공업생산도 8년 사이에 1.6배나 늘어났다.

---

[66] 『廣東省志: 華僑志』, pp.316-317. 중국 전체적으로 1979년에서 1991년까지 해외 자본 직접투자의 총액은 268억 8,500만 달러였는데, 그 구성을 보면 홍콩 및 마카오 자본이 139억 3,200만 달러(51.82%)로 최대를 점했고, 대만 자본이 25억 달러(9.29%), 해외화교 자본이 15억 달러(5.57%), 이외의 외국자본이 89억 5,300만 달러(33.3%)였다. 홍콩 및 마카오 자본의 대부분이 화교자본임을 감안하면 해외투자 전체의 70%가량이 해외 중화권에서 온 것이다[林金枝(1993), "海外華人在中國大陸投資的現狀及其發展趨勢", 『華僑大學學報(哲學社會科學版)』 第1期, p.11]. 그렇지만 20세기 초와 달리 직접투자보다는 홍콩 및 마카오 투자기관을 경유한 투자가 압도적으로 된 것은 역시 20세기 초의 "애국" 투자나 "애향" 투자의 성격이 희석되고, "사업" 투자의 성격이 농후해지는 변화를 반영한 것일 수도 있다.

〈표 13〉 1978～1986년 珠江三角洲 경제개발구 발전 정황

항목	단위	1978년	1985년	1986년	증가율
공업생산총액	억 원	25.43	38.52	41.81	1.6배
농업생산총액	억 원	43.95	168.15	203.46	4.6배
(1) 공농업생산총액	억 원	69.38	206.67	245.27	3.5배
(2) 사회소비자소매총액	억 원	26.06	86.54	99.11	3.8배
(3) 수출무역수입	억 $	1.94	4.38	7.49	3.9배
(4) "三來一補"[67]위탁가공비수입	억 $		1.51	1.81	
(5) 鄕鎭기업 총수입	억 원	11.83	101.79	132.38	11.2배
(6) 주민 저축 연말 잔고	억 원	5.09	64.19	90.50	17.8배

출처: 『廣東省志: 華僑志』, pp.155-156

그렇지만 <표 13>에서 확인되듯이, 발전을 선도한 것은 4.6배나 늘어난 농업부문 및 11.2배 늘어난 향진기업의 발전이다. 즉, 중심도시인 廣州에 투자가 쏠렸다기보다는, 개혁개방 초기의 농업개혁으로 농업생산이 성장을 주도했다. 이는 화교경제와 관련이 없는 타 지역도 마찬가지였으며, 경제특구가 아닌 내지도 이 시기 농업생산은 3배 이상 늘었던 것이다. 다만, 타 지역과 달리, 그 배후 농업지역에 가공 및 조립형 생산인 향진기업을 활성화시킬 수 있는 화교자본의 투입이 있었기에 농촌지역 공업화가 농업과 나란히 경제를 이끌었다는 점은 지적해야 한다. 이는 직접적으로 소득향상으로 이어져, 연말 주민 저축고가 17.8배나 성장할 수 있었다고 보인다. 그러나 실제로

---

67) 해외에서 원료, 부품, 샘플을 가지고 와서 중국에서 위탁 가공하는 형태의 투자이다. 來料加工(원료제공방식), 來件裝配(넉다운방식), 來樣生産(샘플제공방식), 보상무역의 4가지 형태로 三來一補라 칭하고 있다. 보상무역은 외국기업이 중국기업에게 기계설비, 생산기술, 원자재 등을 제공하고 중국 측은 그 설비를 이용하여 생산한 제품 또는 쌍방이 합의한 다른 상품으로 대금을 상환하는 방식이다.

농업과 향진기업 주도의 경제성장이 도시 위주의 공업 주도로 바뀌는 것은 1990년대 이후이다.[68]

6. 결론

19세기 廣東人들은 상해를 비롯한 연해개항장과 해외로 진출하여 跨國的 디아스포라를 형성하고, 강력한 경제세력을 구축했다. 해외로 나간 廣東人들은 "화교" 자본의 형태로 본국에 재등장하였다. 광동화교의 중국 투자는 출신지인 廣東과 上海에 집중되었다. 광동에 대한 투자가 부동산이 압도적이었던 것과 달리, 상해에서 화교 투자는 공업 투자가 총투자의 절반을 차지했다. 20세기 초반 대표적인 '민족자본' 회사들 중에는 화교회사가 많았는데, 이들을 跨國的 광동상인으로 파악한다면, "廣東 買辦資本"과 "寧波 民族資本"이란 대결 구도나 상해에서 광동자본의 퇴조라는 통설은 재검토할 필요가 있다. 많은 화교자본들이 중국에 최초로 기계화된 근대적 공장을 도입했으며, 중국 내 민간 투자를 활성화시키는 마중물이 되었다.

---

68) 1985년부터 화교가 국내에 2만 원 이하의 소형 생산설비를 贈送할 경우 관세를 면제해주거나(1996년에 폐지), 또 화교자본이 50% 이상인 사영기업에 대해 소득세를 2년간 면제하는 등의 우대책이 실시되었다. 그러나 본격적으로는 1990년 9월 <中華人民共和國歸僑僑眷權益保護法>(2000년, 2009년 수정)이 발표되면서 중앙정부 차원의 투자 유치가 속도를 더하게 되었다[張賽群(2013), "改革開放以來我國僑屬企業政策分析", 『華僑大學學報(哲學社會科學版)』 第3期, pp.35-36]. 1978년부터 2004년 7월까지 외국자본이 중국에 투자하여 세운 三資企業(中外合資, 中外合作, 外商獨資)은 47만여 개였는데, 그중 화교 자본이 70%(약 34만 개)였으며, 1978년부터 2005년 말까지 중국에 투자한 외자 총액은 약 6,224억 달러였는데 그중 화교 투자가 4,170억 달러였다[任貴祥(2008), "改革開放以來中國華僑投資政策及華僑投資研究", 『中共黨史研究』 第1期, p.44].

1949년 이전 광동화교의 중국 투자를 살펴보면, 상해에 대한 투자는 민족자본 흥성기라고 할 수 있는 1920년대가 절정기였지만, 광동성에 대한 투자는 1930년대 陳濟棠 정권 시기가 피크였다. 화교자본이 중국의 근대경제 형성에 결정적으로 중요했던 것은 사실이지만, 직접투자 액수는 화교송금액에 비하면 미미한 수준이었다. 아편전쟁 이후부터 1949년까지 화교 투자 총액보다 1930년대 한 해 평균의 화교 송금액이 더 많았다. 막대한 화교송금은 중국의 무역수지 적자를 상쇄하고, 국내 화교가족의 생계와 소비를 유지할 수 있게 했다.

광동화교의 9할가량이 동남아시아 지역에 거류했지만, 이미 1930년대부터 미국 화교의 송금이 동남아시아로부터 오는 화교 송금을 추월할 정도로 대단히 중요해졌다. 미국 화교는 절대 다수가 광동화교, 특히 廣幇이었기 때문에, 전체 화교송금에서 廣幇의 송금이 인구 비중 이상으로 컸다는 점을 강조하고 싶다. 필자는 초기 광동 상인의 주력이었던 廣幇이 동남아시아를 떠나 미국으로 수렴, 집중되었고, 줄곧 직접투자보다 생계형 송금의 주력이 이들 廣幇이었던 것으로 추정하고 있다.

중국 상공업의 미미한 발전 수준을 감안할 때, 화교 투자총액은 결코 적은 숫자가 아니다. 그러나 僑鄕의 가족들을 위한 송금액에 비하면 매우 적으며, 생계형을 넘어선 적극적 투자는 총량에서 볼 때 그렇게 크지 않았다. 이러한 소극적인 투자 경향은 화교 투자의 분포에서도 확인되는데, 절반 이상의 투자는 부동산업, 즉 건물 및 대지의 구입에 투여되었다. 광동성 내의 부동산 투자 가운데, 僑鄕의 부동산 구입은 자금이 영세하고 생활형이었던 데 비해서, 廣州의 경우 廣幇이 같은 언어권의 중심 도시로서 투자 가치를 내다보고 기업형의 규모 있는 투자를 하는 경우가 많았다.

중화인민공화국은 화교자본의 유치에 깊은 관심을 가지고 있었으나, 신민주주의를 내세웠던 건국 초기조차 이념적 편향에 따라 화교 정책은 기복을 겪었다. 초기에는 公私合營의 投資公司를 통해 화교자본을 유치하고, 경공업에 투자를 집중했지만, "과도기의 총노선"이 공포되면서 투자방식에는 규제가 강화되고, 화교투자공사는 국영화되었다. 그래도 연이율 8리를 보장했을 뿐 아니라 주주 배당을 약속하여 화교자금의 "투자"적 성격은 유지해주었다. 그러나 1957년 8월 <華僑投資于國營華僑投資公司的優待辦法> 이후 배당이 사라지고 연이율만 지급됨에 따라 화교투자는 사실상 투자가 아니라 저축 내지 "융자"가 되었다. 이러한 제한의 강화는 투자유치 금액의 감소를 가져왔고, 문혁 이후 화교투자는 사실상 단절되었다. 건국 초기에 화교투자를 간접투자 형식으로 하여 국가가 관장한 것은 화교자본 유치에는 걸림돌이 되었지만, 유치한 화교 자금의 90% 이상을 생산 부문에 투입하여 경제 재건에 효율적으로 사용할 수 있었던 측면도 있다.

하지만 중화인민공화국 초기의 화교 자금 유치가 양적인 면에서 크게 성공을 거두지 못한 것은 명확하다. 그 가장 큰 원인은 극단적인 좌경화로 나간 중국 내부의 정치적 요인 때문이다. 그러나 냉전 구도 속에서 서구가 이민정책을 완화한 것, 화교자금 유치 경쟁자로서 홍콩과 대만의 존재 역시 중요한 원인이었다. 그런데 유념해야 할 것은 투자의 추세가 화교송금의 추세와 일치하지는 않는다는 점이다. 투자가 사실상 사라진 문혁 시기에 화교의 중국 송금은 오히려 대폭 증가했다. 이는 이윤창출 목적의 투자와 달리 화교송금은 원적지인 교향에 남아 있는 가족 및 친지에 대한 생계비 송금이기 때문에, 중국경제가 어려울수록 송금의 動機는 거꾸로 커졌기 때문이다. 개혁개방 이후 폭발적으로 증가한 화교 투자는 이전보다도 더욱 기업적 투자라는 성격을 강하게 띠게 되었다.

이 글에서는 1990년대까지는 살펴보지 않았지만 필자의 가설을 앞질러 말하자면 1990년대 이후 본격적으로 화교자본이 공업생산 분야에 투입되기 시작했을 때 그 자본은 개별 화교자본보다는 동남아시아 및 대만, 홍콩의 기업 투자였으며, 홍콩·싱가포르를 경유해서 들어온 펀드자본은 주로 동남아시아 유력화교집단인 潮州幇·客家幇·福建幇이 많고, 廣幇은 적을 것이라고 추정하고 있다.

오늘날 중국의 광동 화교 연구에서 맹점은 첫째로 행정 편의적으로 광동성 출신자이면 모두 광동 화교로 뭉뚱그려 취급하는 점이다. 광동성 행정구역 내의 廣幇·潮洲幇·客家幇·海南幇(1988년 이전)은 동향공동체로서, 또한 교역네트워크로서 완전히 독립적이고 개별적인 존재들이다. 투자의 성격이나 분야에서도 당연히 각각의 특색이 나타날 수밖에 없다. 이를 분리하여 파악할 때, 화교의 이주 및 투자 흐름에 대한 정확한 파악이 가능할 것이다. 두 번째로 직접투자와 화교송금을 분리해서 분석하지 않는 점이다. 본문에서도 언급했듯이 투자 추세와 송금 추세는 정합적이지 않으며, 그 이유는 투자는 이윤 추구, 송금은 가족 생활비 제공으로 명확히 동기가 다르기 때문이다. 세 번째로 홍콩·마카오·싱가포르 경유의 자금을 막연히 화교자금으로 포괄하거나 그 자금성격을 분석하지 않는다는 점이다. 이는 금융허브인 이 지역을 거쳐 들어오는 자금의 원류를 분석하기 어렵다는 기술적인 문제도 있지만, 동향집단의 총체적인 이주 추세를 감안한다면 완전히 불가능한 것이 아님에도 이러한 접근 자체가 없다.

필자의 출발점은 단순한데, 사실 同順泰號 經理 譚傑生의 僑鄉이었던 高要縣에서 화교의 맥이 끊어진 것을 확인하고 의문이 들었다. 바다를 건너간 移住集團이 僑鄉과의 관계가 단절되는 시점과 계기는 무엇일까? 19세기 중반부터 20세기 초반을 장악하던 廣幫 자본, 그중 대표적인 香山縣 자본은 왜 90% 이상 미국으로 향했을까? 이 문제는 궁극적으로 廣幫 이주의 장기적 변동, 투자 성격의 장단점과 관계가 있으며, 장기적으로 潮州幫 및 寧波幫과의 비교가 필요한 부분이다. 필자는 광방의 19세기 중반 및 20세기 초반의 발전이 네트워크에 기반한 상업적 자본이었고, 비교적 脫국가적이며 네트워크를 통한 最適의 유통과 이주를 추구하는 성격이었다고 본다. 반면에 寧波幫과 潮州幫은 廣幫보다 늦게 이주를 시작했으나 상업 자본 이외에 농업 및 공업 투자에 적극적이었다. 그 점이 유통을 先占한 광방을 피한 결과였는지 다른 어떤 적극적 행위양식(기업가 정신과 같은)의 결과인지는 검토의 여지가 있다. 이들 후발 그룹들은 현지 固定資本이 커지는 만큼, 이동성이 줄어드는 대신, 현지 사회와 정치에 깊이 개입하는 경향이 강했다. 상업의 시대였던 19세기에는 광방이 더욱 유리했을지 모르겠지만, 20세기는 산업자본주의의 시대였다. 늘 발 빠르게만 움직였던 광방은 숫자상으로는 여전히 화교인구 중에 최대를 점하지만, 가장 안전지대인 미국으로 집주할 수 있었던 대신에 대자본으로의 성장은 좌절되었던 것이 아닐까.

4

『方言集釋』 상업어휘의 구성과 풀이

강용중

1. 시작하면서

조선시대의 학문은 성리학의 도입과 전파를 계기로 다양한 발전을 구가해 왔으며, 德治와 사회적 통합이라는 목표를 이룩하기 위해 조정과 사대부 나아가 민간에 이르기까지 학문을 숭상하는 기풍이 자리 잡기 시작했다. 이러한 결과로 『조선왕조실록』과 『승정원일기』 같은 세계적으로 전례가 없는 왕정 기록 문헌이 정립되었으며, 경서석의와 어록석의로 대별되는 전방위적 유가 경전의 주석 작업도 진행되었다. 조선 중기 이후의 개인 문집 또한 文史哲의 다양한 주제로 광범위하게 확산되어, 문집을 기록하고 남기는 일이 學人들의 기본덕목이 되었다. 후기 실학 관련 저술과 백과사전적 저작의 출현도 이러한 조선시대의 학문적 전통이 외연을 넓힌 결과라 보아도 무방할 것이다. 교육에 있어서도 서당과 과거제가 결합하여 다수의 국민들이 向學하는 기본적인 가치질서를 마련하게 되었다. 이렇듯 서구의 근대화와는 다소 거리가 있지만, 적어도 학문적인 영역에서는 르네상스와도 비견할 수 있는 커다란 변화를 이 시기에 이루었다고 볼 수 있다.

이러한 조선시대의 학문적 기풍과 체계적 혹은 구성주의적 분위기가 외국어 교육영역에서는 어떻게 발현하였을까? 이는 당시의 외교환경과 무관하지 않다. 우선 중국어 교육에서는 『노걸대』·『박통사』등과 같은 회화서가 등장하였고, 이러한 회화서와 짝이 되는 유해류 역학서(중국어 학습용 대역 분류어휘집)들이 다량으로 간행되었다. 당시 대외관계의 주요 대상국이 중국이었던 만큼 이 분야의 성과들이 다수를 차지한다. 이후 당시 중국의 지배세력인 淸을 개국한 만주족과의 교류를 위해 淸語(만주어를 다루는 분과를 淸學이라고 했으며 '同文'이라고도 불렀음) 학습서가 출현하였고, 비록 세력은 약화되었지만 무시할 수 없는 元代의 후예인 몽골이 사용하던 蒙語 학습 자료도 간행되었다. 그리고 인근의 일본과의 교류를 위해 日語의 학습서도 활발히 만들어졌다.

이상의 네 종류의 외국어를 四學이라고 하고 그 구성은 漢學, 淸學, 蒙學, 倭學으로 되어 있다. 이들 四學을 관장하는 국립 기구가 바로 司譯院이다.

지금까지 우리나라의 중국어 연구자나 해외의 중국어 연구자들은 『노걸대』·『박통사』 등과 같은 회화류 역학서에 치중하여 어법과 음운사 연구에 주력해왔다. 그러나 조선시대에 이에 못지않게 활발히 연구되고 간행되었던 유해류 역학서는 국어학자들이 우리의 중세 국어를 연구하면서 활용한 것을 제외하고는 국내외의 중국어 연구자들에게는 많은 주의를 받지 못했다.

어휘는 어법이나 음운에 비해 변화 속도가 빠르며, 생성과 소멸 현상이 더 두드러지는 언어요소이므로 사회의 변화나 개념의 外表인 어휘의 연구를 통해 언어의 보다 풍부한 측면을 연구할 수 있다는 점에서 이들 유해류 역학서에 반영된 어휘를 通時으로나 共時적으로 연구한다면 많은 유의미한 결론들을 얻을 수 있다고 생각한다.

조선시대에 간행된 유해류 역학서 중 漢學類로는 『譯語類解』(1690), 『譯語類解・補』(1775), 『華語類抄』(1883) 등이 있고, 淸學類에는 『同文類解』(1748),『漢淸文鑑』(1779) 등이 있으며, 蒙學類와 倭學類로는 각각 『蒙語類解』(1768), 『蒙語類解・補編』(1790)와 『倭語類解』(1783 이후)가 있다.

흥미로운 것은 이들 四學의 어휘를 하나의 테이블에서 편집하고 대비한 유해류 역학서가 출현했다는 점이다. 그것은 바로 『方言集釋』이다. 이 책은 1778년(정조 2) 洪命福 등이 간행한 漢語 – 淸語 – 蒙語 – 倭語 등의 四學의 어휘를 분류사전의 형식으로 작성했으며 우리말 의미를 표제어 뒤의 풀이에 附記했으므로 5종 언어 對譯語彙集으로 볼 수 있다. 한편 『方言集釋』의 서지적 검토는 김방한 (1966: 101~103), 채영순(2010: 567~570)에 보인다.[1] 『方言集釋』

---

1) 본고에서 참고한 硏究書와 論文은 다음과 같다.
　강은지(2007), "『方言類釋』의 '中州鄕語'에 나타나 있는 언어자료 연구", 『언어연구』 제26호.
　金芳漢(1966), "『三學譯語』・『方言集釋』考", 白山學會 『白山學報』第1號.
　배석주(2006), 『『方言集釋』의 倭語 硏究』, 제이앤씨.
　龍潛淹, 『宋元語言詞典』, 上海辭書出版社, 1985.
　채영순(2010), "『方言類釋』의 近代漢語史적 硏究 價値", 『中語中文學』第47輯.
　姜勇仲(2009a), "朝鮮時代 類解類 譯學書 商業語彙 收錄樣相과 對比", 『中國言語硏究』Vol.30.

의 書名에 대해서는 『方言類釋』, 『方言輯釋』 등 異見이 많지만, 배석주(2006: 8~9)에 따르면 원본의 '類' 字 위에 '集'으로 重書하여 수정했을 뿐만 아니라, 후대의 연구에서도 『方言集釋』이라 칭하는 경우가 많다 했으므로 본고에서도 『方言集釋』이라 칭한다. 체재는 <표 1>에 보이는 대로 中國語 표제어 아래 우리말로 풀이하고 그 뒤에 漢語, 淸語, 蒙語, 倭語의 순으로 한글 기음을 나열했다.

<표 1> 『方言集釋』의 체제

		原本内容
體例	(① 표제어 ② 한글뜻) ③ [중국어] [한재] [漢音] ④ [만주어] [滿音] ⑤ [몽골어] [蒙音] ⑥ [일본어] [日音]	
轉寫	(① 冬 ② 겨울) ③ 漢 冬 둥 ④ 淸 투워리 ⑤ 蒙 어불 ⑥ 倭 후유	

이 책은 이전에 간행된 각각의 四箇國語 대역 어휘집에 근거한 것으로 당시 譯學 연구 성과를 집대성한 것으로 볼 수 있다. 部類의 배열은 다음과 같다.

姜勇仲(2009b), "朝鮮時期『譯語類解』所見的明淸時期商業詞彙研究", 『第四屆漢語史研討會暨第七屆中古漢語國際學術研討會論文集』 北京語言文化大學.
姜勇仲(2011), "『譯語類解·補』 상업어휘 연구", 『中國文學硏究』 Vol.45.

▲ 第一卷

1. 天文 2. 時令 3. 地輿 4. 尊卑 5. 親屬 6. 身體 7. 容貌 8. 動靜 9. 氣息 10. 性情 11. 言語 12. 宮殿 13. 朝會 14. 政事 15. 官職 16. 陞黜 17. 人類 18. 稱呼 19. 祭祀

▲ 第二卷

20. 嫁娶 21. 生產 22. 喪葬 23. 宴會 24. 接待 25. 文學 26. 筆硯 27. 科試 28. 儀器 29. 樂器 30. 數目 31. 教閱 32. 軍器 33. 射藝 34. 衙署 35. 倉庫 36. 城郭 37. 街道 38. 橋梁 39. 屋宅 40. 營作 41. 服飾 42. 裁縫 43. 布帛 44. 紡織 45. 食餌 46. 割烹

▲ 第三卷

47. 茶酒 48. 飲啜 49. 疾病 50. 殘疾 51. 醫藥 52. 卜筮 53. 梳飾 54. 鏡奩 55. 床帳 56. 器用 57. 罵辱 58. 爭訟 59. 刑獄 60. 僧道 61. 寺觀 62. 珍寶 63. 買賣 64. 借貸 65. 蠶桑 66. 田農 67. 農器 68. 米穀 69. 菓品 70. 菜蔬 71. 匠器

▲ 第四卷

72. 製造 73. 技戲 74. 舟船 75. 車輛 76. 鞍轡 77. 佃獵 78. 釣漁 79. 皮革 80. 柴火 81. 飛禽 82. 走獸 83. 昆蟲 84. 水族 85. 樹木 86. 花草 87. 雜語

총 87개 部類에 수록된 표제어는 모두 5,200개이며 그중 '中州鄕語'['중주향어'에 대해서는 강은지(2007)과 채영순(2010) 참조]로 분류한 것이 194개이다. 앞에서 소개한 유해류 역학서는 語種에 따라 내부적으로 표제어의 선별에서 약간의 차이가 존재한다. 즉, 漢語의 경우 역관의 수준이 높고 다수를 차지하며 사용기회도 많다. 반면 만주어나 몽골어는 형태가 발달하고 수요도 한어의 그것에 비해 적으며 槪念語 자체의 전달이 주요한 학습목표가 될 수 있다. 그러므로『方言集釋』이 기존에 출간된 다종언어를 수록했다는 점에서 표제어 자체의 이중적 속성이 담지될 개연성이 있다고 본다(강용중: 2009a 참조).

필자는 근년에 조선시대 유해류 역학서에 반영된 상업어휘를 연작 논문의 형식으로 연구하고 있다.『方言集釋』卷三에 보이는 '63. 買賣'와 '64. 借貸'가 바로 상업어휘에 해당한다. 현재까지『譯語類解』와『譯語類解‧補』의 상업어휘 연구는 이미 진행했고 본고에서는『方言集釋』의 상업어휘를 '상업어휘의 구성', '전승관계' 및 '어휘풀이' 등의 측면에서 살펴보고자 한다.

2. 연구범위와 방법

본 연구에서 다루는 상업어휘는『方言集釋』에 수록된 91개 어휘이다. 조선시대에 간행된 다수의 유해류 역학서 중『方言集釋』은 다른 유해류 역학서와 비교할 때 다음 예시에서 보는 대로 시기적으로 중간에 위치한다.

1.『譯語類解』(1690)
2.『同文類解』(1748)

3. 『蒙語類解』(1768)

4. 『譯語類解・補』(1775)

5. 『方言集釋』(1778)

6. 『漢淸文鑑』(1779)

7. 『倭語類解』(1783年 以後)

8. 『蒙語類解・補編』(1790)

9. 『華語類抄』(1883)

우선 지적할 사실은 『方言集釋』이 출현하기 이전에 적어도 4종 이상의 유해류 역학서가 간행되었다는 것이다. 즉, 중국어 사전인 『譯語類解』, 『譯語類解・補』와 만주어 사전인 『同文類解』 및 몽골어 사전인 『蒙語類解』가 이미 간행되어 있었으므로 4개국어 對譯辭書인 『方言集釋』을 편찬할 때 이들 저작의 영향은 매우 컸을 것이라 짐작할 수 있다. 그리고 3년여의 준비를 거쳐 1779년에 간행된 만주어 대역사서인 『漢淸文鑑』의 영향도 무시할 수 없다. 기존의 유해류 역학서에서 상업어휘는 <買賣>에만 저록되어 있으나 『漢淸文鑑』에 이르러 <買賣>에 해당하는 <貿易>에 典當과 관련된 <當借>를 분리시킨 것은 오히려 『方言集釋』에 영향을 주어 <買賣>와 <借貸>로 분류하였다고 추론할 수 있다. 왜냐하면 『方言集釋』의 서문을 쓴 徐命膺이 바로 '통신정사' 등을 역임한 淸國 관계 외교 전문가로 추정되므로(배석주 2006: 15∼17 참조), 그가 같은 시기에 편찬된 淸學書인 『漢淸文鑑』 및 그의 저본인 중국의 『御製增訂淸文鑑』에 대해 해박하여 종합 대역사서에 해당하는 『方言集釋』을 편찬할 때 『漢淸文鑑』을 반드시 참고하였다고 할 수 있다.

그러므로 본 연구에서는『方言集釋』의 상업어휘 자체에 대한 연구와 더불어 이전 시기에 간행된 다른 대역사서를 대비, 고찰할 것이다. 이러한 대비는 우선 동일한 범주인 상업 관련 어휘가 어떻게 변화되고 있는지 또는 어떤 것이 소실되고 어떤 것이 생성되었는지, 나아가 상업어휘의 전체적인 구성이 어떠한지를 살펴볼 수 있게 할 것이다. 물론 이 작업은 판종 간의 비교이므로 각기 다른 판종 사이의 영향관계도 살펴볼 수 있을 것이다. 이 고찰이 방법적으로도 상당한 타당성을 지니는 근거로는 첫째, 위의 대역사서들이 동일한 기구인 사역원에서 진행되었다는 점, 둘째, 위의 저작들의 공통적인 체제가 어떤 語種을 막론하고 다 중국어를 표제어로 삼았다는 점 등이다.

상업어휘의 풀이는『現代漢語規範詞典』(현대)와『漢語大詞典』(고대 및 근대 등)을 기본 辭書로 하고 보조적으로 'CCL(北京大學漢語語言學研究中心) 고대중국어 데이터베이스'(http://ccl.pku.edu.cn:8080/ccl_corpus/index.jsp?dir=gudai)를 사용해 용례의 사용 시기나 문헌 등의 정보를 확보할 것이다. 그리고 이들 91개 중 몇 개를 골라 어휘의 현대어 풀이와 그 의미에 해당하는 예문을 검색하여 의미와 출처 및 몇 가지 오류를 찾아보았다. 다만 필자의 기존 연구에서 이미 제시한 적이 있는『譯語類解』와『譯語集解・補』에 보이는 어휘는 지면 관계상 배제하기로 한다. 예문은 시기적으로 제일 빠른 것을 위주로 수록했으며,『漢語大詞典』등의 공구서의 수록 여부 등도 동시에 언급했다(강용중 2011: 383~384 참조).

본고에서 사용한『方言集釋』은 1988년 동국대학교 일본학연구소의『日本學』6~7집의 부록에 실린 1778년 寫本이다.[2]

3. 『方言集釋』 상업어휘의 구성과 전승관계

1) 『方言集釋』 상업어휘의 구성

본고에서 다루는 『方言集釋』에는 91개의 상업 어휘가 수록되어 있으며, <買賣>에 73개, <借貸>에 18개이다. 이전의 유해류 역학서에 수록된 상업어휘는 <買賣>에만 보이나 『方言集釋』에서는 일부 어휘를 <借貸>로 분리했다. <買賣>가 직접적인 상거래와 관련 있다면, <借貸>에 수록된 어휘는 典當業이나 利子, 계약서 등과 관련 있으므로 이전의 분류어휘집 보다 더 세분화된 部類를 설정하고 있다. 다음은 『方言集釋』의 상업어휘이다.

<買賣> 73개

買主, 賣主, 夥計, 牙子, 集, 赶集, 鋪子, 雜貨鋪, 飯店, 酒鋪, 茶局, 醬園, 錢局, 油房, 藥鋪, 行裡, 招牌, 幌子, 靑帘, 開鋪, 噯吆賣, 搖貨郞, 發賣, 講價, 價貴, 價高, 價賤, 價低, 上用的, 眞的, 假的, 絶高, 稀罕, 地頭的, 平常的, 照市價, 價對, 退換, 虧

2) 본고에서 참고한 類解類 譯學書 原典은 다음과 같다.
『方言集釋』 일본학 제7집, 동국대학교 출판부, 1988.
『譯語類解』・『譯語類解・補』 아세아문화사, 1974(李基文 해제).
『同文類解』 홍문각, 1995(洪允杓 해제).
『韓漢淸文鑑』 연희대학교 동방학 연구소, 1956(閔泳珪 해제).
『蒙語類解』(『蒙語類解補編』), 『捷解蒙語』 서울대학교 규장각한국학연구소, 2006 (宋基中 해제).
『四本對照倭語類解』(『倭語類解』1781, 『和語類解』1837, 『日語類解』1912, 『朝鮮國字彙』1838), 제이앤시, 2004(鄭光 해제).
『華語類抄』 선문대학교 중한번역문헌연구소, 2004(全基延 해제).
『漢語抄』 홍문각, 1955(洪允杓 해제).

本, 貼錢, 開賬, 換換, 對換, 兌銀子, 補秤, 賒賬, 流水賬, 完賬, 賬本, 合夥, 掣籤, 平分, 編派, 分開, 分給, 討添, 剩下, 不勾, 另補, 造化低, 本錢, 掙錢, 大發財, 生意, 稅上, 收稅, 上稅, 稅錢, 牙錢, 湊斂, (中州鄉語:利市, 活計, 經紀)

<借貸> 18개

當鋪, 財主, 放債, 出債, 做保, 文契, 借契, 紅契, 白契, 立券, 債椿, 討債, 低還, 還當, 子母債, 月利錢, (中州鄉語:賒, 歸)

우선 구성에서 가장 두드러진 특징은 앞에서 제기한 것처럼 상업어휘를 <買賣>門인 단독 부류가 아니라 <借貸>를 독립시켜 양분한 것이다. 실제로 <借貸>의 많은 어휘들이 이전의 유해류 역학서 중 <買賣>門에 속했던 것이다. 이를 출전별로 정리하면 다음과 같다.

『譯語類解·補』의 <買賣>門에서 온 것: 月利錢, 文契, 還當, 當鋪, 子母債, 財主, 借契, 討債, 債椿
『同文類解』와 『蒙語類解』의 <買賣>門에서 온 것: 放債, 出債, 做保
『漢清文鑑』의 <貿易>門에서 온 것: 紅契, 白契
『漢清文鑑』의 <當借>門에서 온 것: 低還, 立券

이상을 종합해보면 『方言集釋』의 <借貸>에 보이는 '중주향어'

의 두 어휘(賙, 歸)를 제외한 16개의 어휘가 이전의 유해류 역학서의 <買賣>門에서 채록된 것이며, 『漢淸文鑑』의 네 어휘를 포함하면 전체 어휘가 다 다른 역학서에서 취한 것임을 알 수 있다.

다음으로 '중주향어'로 구분한 5개 어휘에 대해서 살펴보기로 하자. 우선 이전의 다른 유해류 역학서에는 이러한 종류의 어휘가 附記되지 않고 있다. 오직 『方言集釋』에만 보이며 선행연구에 따르면 『古今圖書集成·理學彙編·字學典·卷一百四十五卷 方言部』에서 가져온 것이라 했다[강은지(2007), 채영순(2010)에 따르면 일본학자 大塚秀明이 '중주향어'의 출전을 밝혀냈다고 함]. 그렇다면 왜 『方言集釋』의 편찬자들은 『理學彙編·字學典 方言部』를 참조했을까? 필자의 추론으로는 이 책에 수록된 어휘들은 대부분 唐宋明代의 地方誌에 실린 방언어휘들로 중원의 通語에 부분적으로 침투된 상용어휘로 볼 수 있기 때문이다.

위의 전체 상업 관련 표제어들을 언어학적으로 간단히 구분하면 다음과 같다.

첫째, 부분적으로 일부 표제어는 단어가 아닌 形尾 '~的'이 붙은 句이다. 『譯語類解·補』에 보이는 '雇了'와 같은 形尾 '~了'는 보이지 않았다.

上用的, 真的, 假的, 地頭的, 平常的

다음으로 보이는 것들은 중첩이나 동보식·동목식·주위식 구이다.

換換(중첩), 稅上, 剩下(동보식), 收稅, 上稅, 兌銀子(동목식), 造

化低, 價貴, 價高, 價賤, 價低(주위식)

앞의 예와 같이 단어가 아닌 중첩이나 구의 형태가 표제어가 된 것은 고대 사람들의 언어 관념과 무관하지 않다. 현대 언어학의 단어관념은 대단히 엄밀한 규정 하에서 쓰이는 것이나, 고대인들이 꼭 이러한 기준으로 언어단위를 구분하여 사용할 필요는 없으며, 지금의 관점으로 요구할 필요도 없다.

마지막으로 강조하고 싶은 점은 이상의 표제어들은 당시 중국의 표준어, 즉 通語란 점이다. 여기에서 말하는 通語란 당시 청나라의 수도인 북경에서 사용되던 북방방언에 기초한 표준어인 것이다. 당시의 조선 역관들은 분명 목표언어로 이 통어를 설정했을 것이며, 중국어뿐만 아니라 만주어·몽골어·일본어까지도 대역사서를 만들 때 그 기준으로 삼은 것이다. 이 점은 중국어 어휘사 연구에서 상당히 중요한 시사점을 가진다고 하겠다. 조선시대의 유해류 역학서가 200여 년에 걸쳐 9종 이상이 간행된 점을 염두에 둔다면, 그 시기에 해당하는 분류 대역어휘 사전이 통시적으로 적게는 3,000단어에서 많게는 10,000단어까지 정연하게 반영되어 있기 때문이다. 이러한 특징으로 말미암아 본 연구는 일관되게 서로 다른 유해류 역학서의 표제어를 통시적인 관점에서 그 변화를 대비 연구하는 것이다.

2) 『方言集釋』 상업어휘의 판본 간 전승관계

유해류 역학서 간의 표제어 전승관계를 살펴보는 것은 일차적으로는 영향관계를 규명하는 것이지만 더 중요한 것은 어휘의 생성과 소멸을 설명할 수 있는 중요한 방법이기 때문이다. 다시 말해 이전의 판종에서 수록된 것이 50년 뒤의 다른 판종에 그대로 수록되었다면 그 어휘는 유지되었다는 뜻이 되며, 반대로 이전의 판종에 보이다 후대의 판종에 보이지 않는다면 그 어휘는 死語가 되었다는 말이다. 또 이전의 판종에 보이지 않던 단어가 새 판종에 보인다면 누락된 것을 수록했던지 아니면 새로운 단어가 생겨났다는 말이 되는 것이기 때문이다.

『方言集釋』은 『漢淸文鑑』까지 포함한다면 그 이전에 다섯 종의 유해류 역학서의 영향을 받은 것이다. 본 장에서는 이러한 판종 간의 전승관계를 수록 어휘별로 분석하기로 한다.

(1) 해당 어휘가 『譯語類解』에 처음 보이는 것

① 『譯語類解』와 『方言集釋』에만 보이는 것

假的: (譯語139), (方言-買賣20-2) 거즛것

開鋪: (譯語138), (方言-買賣20-2) 鋪 흥졍시작ᄒ다

對換: (譯語138), (方言-買賣21-1) 맛바고다

發賣: (譯語138), (方言-買賣20-2) 프다

稅錢: (譯語139), (方言-買賣21-2) 셰젼

照市價: (譯語138), (方言-買賣20-2) 시가대로ᄒ다

地頭的: (譯語139), (方言-買賣20-2) 밋짜쎳

眞的: (譯語139), (方言-買賣20-2) 진짓것

絕高: (譯語139), (方言-買賣20-2) ᄀ장죠타

退換: (一云'倒裝')(譯語139), (方言-買賣21-1) 흥졍므르다

靑帘: (一云'酒望子')(譯語138), (方言-買賣20-1) 술ᄑᆞᄂᆞᆫ집표혼긔

幌子: (譯語138), (方言-買賣20-1) 자분것ᄑᆞᄂᆞᆫ집의보람혼것

② 『譯語類解』, 『方言集釋』, 『華語類抄』에만 보이는 것

赶集: (譯語137), (方言-買賣20-1) 쟝보라가다, (華語39-1)

買主: (譯語137), (方言-買賣20-1) 사ᄂᆞᆫ님자, (華語39-1)

賣主: (譯語137), (方言-買賣20-1) ᄑᆞᄂᆞᆫ님자, (華語39-1)

飯店: (譯語137), (方言-買賣20-1) 밥ᄑᆞᄂᆞᆫ딕, (華語39-1)

雜貨鋪: (譯語137), (方言-買賣20-1) 舖 잡화ᄑᆞᄂᆞᆫ젼방, (華語39-1)

牙子: (譯語137), (方言-買賣20-1) 즈름, (華語39-1)

牙錢: (譯語139), (方言-買賣21-2) 즈름갑, (華語40-2)

搖貨郞: (譯語138), (方言-買賣20-2) ᄌᆞ룡북흔들고도ᄂᆞᆫ쟝ᄉᆞ, (華語40-1)

油房: (譯語137), (方言-買賣20-1) 기름ᄑᆞᄂᆞᆫ딕, (華語39-1)

이 유형에는 아래의 '集'과 '稀罕'도 포함시킬 수 있다. 즉, 『華語類抄』(1883)에는 '集上'과 '稀罕的'이라 하였으나 어간의 의미는 같기 때문이다.

集: (譯語137), (方言-買賣20-1) 외방쟝져제, [集上]: (華語39-1)

稀罕: (譯語139), (方言-買賣20-2) 귀ᄒᆞ다, [稀罕的]: (華語40-2)

이상 ①과 ②의 특징은 『譯語類解』와 『華語類抄』가 중국어 학습에만 쓰이는 漢學類 유해류 역학서이므로 완전한 중국어 통어이자 『譯語類解』의 刊年인 1690년 이후부터 『華語類抄』의 刊年인 1883년까지 지속적으로 사용되었다는 의미를 가진다.

③ 『譯語類解』, 『方言集釋』, 『倭語類解』, 『華語類抄』에 보이는 것

講價: (譯語138), (方言-買賣20-2) 갑혀기다, (倭語55-2), (華語40-1)

④ 『譯語類解』, 『蒙語類解』, 『方言集釋』, 『華語類抄』에 보이는 것

夥計: (譯語137), (蒙語151), (方言-買賣20-1) 동모, (華語39-1)

⑤ 『譯語類解』, 『同文類解』, 『蒙語類解』, 『方言集釋』, 『華語類抄』에 보이는 것

鋪子: (譯語137), (同文184) 舖, (蒙語151) 舖, (方言-買賣20-1) 舖 흥졍ᄒᆞᄂᆞᆫ젼방, (華語39-1)[鋪面]: (漢淸-貿易-則二17B) 舖

이 단어의 경우 『譯語類解』와 『華語類抄』에서는 '鋪'로 되어 있으나 나머지 판종에서는 다 '舖' 자를 쓰고 있다. 이 두 글자는 이체자이며 의미에는 어떠한 영향도 주지 않으므로 동일한 단어임에 틀림 없다. [漢淸-貿易-則二17B]에는 '鋪面'이라 하였으나 의미상 '鋪子'와 동일하므로 同義詞로 볼 수 있으며 통어 方言의 變體로 본다.

③, ④, ⑤의 특징은 『華語類抄』에까지 쓰이나 그 중간에 『同文類解』, 『蒙語類解』, 『倭語類解』 등의 판종에도 쓰였다는 것이다. 그러므로 앞의 ①, ②와 동일한 범주에 넣을 수 있으며, 이로써 『方言集釋』에 보이는 표제어 중 『譯語類解』에서 온 모든 어휘는 19세기의 판종인 『華語類抄』에까지 전승되었다고 할 수 있다.

(2) 해당 어휘가 『同文類解』에 처음 보이는 것

① 『同文類解』, 『蒙語類解』, 『譯語類解·補』, 『方言集釋』에 보이는 것

本錢: 本錢(同文183), (蒙語150), (譯補329), (方言-買賣21-2) 밋천

月利錢: (同文183), (蒙語150), (譯補329), (方言-借貸22-1) 돌별리

文契: (同文184), (蒙語151), (譯補329), (方言-借貸22-1) 문셔

還當: (同文184), (蒙語151), (譯補329), (方言-借貸22-1) 전당므르다

② 『同文類解』, 『蒙語類解』, 『譯語類解·補』, 『方言集釋』, 『漢淸文鑑』, 『華語類抄』에 보이는 것

當鋪: (同文184)舖, (蒙語151)舖, (譯補329), (方言-借貸22-1) 舖 뎐당푸즈, (漢淸-當借63B)舖, (華語39-2)

이 단어의 경우 『譯語類解·補』와 『華語類抄』에서는 '鋪'로 되어 있으나 나머지 판종에서는 다 '舖' 자를 쓰고 있다.

③ 『同文類解』와 『方言集釋』에만 보이는 것

價高: (同文182), (方言-買賣20-2) 갑과ᄒ다

④ 『同文類解』, 『蒙語類解』, 『方言集釋』에만 보이는 것

價貴: (同文182), (蒙語149), (方言-買賣20-2) 갑노다

價賤: (同文182), (蒙語149), (方言-買賣20-2) 갑흔ᄒ다

分開: (同文183), (蒙語150), (方言-買賣21-1) 써혀내다

出債: (同文184), (蒙語151), (方言-借貸22-1) 빗내다

⑤ 『同文類解』, 『蒙語類解』, 『方言集釋』, 『漢淸文鑑』에만
   보이는 것

放債: (同文184), (蒙語151), (方言-借貸22-1) 빗주다, (漢淸-當
借64A)

이상의 어휘들 중 특징적인 것은 ③을 제외하고는 다 『同文類解』
와 『蒙語類解』에 보이는 것들이다. 그러므로 이들 어휘들은 『譯語
類解』에 보이지 않지만 그 이후의 유해류 역학서인 『同文類解』와
『蒙語類解』에서 수집한 것이라 볼 수 있다. 그리고 ②의 '當鋪'를
제외하면 『華語類抄』가 간행된 19세기에는 보이지 않았다는 의미
이다. 『同文類解』와 『方言集釋』에만 보이는 것으로는 '價高'라는
한 단어만 보인다.

(3) 해당 어휘가 『譯語類解・補』에 처음 보이는 것

① 『譯語類解・補』와 『方言集釋』에만 보이는 것

大發財: (譯補328), (方言-買賣21-2) 횡지ᄒ다

另補: (譯補329), (方言-買賣21-2) ᄯ로치오다

湊斂: (譯補328), (方言-買賣21-2) 츌렴ᄒ다

借契: (譯補329), (方言-借貸22-1) 빗문셔

兌銀子: (譯補329), (方言-買賣21-1) 은ᄃ다

討債: (譯補329), (方言-借貸22-1) 빗달나다

討添: (譯補328), (方言-買賣21-2) 투졍ᄒ다

換換: (譯補328), (方言-買賣21-1) 밧고다

虧本: (譯補329), (方言-買賣21-1) 밋지다

掙錢: (譯補329), (方言-買賣21-2) 돈버으다

上稅: (譯補330), (方言-買賣21-2) 세밧치다

稅上: (稅所)(譯補330), (方言-買賣21-2) 세밧치ᄂ듸

收稅: (譯補330), (方言-買賣21-2) 슈세ᄒ다

子母債: (譯補329), (方言-借貸22-1) 별리잇ᄂ빗

財主: (譯補329), (方言-借貸22-1) 쟝지

流水帳: (譯補329), (方言-買賣21-1) 흘림쟝

完帳: (淸帳)(譯補329), (方言-買賣21-1) 헴못다

마지막의 두 단어 流水帳과 完帳의 경우 『方言集釋』에는 '帳'이 '賬'으로 되어 있으나 이 둘은 이체자이므로 동일한 의미의 동의사이다.

② 『譯語類解・補』, 『方言集釋』, 『華語類抄』에 보이는 것

上用的: (譯補328), (方言-買賣20-2) 나라에셔쓸것, (華語40-2)

補秤: (譯補329), (方言-買賣21-1) 저울축치오다, (華語40-2)

平常的: (假估的) (譯補328), (方言-買賣20-2) 녜스것, (華語40-2)

開帳: (譯補328), (方言-買賣21-1) 갑졍ᄒ다, (華語40-1)

開帳의 경우 『方言集釋』에만 '帳'이 '賬'으로 되어 있으나 이 둘은 이체자이므로 동일한 의미의 동의사이다.

③ 『譯語類解・補』, 『方言集釋』, 『漢淸文鑑』에 보이는 것

賒帳: (欠帳)(譯補329), (方言-買賣21-1) 又欠賬 외자ㅅ쟝, (華語40-2)

賒帳의 경우 『方言集釋』에만 '帳'이 '賬'으로 되어 있으나 이 둘은 이체자이므로 동일한 의미의 동의사이다.

④ 『譯語類解・補』, 『方言集釋』, 『蒙語類解・補』에 보이는 것

債椿: (譯補329), (方言-借貸22-1) 빗구럭이, [債椿] (蒙補268)

이 단어의 경우 『蒙語類解・補編』에서는 '椿' 자를 사용했으나 다른 두 판종에서는 '椿'으로 되어 있으나 이 둘은 이체자이므로 동일한 의미의 동의사이다.

여기에 나온 단어들 중 ①인 『譯語類解・補』와 『方言集釋』에

만 보이는 것이 다수를 차지한다.

(4) 해당 어휘가 『方言集釋』에 처음 보이는 것

① 『方言集釋』와 『漢淸文鑑』에만 보이는 것

生意: (方言-買賣21-2) 흥졍, (漢淸-貿易-則一15B)

低還: (方言-借貸22-1) 쳐주다, (漢淸-當借64B)

合夥: (方言-買賣21-1) 동모ᄒ다, (漢淸-貿易-則一16A)

立券: (方言-借貸22-1) 문셔ᄒ다, (漢淸-當借64A)

白契: (方言-借貸22-1) 사ᄉᆺ문셔, (漢淸-貿易-則一16A)

紅契: (方言-借貸22-1) 인친문셔, (漢淸-貿易-則一16A)

이상의 어휘들은 거의 유사한 시기에 출간된 것으로 『漢淸文鑑』에 먼저 출현하고 『方言集釋』에서 채록한 결과로 본다. 흥미로운 것은 마지막 두 단어가 『漢淸文鑑』에서는 <買賣>에 해당하는 <貿易>門에 실려 있으나 『方言集釋』에서는 『漢淸文鑑』의 <當借>門에 해당하는 <借貸>門으로 분류하고 있다. 이 현상이 『方言集釋』의 편찬자들의 착오인지 아니면 수정인지는 다른 방법으로 고찰할 필요가 있다.

② 『方言集釋』, 『蒙語類解・補』에 보이는 것

平分: (方言-買賣21-1) 공평이ᄂᆞ호다, (蒙補268)

③『方言集釋』,『華語類抄』에 보이는 것
藥鋪: (方言-買賣20-1)舖 약프ᄂᆞ딕, (華語40-1)

이 단어의 경우『華語類抄』에서는 '鋪'로 되어 있으나『方言集釋』에서는 '舖' 자를 쓰고 있다.

여기에 속하는 단어들은『漢淸文鑑』에서 온 것들이 대다수를 차지하고 나머지는 소수에 불과하다. 그리고 이전의『同文類解』,『蒙語類解』,『譯語類解·補』 등에 보이지 않고 있다는 점에서 주의할 필요가 있다.

(5) 해당 어휘가『方言集釋』에만 보이는 것

①『方言集釋』에만 보이나 다른 판종에 유사형태가 있는 경우
造化低: (方言-買賣21-2) ᄉᆞ망업다

이 어휘의 경우 [同文184]과 [蒙語151]에서는 '造化'로 되어있고 [蒙語151]에서는 '造化高'로 되어 있어 서로 상관성을 가지고 있으며 엄밀히 말하면 처음 출현한 어휘로 분류하기 힘들다. 다음의 '做保', '貼錢', '酒鋪', '嗳呹賣' 등도 이점에서는 마찬가지이다.

做保: (方言-借貸22-1) 보두다[做保人: (同文184), (蒙語151)]
貼錢: (方言-買賣21-1) 돈거스리다[貼頭: (漢淸-貿易-則二17A)]
酒鋪: (方言-買賣20-1) 舖 술프ᄂᆞ딕[酒店: (譯語137)]

剩下: (方言-買賣21-2) 남은것[剩的: (譯補328)]
噯呟賣: (方言-買賣20-2) 웨여푸다[噯嘊賣: (譯補328)]

이상의 어휘들은 이전 시기에 이미 보이는 것들 중 詞形이 조금씩 바뀐 것으로, '呟'와 '嘊'의 교체나 '酒鋪'나 '酒店'의 교체 등 중요한 상용사의 변화를 보여주는 경우도 있다.

② 『方言集釋』에 보이는 일반어휘

價對: (方言-買賣20-2) 갑알맛다
價低: (方言-買賣20-2) 갑눗다
茶局: (方言-買賣20-1) 차푸눈듸
不勾: (方言-買賣21-2) 모즈라다
分給: (方言-買賣21-1) 눈화주다
賬本: (方言-買賣21-1) 치부칙
醬園: (方言-買賣20-1) 쟝푸눈듸
錢局: (方言-買賣20-1) 돈푸눈듸
招牌: (方言-買賣20-1) 흥졍보람픽
編派: (方言-買賣21-1) 무이짓다
行裡: (方言-買賣20-1) 매믹흐눈듸
掣簽: (方言-買賣21-1) 져비지르다

여기에 분류된 어휘들은 『方言集釋』에만 보이는 독립적인 것으로 중요한 가치를 가진다. 물론 '價對', '價低' 등은 단어가 아니라 주위식 구여서 가치가 떨어지지만 다른 단어들은 상업어휘이자 구어 어휘로 반드시 분석할 필요가 있다.

③『方言集釋』에 보이는 '중주향어'

利市: (方言-買賣-中州21-2) 리스 江南太倉州謂得財及如意爲 利市

活計: (方言-買賣-中州21-2) 호기 以生理爲活計

經紀: (方言-買賣-中州21-2) 깅기 江南嘉定縣東鄙人營生者曰 經紀

賝: (方言-借貸-中州22-2) 칭 山西臨晉縣謂受人之物

歸: (方言-借貸-中州22-2) 귀 以物與人曰歸

'중주향어'는 앞에서 밝힌 대로『古今圖書集成・理學彙編・字 學典・卷一百四十五卷 方言部』에서 가져온 것이다. 그리고『方 言集釋』에서는 의미에 따라 <買賣>와 <借貸>에 분류해 넣고 중국어 음을 달았다. 이 어휘들도 다른 유해류 역학서 판종에는 보 이지 않으므로 가치가 높다고 하겠다.

이상의 논의를 종합하면 총 91개의 어휘 중 4)의 ②, ③ 및 5)의 ②, ③의 19개 어휘가『方言集釋』에 처음 보이는 것들이다.

4.『方言集釋』상업어휘 풀이

이 장에서는 詞形의 변화가 있거나 大型 辭書에서 누락한 난해한 어휘 또는 『方言集釋』에 처음 출현하는 어휘를 중심으로 풀이를 진행하고자 한다. 상고 및 근대중국어 어휘학의 가장 기본적인 작업은 어휘풀이인 만큼 본고의 중요한 내용이다.

먼저 우리의 호기심을 일으키는 '중주향어'를 다루기로 한다.

【利市】(方言-買賣-中州21-2)리스　lìshì　江南太倉州謂得財及如意爲利市

『古今圖書集成·理學彙編·字學典·卷一百四十五卷　方言部』5쪽 3단 '江南太倉州'에는 "謂得財及如意也. 出『易經』"이라 했다. 원문에서 말한 대로 이 단어의 어원은 『周易·說卦』: "爲近利, 市三倍"(이득이 시장에서 세 배나 가까운 것)이다. 원래 의미는 '매매에서 얻은 이윤'이다. 중국어의 成語에 '利市三倍'라는 말이 있으며 그 의미는 '이윤이 많다'이다. '三倍'의 '三'은 '多'의 뜻이다. 『漢語大詞典』(이하에서는 『大詞典』이라고 함) 2-636A에서는 첫 의미 항으로 '好買賣'로 풀이하고, 『左傳·昭公十六年』: "爾有利市寶賄, 我勿與知"(너희에게 팔아서 이익을 남길 보물이 있어도 나는 간여하지 않을 것이다)를 들고 있다. 송대 이후로 명절이나 좋은 일에 주는 돈(세뱃돈 등)을 '利市'라고 하며 '利是'. '利事', '利士'(이세 단어는 북방음으로 同音임)라고도 쓴다.

【活計】(方言-買賣-中州21-2)호기　huójì　以生理爲活計

『古今圖書集成·理學彙編·字學典·卷一百四十五卷　方言部』6쪽 2단 '江南太倉州'에 "生理也. 出自樂天詩"라 했다. 白居易 시

<閑居貧活計>(卷四百六十): "莫嫌貧活計, 更富即勞心"(큰 부자는 마음을 더 수고롭게 하니, 생계가 곤란함을 탓하지 말라)라 했고 <閑吟贈皇甫郎中親家翁(新與皇甫結姻)>(卷二百二十一): "誰能嗟歎光陰暮, 豈復憂愁活計貧"(누가 시간이 저물어 가는 것을 한탄하겠으며, 어찌 다시 생계가 곤란함을 걱정하겠는가?)라 했다. 대체로 唐代에 출현해 '생계; 생계를 유지하다' 등의 뜻으로 쓰였다. 『大詞典』5-1161A에도 보인다.

【經紀】(方言-買賣-中州21-2)깅기 jīngjì 江南嘉定縣束鄙人營生者曰經紀

『古今圖書集成・理學彙編・字學典・卷一百四十五卷　方言部』7쪽 2, 3단 '江南嘉定縣'에 "俗鄙人營生者曰: '經紀'. 唐太宗敕滕王蔣王曰: '滕叔蔣兄自能經紀, 不須賜物'"(세속에서 지체 낮은 사람이 생계를 위하는 일을 '經紀'라 한다. 당태종이 등왕과 장왕에게 조서를 내리며 "등왕과 장왕께서는 스스로 생계를 꾸릴 수 있으니 다른 하사품을 내리지 말라"고 했다)이라고 했다. 이 故事는 매우 유명해 元・陶宗儀 『南村輟耕錄』: "唐滕王元嬰與蔣王皆好聚斂. 太宗嘗賜諸王帛. 搬曰: '滕叔蔣兄自能經紀, 不須賜物.' 韓昌黎作柳子厚墓志云: '舅弟盧遵, 又將經紀其家.' 則自唐已有此言"이라 한 것으로 보아 이미 당나라 때부터 이 말이 있었다는 것을 알 수 있다. 明　田汝成 『西湖遊覽志餘』: "稱善能營生者曰: '經紀'. 唐滕王蔣王皆好聚斂. 太宗嘗賜諸王帛敕曰: '滕叔蔣兄自能經紀不須賜物.'" 清　光緒年間 『杭州府志』: "稱善能營生者曰:

'經紀.' 唐滕王蔣王皆好聚斂, 太宗嘗賜諸王帛敕曰: '滕叔蔣兄自能經紀, 不須賜物'" 등과 같이 동일한 고사를 전승해서 쓰고 있다. 『大詞典』9-863B에도 관련 내용이 보인다.

【賵】(方言-借貸-中州22-2)칭 qíng 山西臨晉縣謂受人之物

『古今圖書集成·理學彙編·字學典·卷一百四十五卷　方言部』 1쪽 3단 '山西臨晉縣'에 "受人之物曰: '賵'. 慈盈反"이라 했다. 『集韻』: "慈盈切, 音晴. 受賜也"라 했으므로 이 『集韻』의 반절과 일치해 그 의미가 같아 '수여받다'의 뜻이 된다. 『大詞典』10-222B에는 의미를 '受賜'로 풀이하고 元 耶律楚材 『和韓浩然韻』 之二: "一曲南風奏古宮, 坐賵神物愧無功"을 들고 있다.

【歸】(方言-借貸-中州22-2)귀 guì 以物與人曰歸

『古今圖書集成·理學彙編·字學典·卷一百四十五卷　方言部』 1쪽 3단 '山西臨晉縣'에 "以物予人曰: '歸'. '歸孔子豚', '齊人歸女樂'"라 했다. 예로 쓰인 두 구는 각각 『論語·陽貨篇』과 『論語·微子篇』에 보인다. 『論語·陽貨篇』: "陽貨欲見孔子, 孔子不見, 歸孔子豚"(양화가 공자로 하여금 자신을 알현하기를 바랐으나 공자가 오지 않자 찐 고기를 보냈다) 『論語·微子篇』: "齊人歸女樂, 季桓子受之, 三日不朝. 孔子行"(제나라 사람이 여악을 보내주자 계환자가 받고서는 삼일을 조회에 나가지 않자 공자는 떠나버렸다) '歸'는 '饋'의 가차자로 去聲으로 읽어야 한다. 『集韻』에는 '求位反'으로 音注했다. '贈送'의 뜻이다. 『大詞典』5-367B에는 『詩經』

의 용례를 들고 있다.

이상의 풀이에서 우리는 『方言集釋』에 반영된 '중주향어'의 모든 단어들이 『理學彙編·字學典』에서 왔음을 알았다. 그리고 이들 예의 출처도 분명하고 지역적인 분포도 알게 되었다. 다만 앞에 보이는 '賥'과 '歸'가 상업어휘에 속하는지는 더 고찰할 필요가 있다.

다음으로 몇 개의 난해하거나 『方言集釋』에만 나오는 단어를 중심으로 풀이하기로 한다.

【出債】(方言-借貸22-1)chūzhài 빚내다

'出債'는 『大詞典』에 보이지 않는다. 北京大學 CCL에는 한 가지 예만 보인다. 『周禮·秋官·朝士』: "凡民同貨財者, 令以国法行之, 犯令者刑罰之." 賈公彦疏: "云'同貨財'者, 謂財主出債, 與生利還主, 期同有貨財"라고 하였다. 원문의 의미는 "무릇 백성들이 돈과 재물로 거래할 때 국법으로 명령하여 시행하며 명령을 어기면 벌한다"이며, 疏의 의미는 "'同貨財'의 의미는 錢主가 빚을 낼 때에는 이자와 더불어 주인(채권자)에게 돌려주어 돈과 재물을 같이 해야 한다"로 볼 수 있다. 마침 『方言集釋』에는 이 단어의 反義詞인 【放債】[(方言-借貸22-1)fàngzhài 빚주다]도 실려 있어 '出債'가 '돈이 필요한 이가 빚을 낸다'는 의미를 가지게 됨을 알 수 있다. 우리말로 '빚내다'의 '내다'가 '出債'의 '出'과 통하고, '빚을 놓다'의 '놓다'가 '放債'의 '放'과 통함을 알 수 있다. 한편 『大詞典』 5-418B에는 '放債'가 수록되어 있다. 宋 蘇軾 『擬進士對禦試策』:

"今青苗有二分之息, 而不謂之放債取利可乎?"(지금 청묘법에는 2할 이자가 있지만 빚을 놓아 이자를 받는 것이 낫지 않는가?: [필자주: 青苗法은 중국 북송 때의 왕안석이 시행한 농민에 대한 저리 금융 정책]) 宋 洪邁『容齋五筆・放錢』: "今人出本錢以規利入, 俗語謂之'放債', 又名'生放'"(지금 사람들은 본전을 빌려주고 정한 바대로 이자를 받는데 속칭 '放債'라 하며 또 '生放'이라고도 한다). 이로써 '生放'이나 '放債'가 송대 구어 어휘임을 알 수 있으며, 이 단어는 [同文184], [蒙語151], [漢淸-當借64A] 등에도 출현하는 것으로 보아 淸代에도 쓰였음을 알 수 있다.

【掣籤】(方言-買賣21-1)chèqiān 져비지르다

'掣籤'은 『大詞典』6-635B의 설명에 따르면 명대 吏部에서 시행한 관리의 선발과 인사이동에 사용한 제비뽑기이다('明吏部對官員選授遷除, 先用拈鬮法'). 이는 환관의 청탁을 막고자 추첨식 임용제도를 시행한 것이다. 北京大學 CCL에는 명대 이후 소설, 필기, 청사고 등 47개의 예문이 보이나 상업용어로 쓰인 예는 발견하지 못했다. 게다가 조선시대 유해류 역학서의 다른 판종에는 이 어휘가 보이지 않았다. 아마도 편찬자의 분류상의 착오로 보인다.

【酒鋪】(方言-買賣20-1)jiǔpù 술프ᄂ딕

『方言集釋』에는 '酒鋪'로 되어 있으나『譯語』에는 '酒店'(술프ᄂ딕)으로 되어있다. 『方言集釋』의 풀이가 '술프ᄂ딕'로 되어 있어, 이 두 단어가 동의사임을 알 수 있다. '酒店'의 비교적 이른 용례는

『世說新語』: "阮宣子常步行, 以百錢掛杖頭, 至酒店, 便獨酣暢"
이며, 元代 화본이나『老乞大』등에 보인다. 한편 '酒鋪'의 비교적
이른 용례로는 元代 全元曲의 雜劇("左右將馬來, 我去酒鋪裏, 喝
幾甌涼酒去來")에 보인다. 이러한 사실로 미루어 볼 때 '酒店'이
'酒鋪'보다 먼저 출현했고, '酒鋪'가 후대에 간행된『方言集釋』에
채록되었음을 알 수 있다. 한편『大詞典』9-1386A의 '酒鋪'에서는
1. 酒店的櫃台. 清・洪昇『長生殿・疑讖』: "我家酒鋪十分高,
罰誓無賒掛酒標." 2. 方言. 酒店. 陳永春『雜記北平』: "就由於酒
缸有特殊作用, 徒使'某某酒鋪' 金字招牌默默無聞, 直呼它叫'酒
缸'"으로 되어 있어 적어도 두 가지 문제점을 드러내 보이고 있다.
우선 '酒鋪'의 本義를 '술집의 데스크'(酒店的櫃台)라 하고 그 용
례를 清代의 것을 인용했으나, 元代에 이미 '술집'이라는 의미로 쓰
인 용례가 보이므로 본의를 틀리게 보았다. 그리고 두 번째 의미항
에 '술집'이라는 의미로 사용된 현대의 용례를 들었으므로 용례인용
이 늦은 시기의 것이다.

【招牌】(方言-買賣20-1)zhāopái 흥정보람픽

'招牌'는 유해류 역학서 중『方言集釋』에만 보인다. 현대중국어
에서는 상업관련 상용사로 쓰이고 있다. 즉 상점 입구에 걸어 놓은
표식(간판)이다.『大詞典』6-517A에는 宋・張任國『柳』詞: "掛
招牌, 一聲喝彩, 舊店新開"(간판을 걸고 한 번 외치니 옛 상점을
새로 여는 것 같다)를 인용하였다. 北京大學 CCL에도 송대 이후
250여 개의 예문이 보인다.

【茶局】(方言-買賣20-1)chájú 차프ᄂ딕

　‘茶局’는『大詞典』에 보이지 않는다. 北京大學 CCL에는『明史』: “四川茶鹽都轉運使言: ‘宜別立茶局, 徵其稅, 易紅纓, 氈衫, 米, 布, 椒, 蠟以資國用. 而居民所收之茶, 依江南給引販賣法, 公私兩便.’ 於是永寧, 成都, 筠, 連皆設茶局矣”라는 문장이 보인다. 이 문장으로 볼 때 ‘茶局’은 차의 전매를 관장하던 국가 기관이다. 그러나『方言集釋』의 풀이에서 ‘차프ᄂ딕(차 파는 곳)’라고 하여 明代의 용례에 부합하지 않는다. ‘차 파는 곳’이라는 의미로는 CCL에 『水滸全傳』: “那婆子正在茶局子裏水簾底下看見了”이나 『全元曲 · 杂剧』:“他去那閣子裏扳了窗欞, 茶局子裏摔碎了湯瓶” 등으로 나와 있는 것으로 보아 국가 기관과 구분하기 위해 ‘茶局子’라고 했다는 것을 알 수 있다. 이러한 문제는 또 다른 표제어 【錢局】[(方言-買賣20-1)qiánjú 돈프ᄂ딕]에도 그대로 드러난다.『大詞典』11-1318B에 ‘造幣局. 鑄造錢幣的機構.’ 明 · 瞿共美『東明聞見錄 · 逸史氏論瞿式耜理財』:“遂開錢局, 月得二萬金.”(곧 錢局을 개설해 월 2만금을 벌었다)을 인용했다. ‘茶局’과 ‘錢局’은 국가의 稅收나 화폐를 주조하는 기구이며, 이러한 핵심 의미자질은 ‘局’이라는 글자에 드러남에도 불구하고, 막연하게 ‘차프ᄂ딕’, ‘돈프ᄂ딕’라고만 풀이하면 모호할 뿐만 아니라 일반 상업용어와의 구별을 어렵게 할 수 있다. 실제로 명청시기 ‘차프ᄂ딕’는 ‘茶坊’이라했고(龍潛淹,『宋元語言詞典』, 上海辭書出版社, 1985: 621∼623쪽 참조), ‘茶局子’라고도 했다. 현대어로는 ‘茶館’이라 한다. ‘錢局’도 마찬가지로 국가 기구이며, 민영 금융 취급점은 ‘錢莊’, 또는 ‘錢店’이라 했다(『大詞典』11-1319).

　　이상의 풀이에서 알 수 있듯 몇몇 단어는 『大詞典』에 수록되지 않았지만 어렵지 않게 다른 예문을 찾아 보충할 수 있었다. '중주향어'의 단어들도 특수한 출처가 있기는 했지만 원전의 지시에 따라 적절한 정보를 얻을 수 있었다. 한편 상업어휘로 보기 어려운 단어가 있는가 하면 잘못 풀이한 단어도 있었다.

5. 결론

　　조선시대의 유해류 역학서는 당시 외교적 환경과 시대적인 인문정신으로 만들어졌다고 해도 과언이 아닐 것이다. 四學에 당시에 큰 필요가 없었던 만주어나 몽골어 대역사서를 편찬한 일이나, 일회성을 지양하고 200여 년에 걸쳐 매우 다양한 판종을 생산한 사실로 보더라도 이러한 면면을 살필 수 있다. 한편 어휘는 사회상을 가장 잘 반영할 수 있는 언어요소이자, 시대성 또한 적극적으로 표상하고 있다. 이러한 전제 아래 본 연구는 명청시기 매우 활발했던 상업을 주 영역으로 하여 조선시대에 간행된 유해류 역학서를 활용해 상업어휘를 연구하고 있다.

　　본고는 우리말－중국어－만주어－몽골어－일본어 대역사서인 『方言集釋』을 활용하여 상업어휘를 중심으로 표제어의 구성과 판종 간의 전승관계를 살폈으며, 몇몇 난해한 어휘들을 대상으로 풀이를 진행했다.

우선『方言集釋』은 <買賣>와 <借貸>의 두 部類에 상업어휘를 수록하고 있었다. 이 점은 이전의 유해류 역학서에 보이지 않은 것으로『漢淸文鑑』의 영향을 받았다고 판단된다.

　판종 간의 전승관계를 살펴본 결과, 다수의 어휘들이 이미 간행되어 있던 다른 판종에서 가져온 것으로 밝혀졌다. 이러한 점은 이 책이 다국어 대역사서의 체제를 취하고 있어 내용 취합이나 어휘 간의 대응성을 고려한 편의적인 태도에 기인했다고 판단한다.『譯語類解』와『譯語類解·補』에서 가져온 것들이 상대적으로 많았다. 다른 한편으로는 그중 19개의 어휘가『方言集釋』에만 보여, 새로운 어휘를 적극적으로 수집한 흔적을 발견할 수 있었다. 다만 간행시기가 비교적 가까운『同文類解』나『蒙語類解』의 어휘 중 누락한 것들은 무슨 이유에서인지는 밝히지 못했다. 이점은 차후의 연구로 미룬다.

　마지막으로 '중주향어'의 다섯 개 어휘와 기타 난해한 어휘를 풀이했다. 대부분이 대형사서나 관련 주석을 활용해 풀이할 수 있었으며, 茶局 錢局 挈籤 등과 같은 일부 표제어는 풀이가 잘못되거나 상업어휘가 아닌 것이 발견되기도 했다.

　『方言集釋』은 유례를 찾아볼 수 없는 5종 언어 대역사서이다. 선행연구와 본고를 통해 이 책이 학술적으로 더욱 주목받기를 기대해 본다.

부록: CCL(北京大學漢語語言學研究中心) 고대중국어 데이터 베이스 목록

(http://ccl.pku.edu.cn:8080/ccl_corpus/index.jsp?dir=gudai)

- 01周
春秋/今文尚书/诗经/周易/
- 02春秋
国语/老子/论语/墨子/孙子/左传/
- 03战国
楚辞/楚辭補注/大学/公羊传/谷梁传/管子/鬼谷子/韩非子/礼记/吕氏春秋/孟子/商君书/孝经/荀子/晏子春秋/仪礼/逸周书/中庸/周礼/庄子/纵横家书/
- 04西汉
¶ [史书]史记/战国策/ ¶ [诸子]法言/淮南子/贾谊新书/
- 05东汉
¶ [佛经]佛经选/佛说般舟三昧经/佛说四十二章经/ ¶ [古诗]古诗十九首/孔雀东南/ ¶ [史论]风俗通义/论衡/太平经/新论/ ¶ [小说]献帝春秋/赵飞燕外传/
- 06六朝
¶ [道论]抱朴子/ ¶ [佛经]北凉译经/北魏译经/东晋译经/鸠摩译经/刘宋译经/西晋译经/西秦译经/支谦译经/ ¶ [佛语录]宝藏论/ ¶ [诗文]曹操诗/陶渊明集/ ¶ [史书]三国志/三国志裴注/ ¶ [小说]百喻经/九州春秋/穆天子传/山海经/世说新语/搜神后记/魏晋世语/西京杂记/ ¶ [议论]文列子/文心雕龙/
- 07隋
信心铭/
- 08唐
¶ [佛经]禅源诠序/地藏本愿/佛说譬喻/华严经唐/楞伽师资/疗痔病经/入唐求法/首楞严经/心经法成/心经法月/心经共利/心经玄奘/心经智慧/原人论/ ¶ [佛语录]黄檗山断际禅师传心法要/筠州洞山悟本禅师语录/六祖坛经/马祖语录/神会语录/小止观/镇州临济慧照禅师语录/ ¶ [史书]北齐书/ ¶ [唐诗]白居易诗/陈子昂诗/崔颢诗/杜甫诗/杜审言诗/寒山诗/李白诗/李贺诗/李商隐诗/拾得诗/唐诗三百首/王梵志诗/王维诗/薛涛诗/ ¶ [小说]大唐创业起居注/大唐新语/霍小玉传/明皇杂录/南岳小录/隋唐嘉话/唐国史补/五代新说/野朝金载/游仙窟/
- 09五代

敦煌变文集新书/ 十六国春秋别本/ 祖堂集/

- 10北宋

¶ [佛语录]禅林僧宝传/ ¶ [史书]旧五代史/新五代史/资治通鉴/ ¶ [宋词]李煜词/柳永词/欧阳修词/秦观词/苏轼词/晏几道词/晏殊词/ ¶ [宋诗]宋诗一百首/ ¶ [小说]大金吊伐录/大宋宣和遗事/话本选集1/江南野史/靖康传信录/靖康纪闻/辽志/梦溪笔谈/南北朝杂记/南迁录/南征录汇/三国杂事/宋朝事实/太平广记/五代春秋/五代史阙文/五国故事/西夏事略/湘山野录/ ¶ [语录]朱子语类/

- 11南宋

¶ [佛语录]古尊宿语录/无门关/五灯会元/ ¶ [诗词]李清照词/辛弃疾词/元好问词/朱敦儒词/朱淑真词/

- 12元

¶ [口语]老乞大新释/老乞大谚解/ ¶ [戏剧]倩女离魂/西厢记杂剧/ ¶ [小令散曲]元人小令/元散曲/ ¶ [小说]话本选集2/

- 13明

[小说]包公案/初刻拍案惊奇(上)/初刻拍案惊奇(下)/大同纪事/东汉秘史/二刻拍案惊奇(上)/二刻拍案惊奇(下)/封神演义(上)/封神演义(下)/封神演义(中)/皇明本纪/皇明纪略/皇明奇事述/皇明盛事述/皇明异典述/姜氏秘史/今古奇观(上)/今古奇观(下)/金瓶梅崇祯本/警世通言(上)/警世通言(下)/两晋秘史/清暑笔谈/三宝太监西洋记(二)/三宝太监西洋记(三)/三宝太监西洋记(四)/三宝太监西洋记(一)/三国演义(上)/三国演义(下)/三国演义(中)/蜀王本纪/水浒全传(上)/水浒全传(下)/水浒全传(中)/隋唐野史/万历野获编/五代秘史/西游记(上)/西游记(下)/西游记(中)/夏商野史/醒世恒言(上)/醒世恒言(下)/醒世姻缘传(上)/醒世姻缘传(下)/醒世姻缘传(中)/续英烈传/野记/英烈传/喻世明言(上)/喻世明言(下)/云中纪变/云中事记/周朝秘史/

- 14清

¶ [诗词]纳兰词/ ¶ [小说]八仙得道(上)/八仙得道(下)/狄公案/狄青演义/东度记(上)/东度记(下)/东南纪事/东周列国志(上)/东周列国志(下)/东周列国志(中)/儿女英雄传(上)/儿女英雄传(下)/二十年目睹之怪现状(上)/二十年目睹之怪现状(下)/二十年目睹之怪现状(中)/官场现形记(上)/官场现形记(下)/海公大红袍传/海公小红袍传/海国春秋(上)/海国春秋(下)/红楼梦(上)/红楼梦(下)/红楼梦(中)/呼家将/济公全传(二)/济公全传(三)/济公全传(四)/济公全传(一)/镜花缘(上)/镜花缘(下)/九尾龟(二)/九尾龟(三)/九尾龟(四)/九尾龟(一)/康熙侠义传(上)/康熙侠义传(下)/康雍乾间文字之狱/老残游记/老残游记续/聊斋志异(上)/聊斋志异(下)/绿野仙踪(上)/绿野仙踪(下)/绿野仙踪(中)/满清外史/木兰奇女传/南朝秘史/孽海花(上)/孽海花(下)/彭公案(二)/彭公案(三)/彭公案(四)/彭公案(一)/七剑十三侠(上)/七剑十三侠(下)/七侠五义(上)/七侠五义(下)/乾隆南巡记(上)/乾隆南巡记(下)/清代野记/清宫禁二年记/儒林外史(上)/儒林外史(下)/三侠剑(上)/三侠剑(下)/三侠剑(中)/施公案(二)/施公案(三)/施公案(四)/施公案(一)/说唐全传(上)/说唐全传

(下)/说唐全传(中)/说岳全传(上)/说岳全传(下)/隋唐演义(上)/隋唐演义(下)/太平天国战记/外交小史/文明小史/西夏书事/西巡回銮始末/熙朝新语/侠女奇缘(上)/侠女奇缘(下)/湘军志/小八义(上)/小八义(下)/小五义(上)/小五义(下)/小五义(中)/绣云阁(上)/绣云阁(下)/续济公传(上)/续济公传(下)/续济公传(中)/薛刚反唐/鸦片事略/杨家将/阅微草堂笔记(上)/阅微草堂笔记(下)/张文襄公事略/赵太祖三下南唐/

● 15民国

¶ [小说]大清三杰(上)/大清三杰(下)/大清三杰(中)/貂蝉艳史演义/古今情海/贵妃艳史演义/汉代宫廷艳史/洪宪宫闱艳史演义/后汉演义/两晋演义/留东外史/留东外史续集/满清兴亡史/民国演义/民国野史/明代宫闱史/明史演义/南北史演义/奴才小史/乾隆休妻/秦朝野史/秦汉演义/清朝秘史/清朝前纪/清朝三百年艳史演义/清代宫廷艳史/清史演义/上古秘史/十叶野闻/顺治出家/宋代宫闱史/宋代十八朝宫廷秘史/宋史演义/隋代宫闱史/唐史演义/同治嫖院/五代史演义/武宗逸史/西汉野史/西施艳史演义/西太后艳史演义/雍正剑侠图(上)/雍正剑侠图(下)/雍正剑侠图(中)/元代宫廷艳史/元代野史/元史演义/昭君艳史演义/

● [大藏經]第01~12卷/

● [全宋词]全宋词(第一册)~(第七册)/

● [全宋词]全宋词/

● [全唐诗]全唐诗1~5/

● [全元曲]散曲, 戏文, 杂剧/

● [诸子百家-兵家] - 八阵总述/百战奇略/翠微先生北征录/何博士备论/虎钤经/纪效新书/将苑/历代兵制/六韬/三略/三十六计/神机制敌太白阴经/守城录/司马法/素书/唐太宗李卫公问对/卫公兵法辑本/尉缭子/握奇经/吴子兵法/曾胡治兵语录/

● [诸子百家-道家] - 测字秘牒/纯阳演正孚佑帝君既济真经/洞天福地记/关尹子/海内十洲三岛记/鹖冠子/黄帝阴符经/黄庭经/六十甲子本命元辰历/人伦大统赋/悟真篇/阴骘文/玉皇经/月波洞中记/云笈七签(第二部)/云笈七签(第三部)/云笈七签(第四部)/云笈七签(第一部)/

● [诸子百家-法家]邓析子/慎子/

● [诸子百家-蒙学]百家姓/鉴略妥注/了凡四训/列女传/千字文/三字经/声律启蒙/围炉夜话/小学诗/训蒙骈句/颜氏家训/幼学琼林/增广贤文/朱子家训/

● [诸子百家-儒家]传习录/春秋繁露/大学章句/大学章句集注/贾谊新书/孔子家语/刘向说苑/论语集注/孟子集注/盐铁论/中鉴/中庸集注/

● [诸子百家-十三经]尔雅/仪礼/周礼/

● [诸子百家-史类]大唐传载/归田录/国语/金楼子/陆贾新语/史通通释/一贯问答/

● [诸子百家-医家]百家针灸歌赋/黄帝八十一难经/黄帝内经灵枢/黄帝内经素问/神农本草经/

박기수

성균관대학교 사학과 교수
성균관대학교 현대중국연구소 부소장
전공: 중국 명청시대 사회경제사
「淸代行商의 紳商的 性格－潘氏家族의 사례를 중심으로－」(2012) 외 다수

김지환

인천대학교 중국학술원 교수
전공: 중국근현대 경제사
『철도로 보는 중국역사』(2014) 외 다수

강진아

한양대학교 사학과 교수
전공: 동아시아경제사, 중국근현대사, 화교사
『동순태호: 동아시아 화교 자본과 근대 조선』(2011) 외 다수

정혜중

이화여자대학교 사학과 교수
전공: 중국 근대사
「淸末民初金融機關과 신용결제의 발달－山西票號와 寧波錢莊의 발전과정을 중심
으로－」(2012) 외 다수

홍성화

부산대학교 역사교육과 교수
전공: 중국 근세사
「1841~42년 鍾人杰의 亂을 통해서 본 청대 지방사회」(2012) 외 다수

강용중

성균관대학교 현대중국연구소 연구교수
전공: 중국어사, 중국 어휘학
「"老乞大" 상업어휘연구」(2014) 외 다수

노은영 ──────────

성균관대학교 현대중국연구소 연구교수

전공: 중국경제법

「중국 대형상업은행 사회적 책임의 법률적 측면 및 기대효과에 관한 연구」(2014)
외 다수

이호현 ──────────

성균관대학교 현대중국연구소 연구교수

전공: 중국현대사

「중국 근대회사의 조직적 특징과 운영전략」(2013) 외 다수

중국
전통 상업관행과
기업

초판인쇄 2014년 11월 15일
초판발행 2014년 11월 15일

지은이 박기수 외
펴낸이 채종준
펴낸곳 한국학술정보㈜
주소 경기도 파주시 회동길 230(문발동)
전화 031) 908-3181(대표)
팩스 031) 908-3189
홈페이지 http://ebook.kstudy.com
전자우편 출판사업부 publish@kstudy.com
등록 제일산-115호(2000. 6. 19)

ISBN 978-89-268-6787-7 94320